AF523955

Hans-Joachim Röll

U 156, Werner Hartenstein und die Versenkung der „Laconia“

Hans-Joachim Röll

U 156, Werner Hartenstein und die Versenkung der „Laconia“

Die größte Rettungsaktion von Schiffbrüchigen in der Seekriegsgeschichte

FLECHSIG

Umwelthinweis:
Dieses Buch und der Umschlag wurden auf chlorfrei gebleichtem Papier gedruckt.
Die Einschrumpffolie – zum Schutz vor Verschmutzung – ist aus umweltverträglichem und recyclingfähigem PE-Material.

Flechsig Verlag
Internet: www.verlagshaus.com
Einbandgestaltung: Silberwald Agentur für visuelle Kommunikation, Würzburg
Gesamtherstellung: Himmer AG, Augsburg
ISBN 978-3-8035-0018-2

Inhalt

Vorwort zu diesem Buch 11

Endlich Kommandant eines eigenen U-Bootes: Indienststellung und Ausbildung mit U 156 13

Die 1. Feindfahrt: Kurzes Einstimmen in Nordsee und Atlantik 16

Die 2. Feindfahrt: Angriff auf Aruba 19

Die 3. Feindfahrt: Fette Beute bei den Kleinen Antillen 51

Der lange Weg zum U-Boot-Kommandanten: Werner Hartensteins Lebenslauf 73

Besuch der Besatzung von U 156 in der Patenstadt Plauen 78

Ein „55er"-Infanterist auf „Großer" U-Boot-Fahrt 80

Die 4. Feindfahrt im Mittel- und Südatlantik: Dampfer voraus! 98
Der britische Truppentransporter „Laconia" 102
Schicksalhafte Begegnung mit der „Laconia" 109

Die 5. und letzte Feindfahrt: U 156 vor der brasilianischen Küste und in der Karibik und das Ende östlich von Barbados 160

Anlagen 182
Der Fall „Laconia" 182
Der Fall „Laconia" aus Sicht der U.S. Army Air Force 192
Technische Daten der Laconia 207
Die Rettung und Versorgung von Schiffbrüchigen durch deutsche U-Boote 208
Briefe von Efraim Tsouk an Familie Schuppan 229
Korvettenkapitän Werner Hartenstein 232
Versenkungserfolge Korvettenkapitän Werner Hartenstein 235
Quellenhinweise und Literaturauswahl 237

Vorwort zu diesem Buch

Wenn von den Leistungen großer U-Boot-Kommandanten die Rede ist, fallen einem sofort die Namen jener Kommandanten ein, die im Nordatlantik, an den Brennpunkten im Mittelmeer, vor der afrikanischen Küste, bei Gibraltar, in der Karibik oder in noch weiter entfernt liegenden Seegebieten auf alliierten Handelsschiffrouten oder in tagelangen Geleitzuggefechten überragende Versenkungserfolge erzielt haben. Dann denkt man an Namen berühmter U-Boot-Kommandanten wie Prien, Kretschmer, Schepke, Endrass, Lüth, Brandi und viele mehr. Über die Lebensläufe dieser Kommandanten, alle ausgezeichnet mit den höheren Stufen des Ritterkreuzes, ist in der einschlägigen Literatur Manches zu lesen.

Erst danach, wenn die Leistungen der oben genannten gebührend gewürdigt worden sind, entsinnt man sich auch jener Namen, die im zweiten Glied den U-Boot-Krieg mitgetragen und Großes geleistet haben. Mit Sicherheit fällt dann auch der Name von Werner Hartenstein, der als Kommandant von U 156 im September 1942 im Südatlantik, auf dem Höhepunkt des U-Boot-Krieges, den mit über 3000 Menschen besetzten britischen Truppentransporter „Laconia“ torpediert und versenkt hat. Unter dem Eindruck der sich entwickelnden Katastrophe, leitete der Kommandant des U-Bootes eine Rettungsaktion ein, die in der Geschichte des Seekrieges beispiellos ist. Unterstützt von zwei weiteren deutschen und einem italienischen Unterseeboot, die Admiral Dönitz zur Unglücksstelle dirigierte, und unbeirrt durch den Angriff eines alliierten Bombers, konnten ungefähr ein Drittel der Schiffbrüchigen der „Laconia“ gerettet und an französische Kriegsschiffe übergeben werden.

Der deutsche U-Boot-Kommandant Werner Hartenstein setzte sich bei dieser Rettungsaktion über Befehle hinweg, in dem er einen unverschlüsselten Funkspruch absetzte und die Position der „Laconia“ offen mitteilte, um Hilfe herbeizuholen. Werner Hartenstein holte Schiffbrüchige an Bord von U 156 oder verteilte sie auf Rettungsboote, die er in Schlepp seines U-Bootes nahm und versorgte sie mit Wasser und Proviant. Auch die drei Tage später auf dem Schauplatz des Geschehens eintreffenden deutschen U-Boote U 506 und U 507 nahmen sofort Schiffbrüchige auf und hielten die Rettungsboote zusammen. Besonders von Werner Hartenstein, der nun schon seit Tagen Frauen, Kinder, italienische Kriegsgefangene, britische Seeleute und Soldaten sowie polnische Wachleute verpflegte und versorgte, hing das Gelingen der ganzen Rettungsaktion ab. U 156 war mit Geretteten so beladen, dass es nicht mehr tauchfähig war. Hinzu kam der Gewissenskonflikt des Kommandanten, der mit seiner Rettungsaktion die Sicherheit seines Bootes und die seiner Besatzung aufs Spiel setzte.

Dieses Buch beschreibt die dramatischen Ereignisse der Versenkung der „Laconia“ und der sich daraufhin entwickelnden größten Rettungsaktion in der Seekriegsgeschichte des Zweiten Weltkriegs. Gleichzeitig ist es die Biografie des U-Boot-

Kommandanten Werner Hartenstein, der nicht nur bei dieser Rettungsaktion, der die ARD eine der größten Fernsehproduktionen der Nachkriegszeit widmet, zutiefst menschliche und humanitäre Züge offenbart, als er für die Rettung der Schiffbrüchigen die Sicherheit seines eigenen Bootes, die seiner Besatzung und sein eigenes Leben aufs Spiel setzte.

Werner Hartenstein, am 1. April 1928 als Offiziersanwärter in die damalige Reichsmarine eingetreten, war zu Beginn des Zweiten Weltkrieges als Kommandant auf dem Torpedoboot „Seeadler" und ab Oktober 1939 auf dem Torpedoboot „Jaguar" gefahren. Obwohl er genau über die oft unmenschlichen Bedingungen, denen man als U-Boot-Fahrer ausgesetzt war, Bescheid wusste, hatte er den Wunsch, zur U-Boot-Waffe zu wechseln. Die andauernde, wochenlange Einsatzbereitschaft während einer Feindfahrt und die ständige Angst, von Bewachern entdeckt, mit Wasserbomben beharkt, vielleicht sogar getroffen und versenkt zu werden, war ein enormer physischer und psychischer Druck, dem der Kommandant und seine Besatzung auf Feindfahrten ständig ausgesetzt waren.

Nur U-Boot-Kommandanten, die trotz der harten Kämpfe in der Atlantikschlacht von ihrer Mannschaft geschätzt, ja sogar bewundert wurden, waren in der Lage, große Erfolge zu erzielen. Werner Hartenstein war ein Kommandant, für den seine Männer durchs Feuer gegangen wären. Seine Erfolge waren auch die Erfolge seiner Besatzung. Am 17. September 1942 mit dem Ritterkreuz zum Eisernen Kreuz ausgezeichnet, das er stellvertretend auch für die Leistung seiner Männer trug, ereilte ihn am 8. März 1943 südöstlich von Barbados bei der Versenkung seines eigenen U-Bootes der Soldatentod.

Besonders bedanken möchte ich mich bei Herrn Werner Schuppan, dem Neffen von Werner Hartenstein, für die Überlassung von Bild- und Textdokumenten für dieses Werk. Mein weiterer Dank gilt Herrn Horst Bredow, dem Begründer und Leiter der Stiftung „Deutsches U-Boot-Museum" in Cuxhaven-Altenbruch, der mir wie immer mit Rat und Tat zur Seite stand. Ebenso gilt mein Dank Herrn Thomas Weis vom Institut für Zeitgeschichte in Stuttgart.

Endlich Kommandant eines eigenen U-Bootes: Indienststellung und Ausbildung mit U 156

Am 4. September 1941 war es so weit! Um 10.00 Uhr fanden die Indienststellungsfeierlichkeiten von U 156 am Liegeplatz der Deschimag-Werft in Bremen statt. Der Kommandant meldete die Dienstbereitschaft des neuen Bootes und gab den Befehl: „Heiß Flagge und Wimpel!" Der Kommandoruf schallte über das Hafenbecken. Ein Dienstvorgesetzter nahm die Meldung entgegen und schritt danach die Front der Besatzung ab. Anschließend hielt der Kommandant, Kapitänleutnant Werner Hartenstein, eine Ansprache an die Besatzung, die vorgesetzten Offiziere und Werftarbeiter, aber auch an die Gäste seiner Heimatstadt Plauen, die mit einer sechsköpfigen Delegation angereist waren und an den Feierlichkeiten teilnahmen. Dies waren der Oberbürgermeister Wörner, zwei Stadträte und drei Herren der Marinekameradschaft Plauen. Stolz teilte Werner Hartenstein seiner Besatzung mit, dass seine Vaterstadt Plauen die Patenschaft für U 156 übernommen hatte. Am Turm des U-Bootes war das Wappen der Stadt Plauen bereits befestigt worden.

Nach dem Absingen des Deutschlandliedes gingen ein Admiral, der Generaldirektor der Werft, einige Ingenieure und die Gäste an Bord. Nach der Einnahme eines Imbisses, der im U-Boot stattfand und etwa eine Stunde dauerte, war die Indienststellungszeremonie beendet. U 156, ein großes Boot vom Typ IX C war jetzt offiziell in Dienst gestellt worden.

Noch im September erfolgten Erprobungen in der westlichen Ostsee durch das U-Boot-Abnahmekommando in Kiel. Ende des Monats stand U 156 zu Abhorch-Erprobungen vor Rønne (Bornholm).

Am 30. September 1941 kam der Befehl zum Verlegungsmarsch nach Danzig. Von dort aus ging es weiter nach Gotenhafen (heute Gdynia). Ab dem 2. Oktober wurden in der Danziger Bucht beim Torpedo-Erprobungskommando Erprobungen sowie Meilenfahrten durchgeführt. Am 13. Oktober 1941 trat das Boot zur Ausbildungsgruppe Front – kurz Agru-Front genannt – in Hela. Erfahrene U-Boot-Offiziere, die bereits an vielen Konvoischlachten teilgenommen hatten, führten mit dem Boot und der Besatzung Alarmübungen, Alarmtauchen und ähnliche Maßnahmen durch. Das Bekämpfen von Ausfällen aller Art wurde gefechtsmäßig exerziert. Als nach zehntägiger Ausbildung jeder einzelne Handgriff wie im Schlaf saß, trat das Boot zur 25. U-Flottille, der sogenannten Schießflottille in Danzig.

Hier wurden Einzelausbildung, Artillerie- und Flak-Seezielschießen sowie Torpedoschießen schulmäßig durchgeführt. Zunächst übte sich die Besatzung in Angriffen gegen einzeln fahrende Überwasserschiffe bei Tag und Nacht. Stufenweise erschwerten sich die gestellten Aufgaben: Immer mehr wurde von Boot und Besatzung bei den Übungsangriffen gefordert, immer härter und kriegsmäßiger wurden die Bedingungen bei den Anläufen. Schließlich hatte das Boot, allein auf sich gestellt, gegen einen völlig willkürlich zackenden, durch schnelle Seestreitkräfte gesicherten Geleitzug zu manövrieren. Die Sicherungsfahrzeuge bemühten sich dabei, das Boot möglichst lange unter Wasser zu zwingen und nicht zum Schuss kommen zu lassen. Nichts wurde den Männern geschenkt. Selbst einen Wasserbombenangriff mussten sie, allerdings in einem entsprechenden Sicherheitsabstand, über sich ergehen lassen.

Nach einer gut vierzehntägigen Schießausbildung waren dann so ziemlich alle denkbaren Möglichkeiten durchprobiert, um einen Torpedo an den Feind zu tragen. Aber damit war es noch lange nicht zu Ende, denn nun begann in der mittleren Ostsee zwischen Bornholm und Memel die eigentliche taktische Ausbildung bei der 27. U-Flottille. Die jetzt geforderte Zusammenarbeit mit anderen U-Booten setzte schon einen erheblichen Ausbildungsstand voraus. Immer größere Seegebiete, immer längere Zeiträume wurden für die einzelnen Übungen in Anspruch genommen. Ob Kälte, Nässe, schwerer Seegang oder Nebel, es gab keine Pause. Im Rahmen der lang ausgedehnten, kriegsmäßigen Übungen wurde immer mehr Zeit auf See verbracht.

Dann endlich kam der Tag, an dem die Ausbildung beendet war. Am 24. November 1941 ankerte U 156 auf der Reede vor Gotenhafen. Die Besatzung führte noch Erprobungen für das Aussetzen von Wetterbojen durch, anschließend erfolgte der Befehl zum Marsch nach Stettin.

Ab dem 25. November 1941 befand sich das Boot bei den Oderwerken in Stettin zu Restarbeiten und zum Ausrüsten zur 1. Unternehmung.

Die Besatzung ging noch einmal in zwei Törns auf Urlaub. Auch Werner Hartenstein reiste in die Heimat. Im festlich geschmückten Ratssaal von Plauen wurde er am 2. Dezember 1941 von Oberbürgermeister Wörner herzlich begrüßt. Anschließend berichtete er den Ratsherren der Patenstadt ausführlich über das U-Boot und die Besatzung.

Als die Crew nach drei Wochen wieder vollzählig an Bord eintraf, war das Boot einsatzbereit. Brennstoff, Proviant, Ausrüstung aller Art und Torpedos wurden übernommen. Die Torpedorohre waren geladen und im Bugraum waren die Torpedos zum Nachladen verstaut.

Auch die anderen Räume des Bootes verwandelten ihr Aussehen. Jeder freie Winkel war mit Verpflegung vollgestopft. An allen möglichen Stellen stapelten sich die Behälter, Kisten und Dosen. Einer der beiden Toilettenräume wurde gesperrt und mit Proviant und Ausrüstung vollgepackt. Selbst in der Zentrale, dem Herz des Bootes, hingen Würste und Schinken von verschiedenen Haken und Handgriffen herab, und auch der Kommandantenraum blieb nicht verschont. In dem ohnehin niedrigen Unteroffiziersraum schaukelte eine bis zum Rand mit hartem Kommissbrot gefüllte Hängematte unter der Decke. Am 22. Dezember 1941 legte U 156 vom U-Stützpunkt der 4. U-Flottille in Stettin ab, um am 23. Dezember 1941 noch einmal im Stützpunkt der Howaldtswerft in Kiel festzumachen. Hier ging man daran, die noch aufgetretenen Schäden zu beseitigen. Eine letzte Ausrüstung, das Entmagnetisieren, Funkbeschickung und Kompensieren erfolgten in Kiel. Abends saßen Hartenstein und seine Offiziere, der I. Wachoffizier Oberleutnant zur See Paul Just, der II. Wachoffizier Leutnant zur See Dietrich von dem Borne und der Leitende Ingenieur Kapitänleutnant (Ing.) Wilhelm Polchau, in gemütlicher Runde beisammen. Hartenstein überzeugte sich nochmals davon, dass sie seine Angaben, Befehle und Instruktionen richtig aufgefasst und umgesetzt hatten. Er wollte schließlich nichts dem Zufall überlassen.

Kurz vor dem Auslaufen zur ersten Unternehmung stieg noch Fähnrich zur See Gerhard Pokorny ein, er sollte an Bord während der beiden kommenden Feindfahrten seemännische Erfahrungen sammeln und die „Stimme der Front" vernehmen.

Am Heiligabend kam es dann zur Unterrichtung des Kommandanten durch den Chef der 5. U-Flottille, Karl-Heinz Moehle. Gegen Mitternacht sollte das Boot auslaufen. Zuvor gab es für die Besatzung noch ein kleines Weihnachtsfest auf dem Wohnschiff der 5. U-Flottille, der „St. Louis".

Mitternacht nahte. Die Besatzung drängte durch die Türen des Saales über Gangway und Fallreep hinunter auf ihr Boot.

„Auf Manöverstationen!" Der Kommandant hat bereits Boot und Besatzung beim Flottillenchef abgemeldet. Als er das Fallreep hinunterstieg, wurde „Seite" gepfiffen, die Ehrenbezeigung mit der trillernden Bootsmannsmaatenpfeife.

Der I. Wachoffizier Paul Just meldete: „Boot ist seeklar!"

„Bitte ablegen, I. WO", befahl Werner Hartenstein.

„Alle Leinen los!" Die erste Feindfahrt begann.

Langsam wendete sich der Bug des Bootes in den dunklen Hafen. Drei Hurras schallten vom Wohnschiff zu U 156 herüber. Die Männer auf der Brücke und an Deck, die noch die Festmacheleinen verstauten, antworteten mit gleichem Gruß zurück.

Die 1. Feindfahrt: Kurzes Einstimmen in Nordsee und Atlantik

Durch den Kaiser-Wilhelm-Kanal fuhr das Boot zusammen mit U 87 (Berger) und U 753 (von Mannstein) nach Westen. Am hellen Weihnachtsmorgen wurden die Schleuse sowie die Signalstation von Brunsbüttel passiert. Mit „Beide Maschinen halbe Fahrt voraus" strebte das Boot der Nordsee zu. Hinter einem Sperrbrecher, U 87, U 135 (Praetorius) und U 753 fuhr U 156 als viertes Boot des Geleits. Am Nachmittag trafen mehrere Messerschmitt Bf 109 ein, die den Jagdschutz übernahmen.

In der Nähe von Cuxhaven packte U 156 die Dünung der Elbmündung. Das tief liegende, schwer beladene Boot schlingerte stark, holte weit zur See über. Unten im Boot rutschte alles, was nicht genügend befestigt war, hin und her. Draußen liefen kurze, aber gewaltige Grundseen. Die geringe Wassertiefe machte die Elbmündung zu einem unruhigen Gewässer.

Gleichmäßig wummerten indessen die Diesel ihren Lauf. Ölverschmiert turnten die Heizer auf ihnen herum und schmierten die sich frei bewegenden Teile.

Um in der Nordsee ungesehen und unbehelligt zu bleiben, befahl der Kommandant tagsüber den Unterwassermarsch. Fünfzig Meter unter der aufgewühlten Oberfläche glitt das Boot dahin.

Obwohl während der Überwasserfahrt dauernd durchgelüftet wurde, gab es bald keine trockene Stelle mehr im Boot. Alle Kleidungsstücke waren klamm. Nach ein paar Tagen begannen die Kartoffeln zu faulen, am Brot zeigte sich der erste Schimmel. Gegen Ende einer Tauchfahrt stand modrige Luft im Boot. Es war der typische U-Boot-Mief bestehend aus Dieselöl, Küchenduft und Menschenausdünstungen.

Gegen Mitternacht des 28. Dezembers 1941 meldete die Brückenwache ein eigenes VII-C-Boot an Backbord voraus mitlaufend. Die Entfernung betrug etwa 3000 Meter. Doch bevor es angemorst werden konnte, tauchte es weg. Auf U 156 war allen klar, dass es sich bei dem U-Boot nur um U 87 handeln konnte. Kurz darauf traf ein Funkspruch ein:

„Es besetzen die Angriffsräume ... Hartenstein Quadrat (Qu.) 8486 usw. Lage: Heute haben englische Landungsoperationen in Qu. 8875 und 8528 stattgefunden ... Eigener U-Jagd- und Handelsschiffsverkehr im Operationsgebiet bis auf weiteres gesperrt. Schwedenverkehr nicht belästigen. Fahrt vermehrt aufnehmen, um Angriffsräume noch vor Helligkeit zu erreichen."

„Beide Maschinen große Fahrt voraus!"

Auf U 156 machten sich der Kommandant und die Offiziere ihre Gedanken. Eine feindliche Landung in Norwegen hielten sie zu diesem Zeitpunkt nicht für möglich. Es war Nacht. Der Wind blies stürmisch aus Nordwest mit Stärke acht. Schwer stampfte das Boot, dauernd stürzten Brecher über die Brückenwache herein.

Die Zeit kroch dahin. Vier Stunden dauerte die Brückenwache. In jeder Sekunde der Dunkelheit konnte plötzlich der Gegner auftauchen. Langsam wurde es heller, die Sicht weitete sich aus. Ständig hatte die Wache die scharfen Ferngläser vor den Augen. Der Horizont wurde immer klarer, kein feindliches Flugzeug war am Himmel zu sehen.

Erneuter Funkspruch: „Feindlandung nicht bestätigt. Marsch ins Operationsgebiet fortsetzen."

Vom Kommandanten kam daraufhin ein sofortiger Tauchbefehl. Während des Unterwassermarsches erfolgte auf 90 Metern Tiefe die Pflege und Regelung der Torpedos durch die Torpedomixer. Hartenstein wollte gewappnet sein, wenn er auf den Feind traf.

Die nächste Nacht war die Neujahrsnacht. Es ging auf Mitternacht zu, und der Funker hatte die Heimatwelle geschaltet. Das neue Jahr brach an mit dem Glockenklang vom Kölner Dom, der durch das Boot tönte.

Trotz der eigentlich heiteren Neujahrsnacht breitete sich unter den Männern eine melancholische Stimmung aus. Sie redeten kaum miteinander, wünschten sich nur kurz ein „Prosit Neujahr" und verkrochen sich dann auf ihre Stationen oder in den Kojen. Es war noch keine Stunde nach Mitternacht vergangen, als im Boot wieder Stille herrschte, die nur von dem harten Getrampel der Seemannsstiefel der Wache unterbrochen wurde.

U 156 fuhr nun südlich der Shetlandinseln in den Atlantik. Je weiter sie nach Westen kamen, desto mehr änderte das Meer seine Färbung. Vom Graugrün der Nordsee ging es über in das klare Blau des tiefen Atlantiks.

Am 2. Januar 1942 ging ein Funkspruch von U 701 ein: „Geleitzug in Sicht. Qu. AM 3377. Südöstlicher Kurs, geringe Fahrt."

Der Kommandant stürzte sofort an die Karte: „Wo ist das Quadrat, wo steht der Feind? Über 120 Seemeilen. Bei Höchstfahrt könnten wir ihn in sechseinhalb Stunden einholen. Auf Kurs 258 Grad gehen! Beide Maschinen zweimal große Fahrt voraus", befahl Werner Hartenstein.

Ein Zittern lief durch das Boot. Langsam schwenkte der Bug auf den neuen Kurs. Der Kommandant kletterte auf die Brücke: „Wenn wir Glück haben, ändert der Konvoi seinen Kurs auf uns zu", meinte er an seinen I. Wachoffizier gewandt.

Doch kurz darauf ging eine neue Standortmeldung über den Geleitzug vom Befehlshaber der Unterseeboote (BdU) ein. Nach den neuen Berechnungen des BdU betrug die Entfernung zum Konvoi zu U 156 etwa 300 Seemeilen, außerdem stand er bereits 90 Seemeilen vor North Minch. Hartenstein brach die Verfolgung ab.

In großem Bogen umrundete das Boot die Hebriden und steuerte nun auf südlichen Kursen die Untiefen der Rockall Bank an. Dort, nordwestlich von Irland, sollte U 156 zwei Wetterbojen auslegen. Der Meeresboden stieg hier aus 2000 Metern Tiefe zu einem kleinen Granitfelsen auf. Die Rockall Bank ist eine winzige Insel, etwa 20 Meter hoch. Einsam und gischtumbrandet liegt sie 200 Seemeilen vor der schottischen Küste.

In den frühen Morgenstunden des 7. Januars 1942 wurden die großen Bojenkörper aus ihren Behältern an Oberdeck geholt. Die erste Boje „WFB 33" legten sie auf dem nördlichen Teil der Untiefe in der Hurd Bank auf Position 51° 04,3' Nord / 11° 04' West aus.

Am 8. Januar wurde um 02.44 Uhr die zweite Wetterboje „WFB 32" weiter südlich in der Porcupine Bank auf 53° 24' Nord / 13° 32' West ausgebracht.

Anschließend meldete Hartenstein das Auslegen der Wetterbojen an den BdU. Die Antwort ließ nicht lange auf sich warten: „Weitermarsch Kurs Südwest."

Zwei Wochen stand das Boot jetzt in See. Seit Tagen liefen die Motoren wieder auf „langsame Fahrt", als am Abend des 8. Januars 1942 ein erneuter Funkspruch des BdU eintraf: „Hartenstein mit hoher Marschfahrt, Lorient einlaufen."

Jetzt schon einlaufen? Das Boot hatte noch keinen Feind gesehen, alle Torpedos waren noch an Bord und sie hatten Proviant und Brennstoff für zwei Monate. War U 156 vielleicht für einen Sondereinsatz vorgesehen?

Nach nur 17 Tagen Seefahrt machte das Boot am 10. Januar 1942 in Lorient am Liegeplatz A 3 fest. Die erste Unternehmung war beendet.

Die 2. Feindfahrt: Angriff auf Aruba

In Lorient wurde das Boot kurz überholt, anschließend begann die Ergänzung mit Treiböl. Die Bunker wurden bis zur Halskrause aufgefüllt. Die weitere Ausrüstung, hauptsächlich mit Frischproviant und Süßwasser, war rasch abgeschlossen. Überrascht war die Besatzung, als kurz vor dem Auslaufen zur zweiten Unternehmung ein III. Wachoffizier, ein Oberfähnrich zur See Max Fischer, auf das Boot kommandiert wurde.

Am Morgen des 19. Januars 1942 lief U 156 zusammen mit U 67 (Müller) und U 502 (von Rosenstiel) im Geleit eines Sperrbrechers von Lorient aus. Der Auftrag des Bootes gemäß dem Operationsbefehl 51 lautete: „Überraschender, gleichzeitiger Angriff der U-Gruppe ‚Neuland' auf den Verkehr unmittelbar vor den westindischen Inseln Aruba und Curacao."

Der U-Boot-Gruppe „Neuland" gehörten neben U 156 noch die Boote U 67, U 502, U 129 (Clausen) und U 161 (Achilles) an.

Die lange Dünung der Biskaya nahm das Boot in Empfang. Als die 200-Meter-Linie erreicht wurde, befahl der Kommandant: „Prüfungstauchen!"

Nach Einsteuern auf 50 Meter fiel das Boot plötzlich bis auf 150 Meter durch, konnte aber noch rechtzeitig durch den bewährten Leitenden Ingenieur Kapitänleutnant (Ing.) Wilhelm Polchau abgefangen werden. Im Boot atmeten die Männer auf. Ihre Blicke richteten sich auf die Manometer und zur Decke. Hier und da tropfte es, Dichtungen wurden rasch nachgezogen. Hartenstein war zufrieden: „Prüfungstauchen beendet. Auf Sehrohrtiefe gehen."

Der Kommandant suchte den Horizont ab und befahl dann „Auftauchen!"

Zischend drängte die Pressluft das Wasser aus den Tauchzellen, mit einem Satz durchbrach der Bug die Wasseroberfläche. Schon stieß der Kommandant das Turmluk auf. Die Wache sprang hinter ihm auf die Brücke und setzte sofort ihre Gläser an die Augen.

Hartenstein ließ Kurs Westsüdwest steuern und befahl „Marschfahrt!"

Als U 156 das luftgefährdete Seegebiet der Biskaya verlassen hatte, begann Tag und Nacht die Überwasserfahrt. Trotz ihrer Freiwache arbeiteten und exerzierten die Männer auf den Gefechtsstationen – Alarmtauchen, Angriffe über und unter Wasser übten sie bis zur Perfektion. Der Drill war hart, aber es ging ums Überleben.

Am 22. Januar kam Santa Maria, die südlichste Insel der Azoren in Sicht. Ein wunderbarer Anblick in den ewig bewegten Weiten des Meeres. Nach zwei Stunden verschwand der über 600 Meter hohe Felsen hinter dem Horizont. Hier war kaum ein Dampfer zu erwarten, und vor Flugzeugen war das Boot auch sicher. Die Besatzung durfte auf das Oberdeck. Eine Dusche wurde aufgebaut, und in den frei durchfluteten Luks des Oberdecks wurde gebadet. Fliegende Fische begleiteten das Boot, sprangen aus der See und schwirrten vor dem Bug dahin. Die Nächte waren tiefblau und die Sterne erstrahlten am Firmament. Trotzdem beobachtete die Brückenwache aufmerksam ihre Sektoren.

Am nächsten Tag gab der Kommandant das Operationsgebiet bekannt: Karibik. Im Karibischen Meer würde das Boot kämpfen. Das erste Ziel soll die kleine Insel Aruba vor Venezuela sein. Aus den Raffinerien von Aruba floss das Benzin für die amerikanischen Tanker. Angriffszeit für alle Boote der Gruppe „Neuland“ war der 16. Februar 1942, 08.00 Uhr morgens (nach deutscher Zeit; auf Aruba ist es zu dem Zeitpunkt Mitternacht). Aber noch war das Boot auf dem Anmarsch und durchquerte die Sargassosee.

Am 8. Februar meldete die Brückenwache: „Dampfer in Sicht!“

Wie ein Blitz zuckte der Ruf durch das Boot. Gespannt starrte die Wache durch die scharfen Doppelgläser. Zum ersten Mal seit U 156 in Dienst gestellt worden war, sichteten sie einen Dampfer auf dem offenen Meer. Zunächst zeigten sich nur zwei Mastspitzen, hin und wieder eine leichte Rauchwolke. Als das Schiff höher über den Horizont wuchs, ließ Hartenstein tauchen. Durch das Okular des Sehrohrs beobachtete und kommentierte er für die Besatzung: „Dampferkurs 60 Grad, etwa 5500 Bruttoregistertonnen, Anstrich olivgrau, Kreuzerheck, Heckgeschütz, zwei Masten, zwei Paar Ladepfosten vor und hinter dem Brückenaufbau. Kein Tarnmuster, keine Flagge, keine Neutralitätszeichen, vier Rettungsboote ausgeschwungen, fährt anscheinend leichte Schlangenlinien.“

Der erste Dampfer im Fadenkreuz! Doch gemäß Operationsbefehl durfte der Frachter nicht angegriffen werden. Missmutig beobachtete Hartenstein, wie sich das Schiff mit Kurs 80 Grad verzog. Am Abend wurde aufgetaucht und der Marsch in die Karibik fortgesetzt. Am Nachmittag des 10. Februars erschien ein feiner, schwarzer Strich über dem Horizont: die Insel Guadeloupe. Der Durchbruch in die Karibik sollte nördlich von Guadeloupe und zwischen Guadeloupe und der Insel Antigua passieren. Der dunkle Strich kam immer höher über den Horizont. Plötzlich erschienen rechts mehrere Rauchfahnen, und im Norden entdeckte die Brückenwache ein Flugzeug, noch weit entfernt.

Der Kommandant befahl sofort das Tauchmanöver. Die Horchpeilung bestätigte Schraubengeräusche, die Richtung Westen auswanderten. Rechts und links daneben wurden schnelllaufende Turbinen, vermutlich die Zerstörersicherung für den Dampfer, ausgemacht. Ein weiterer Dampfer rauschte auf Torpedoschussweite an U 156 vorbei. Ohne Zickzackkurs, wie im Frieden. Der Kommandant erkannte durchs Sehrohr schwache brasilianische Neutralitätsabzeichen. U 156 blieb unter Wasser. Noch hatte das Boot fünf Tage bis zum 16. Februar, bevor die Jagd freigegeben sein würde. Nachdem die Sonne untergegangen war, tauchte das Boot auf. Die Nacht war tiefschwarz und mondlos. Mit hoher Fahrt lief U 156 zwischen die Inseln. Auf etwa vier Seemeilen Entfernung blinkte an Backbord das nördlichste Leuchtfeuer von Guadeloupe über die Lichter von Ansiedlungen. Ein beleuchteter Dampfer zog seine Bahn. Zwei Stunden später war der Guadeloupe-Kanal auf der französischen Seite passiert, das Boot stand in der Karibik.

Die Nacht zum 14. Februar 1942 war klar. Der Passat wehte mit Stärke drei. Am tiefblauen dunklen Horizont erschien genau voraus ein schwacher Schimmer, der sich ganz langsam verstärkte. Konnte das schon Aruba sein? Der Obersteuermann Anton Frühling meldete dem Kommandanten noch 40 Seemeilen, bis das Leuchtfeuer Seroe Colorado (Aruba) in Sicht kommen musste. Höher und heller wurde der Lichtschein. Langsam traten einzelne Lichtquellen über den Horizont, ein Lichtermeer wie eine Großstadt. Es war Aruba, lichtüberflutet in der nachtdunklen Karibischen See.

Öldunst lag über dem Meer. Bis auf eine Seemeile schob sich das Boot an die Küste heran. Zwei Orte waren auszumachen: Oranjestad und Sint Nicolaas. Dicht an dicht standen große Öltanks am Ufer, dazwischen Gebäude und hochragende Schornsteine. Dichter, dunkler Rauch zog auf das Meer hinaus.

Die Hafeneinfahrt von Sint Nicolaas wurde im Abstand von 900 Metern mit geringer Fahrt passiert. Im Hafen lagen vier Großtanker, auf Reede drei kleinere. Die Werkanlagen waren hell erleuchtet. Der Ein- und Auslaufverkehr erfolgte auch nachts. Mit langsamer Fahrt nordwestwärts unter Land wurde Oranjestad angelaufen. Dort war die Hafeneinfahrt wenig belegt, die Seepier leer. Einem Bewacher konnte rechtzeitig ausgewichen werden. Als der Tag aufzog, lief das Boot mit Westkurs die Küste entlang, um die Dampferwege zu erkunden. Durch das Sehrohr bestätigten sich die Beobachtungen in der Nacht: Öltanks gleißten in der Sonne. Die Tanker vor Oranjestad waren am Morgen ausgelaufen.

Bis Einbruch der Dunkelheit blieb U 156 unter Wasser. Durch das Sehrohr beobachtete der Kommandant einen Tanker, der von Sint Nicolaas auslief. Auf dem Flugplatz standen zwei- und viermotorige Maschinen. Bereits seit Vormittag des 14. Februars 1942 war reger Luftverkehr zu verzeichnen.

Als die Nacht zum 15. Februar hereinbrach, ließ Hartenstein auftauchen und den Dampferweg nach Sint Nicolaas ansteuern. In der dunklen Nacht wurde zur Übung ein Scheinangriff auf einen entgegenkommenden Tanker gefahren. Vor Sint Nicolaas herrschte lebhafter Verkehr, der Hafen war gut belegt. Nach der Erkundung setzte sich das Boot nach Westen ab. Kurz nach Mitternacht ging ein Offiziersfunkspruch vom BdU ein: „An Neulandboote:

1. Hauptaufgabe ist Angriff auf Schiffsziele.
2. Sind solche Angriffe erfolgt, so ist Artillerieeinsatz gegen Landziele bereits am Morgen des Neulandtages frei, falls Gelegenheit hierfür günstig.
3. Wenn keine Schiffsziele getroffen werden, Artillerieeinsatz gegen Landziele ab Abend des Neulandtages freigegeben.“

Am Abend des nächsten Tages befahl Hartenstein die Kehrtwendung und ließ mit geringer Fahrt die Nordwestecke von Aruba ansteuern. Noch einmal musste das Boot einem modernen, etwa 7000 BRT großen Passagierfrachter ausweichen und kurz darauf mehreren Seglern, die plötzlich aus der Dunkelheit auftauchten. Danach befahl der Kommandant, mit Ostkurs Oranjestad anzulaufen.

In dunkler Nacht tauchte das Boot auf. Die Insel kam langsam näher. Die Umrisse von Oranjestad wurden deutlich. An der Seepier lag ein beleuchteter Tanker beim Laden. Da nur der eine Tanker zu sehen war, entschied sich Hartenstein, nach Sint Nicolaas weiterzulaufen. Dort angelangt, zeichneten sich auf der Reede zwei Tanker als dunkle Schatten vor dem hellen Hintergrund ab. Pünktlich zur „Neulandzeit" gab Hartenstein den Befehl zum Angriff.

Der Anlauf begann. Die Mündungsklappen der vier Bugtorpedorohre wurden geöffnet, und die „Aale" lagen fertig zum Ausstoß. Die See war spiegelglatt, leise brummten die Diesel. Die Schiffe waren schon mit bloßem Auge zu erkennen.

Paul Just, der I. Wachoffizier, peilte durch die Unterwasser-Zieloptik (UZO) auf der Brücke. Der linke Tanker wuchs als schwarzer Schatten langsam hinein. Die Torpedos wurden auf zwei Meter Tiefenlauf eingestellt. Noch drei Minuten. Ruhig nannte der Kommandant die Entfernung zum ersten Ziel. Unten im Turm drehte die Seemännische Nr. 1 Bootsmannsmaat Günter Marek die Angaben in den Torpedo-Vorhalterechner ein. Der I. Wachoffizier hielt die Tankermitte genau im Fadenkreuz. Genau um Mitternacht erfolgte der Befehl an den Bugraum zu den Torpedomixern:

„Rohr I fertig!" Der Kommandant zählte: „800 Meter – 700 Meter – 600 Meter." „Rohr I ist fertig!", meldete der Bugraum zurück.

„Rohr I – los!" Ein leiser Rückstoß, ein Vibrieren ging durch das Boot.

Der Obersteuermann Anton Frühling zählte bereits leise die Sekunden der Laufzeit. Dann nach 48 Sekunden ein Blitz und der Donner der Detonation, eine hohe Stichflamme. Treffer! Der Tanker brannte sofort. Noch wussten sie auf U 156 nicht, dass sie den 4317 BRT großen britischen Tanker „Pedernales" getroffen hatten. Durch die Torpedoexplosion fanden acht Seeleute den Tod, die restlichen zwanzig Männer konnten sich an Land retten. Die „Pedernales" wurde später gehoben und nach einer Notreparatur von Aruba nach Curacao gebracht.

Inzwischen drehte das Boot etwas nach Steuerbord. Der zweite Tanker lag genau voraus in einer Entfernung von 700 Metern. Das Fadenkreuz genau in der Mitte.

„Rohr II – los!"

Links stand der erste Tanker in Flammen. Nach 33 Sekunden erfolgte die zweite Torpedo-Detonation. Mit einer hellroten Stichflamme explodierte der zweite Tanker. Es handelte sich um den britischen Tanker „Oranjestad" mit 2396 BRT. Durch die Explosion wurden 15 Seeleute getötet, zehn konnten sich retten.

„Beide Maschinen große Fahrt voraus! Auf 300 Grad gehen. Kurs Hafen", hörten sie Hartensteins befehlsgewohnte Stimme, auf die sie umgehend reagierten.

„Artillerie klar", ertönte dann der Befehl in das Bootsinnere. Die Männer sprangen aus dem Turmluk und an die Waffen. Artillerieoffizier war der II. Wachoffizier,

Leutnant zur See Dietrich von dem Borne. Vom dunklen Vorschiff aus meldete er auf die Brücke hinauf:

„10,5-Kanone ist klar!"

Vom achteren Deck erfolgten wie ein Echo die Klarmeldungen der leichteren Waffen. Das Boot drehte auf Parallelkurs zur Küste.

„Beide Maschinen stopp!", erschallte der Befehl des Kommandanten. In fünfhundert Metern Entfernung standen die silbernen Öltanks, vom Lichtermeer hell angestrahlt.

„Feuer frei!", hallte die Stimme des Kommandanten durch die Nacht.

Auf dem Vorschiff folgten Sekunden später ein Blitz und dumpf grollender Donner. Auf dem Achterschiff feuerte die 3,7 cm-Kanone in schneller Salvenfolge. Im Bogen flitzten auch Zweizentimeter-Leuchtspuren auf die Tanks zu. Vorne aber fiel kein zweiter Schuss!

„10,5 – schießen!", brüllte der Kommandant durchs Megaphon.

Keine Antwort kam zurück. Die Tanks strahlten immer noch hell durch die Nacht. Der Krach der 3,7 cm-Kanone auf dem Achterschiff machte die Verständigung mit dem Vorschiff unmöglich. Wieso schoss die 10,5-Kanone nicht?

„Feuer einstellen", befahl Hartenstein. Noch zweimal knallte die 3,7, deren insgesamt sechzehn abgefeuerte Schüsse nur mäßig im Ziel lagen, da keine Nachtvisierbeleuchtung vorhanden war.

Stille! Der Kommandant und I. Wachoffizier beugten sich weit über das Brückenkleid. In der Dunkelheit war auf dem Vorschiff kaum etwas zu erkennen. Nur Gemurmel und Stöhnen. Dann brach eine leise Stimme durch die Nacht: „10,5 ausgefallen – Rohrkrepierer!"

Die erste Granate hatte den vorderen Teil des Rohres zerfetzt. Ein Schwerverwundeter wurde langsam auf die Brücke gehoben und durch das Turmluk ins Boot hinuntergelassen. Dann folgte der II. Wachoffizier, leise stöhnend, das rechte Bein blutüberströmt.

An Land beobachtete man inzwischen eine kurze Stichflamme, doch wegen der geringen Wirkung der leichten Waffen wurde der Beschuss eingestellt. Mittlerweile suchten sie nach der Ursache des Rohrkrepierers. Durch einen Bedienungsfehler war das Abnehmen des Rohrpfropfens vergessen worden. Doch hatte dieser das Unglück verursacht? Was war wirklich passiert?

Jahre später wurde durch die Aussage des II. Wachoffiziers Dietrich von dem Borne bekannt, dass Hartenstein nach der Torpedierung der beiden Tanker die Raffinerien und Ölanlagen von Aruba beschießen wollte. Das Boot lag bei vollkommen ruhiger See weniger als eine Seemeile vor der Küste. Etwa eine Stunde vor der Durchführung des Angriffes wurde das Geschütz auf Befehl des II. Wachoffiziers gereinigt und zum Schießen klargemacht. Er selbst überwachte die Reinigungsarbeiten der Geschützbedienung, die über das bevorstehende Schießen unterrichtet war.

Nach Abschluss der Arbeiten an der Kanone leuchtete der II. Wachoffizier mit der Blaulampe ins Rohr, um sich von der Sauberkeit persönlich zu überzeugen. Der Mündungspfropfen war zu diesem Zeitpunkt, etwa 30 Minuten vor dem Schießen, entfernt und das Kanonenrohr frei.

Als um 08.11 Uhr der Befehl „Artillerie klar zum Gefecht" ertönte, war von dem Borne mit der Seemännischen Nr. 1, Bootsmannsmaat Marek, einer der ersten an Oberdeck. Der besonders zuverlässige Marek meldete das Geschütz klar, worauf der II. Wachoffizier seinerseits das Geschütz an den Kommandanten klar meldete. Dieser befand sich zum Zeitpunkt des Schusses auf besonderen Befehl Hartensteins zwischen dem Geschütz und dem Turm. Von hier aus sah von dem Borne beim Schuss deutlich eine große zitronengelbe Stichflamme. Wie ihm später mitgeteilt wurde, war bei der Detonation vom Geschützrohr ein ungefähr 40 Zentimeter großes Stück aufgerissen worden. Diese beiden Vorgänge waren typische Erscheinungen eines Rohrkrepierers, die aber nichts mit dem Mündungspfropfen zu tun hatten. Durchgeführte Versuche in der Heimat hatten ergeben, dass durch einen nicht abgenommenen Mündungspfropfen keine Rohrkrepierer ausgelöst wurden. Damit scheint sich die Aussage des II. Wachoffiziers Dietrich von dem Borne als richtig zu erweisen. Doch nun zurück zu U 156!

„Beide Maschinen große Fahrt voraus!"

Oranjestad wurde angesteuert. Hinter dem Boot lag Sint Nicolaas. Auf der Reede flammte das Öl der vernichteten Tanker in riesigen Rauchwolken auf. Ein Scheinwerfer tastete über das Wasser, an Land wurden einige Lichter gelöscht.

„Schatten voraus", meldete ein wachsamer Ausguck.

Ein Bewacherfahrzeug mit Kurs Oranjestad – Sint Nicolaas passierte im Abstand von 400 Metern U 156. Es suchte mit einem Scheinwerfer die See ab. Zweimal tastete der Lichtstrahl über das Boot hinweg in die dunkle Nacht.

Hartenstein ließ hart abdrehen. Gerade starrte er zurück auf die immer noch hell erleuchtete Insel, als der Leitende Ingenieur durch das Turmluk heraufenterte, um eine traurige Meldung zu überbringen. Der schwer verwundete Matrosengefreite Heinrich Büssinger war soeben seinen Verletzungen erlegen. Dem II. Wachoffizier musste der rechte Fuß abgenommen werden, sonst würde er die nächsten Stunden nicht überleben. Der Kommandant Werner Hartenstein und der Funkmaat Hutmacher, der ebenfalls medizinische Kenntnisse besaß, führten in einer gemeinsamen Operation die Amputation des rechten zerfetzten Fußes des II. Wachoffiziers durch.

Inzwischen hatte das Boot Oranjestad erreicht. An der Pier lag ein mittlerer Tanker. Vor dem dunklen Hintergrund des Hafens war er schlecht auszumachen, aber doch kaum zu verfehlen. Bei 600 Metern Entfernung verließ der Torpedo das Rohr. Der Obersteuermann zählte die Sekunden der Laufzeit. Vorbei – keine Detonation. Ungeklärter Fehlschuss. Abdrehen, neuer Anlauf, Schuss! Wieder lief die Zeit, wieder blieb es still. Keine Detonation. Der Torpedo hätte doch wenigstens an der Kaimauer hochgehen müssen. Die Einstellungen waren genau. Noch immer lag der Tanker fest an der Pier.

Nochmals wurden alle Möglichkeiten in Betracht gezogen. Der Tiefgang des Tankers und die Strömung gingen beim neuen Anlauf in den Vorhalterechner. Der Kommandant befahl, das Boot zum Heckschuss anzudrehen. Der Torpedo war raus. Nach einer Minute 29 Sekunden wurde eine leichte Detonation am Strand gehorcht. Wieder vorbeigeschossen? Auf U 156 konnte man nicht erkennen, dass der Torpedo den amerikanischen Tanker „Arkansas“ mit 6442 BRT wirklich getroffen und beschädigt hatte. Von der 40-köpfigen Besatzung fanden vier Seeleute durch die Explosion den Tod. Die „Arkansas“ wurde am 9. März 1942 zur Reparatur nach Galveston geschleppt.

„Beide Maschinen halbe Fahrt voraus!“ Der Kommandant entschloss sich, die offene See anzusteuern, um nordostwärts der Insel auf den Mona-Verkehr zu operieren. Plötzlich hörten sie auf der Brücke Motorengebrumm in der Luft.

„Flugzeug“, meldete der Ausguckposten. Es flog in mittlerer Höhe auf U 156 zu. Gerade wollte der Kommandant den Tauchbefehl geben, da brauste es auch schon über das Boot hinweg. Alles auf der Brücke wartete auf die Bomben. Aber nichts geschah. Es handelte sich wohl um ein Zivilflugzeug …?

Mittlerweile sah der Kommandant keine Möglichkeit mehr, den schwer verwundeten Leutnant von dem Borne lebend nach Hause zu bringen. Hartenstein und der I. Wachoffizier Paul Just grübelten über einen Plan nach, wie sie den II. Wachoffizier in Sicherheit bringen konnten.

Als der Morgen dämmerte, ließ Werner Hartenstein einen Funkspruch an den BdU abgeben:

„Abwehr nur Scheinwerfer, Flugzeug und ein Bewacher. Versenkt zwei Tanker 5800 Tons. 3 Fehlschüsse gegen Tanker an Pier. Rohrkrepierer, ein Mann tot, der II. Wachoffizier schwer verletzt. Darf ich Martinique zur Abgabe anlaufen? 159 cbm Treibstoffvorrat – Hartenstein.“

Gegen Mittag des 17. Februars lag das Boot gestoppt und die Freiwache trat in der Zentrale an. Aufgebahrt lag der junge Seemann da. Die Kriegsflagge bedeckte den in Segeltuch eingenähten Körper. Hartenstein sprach Worte des Abschieds, des Dankes und das Vaterunser; die Besatzung sang das Lied vom guten Kameraden. Vorsichtig wurde danach der Leichnam durch das Turmluk gehoben. Vom Oberdeck aus glitt der Tote unter der Kriegsflagge in die See.

Dem II. Wachoffizier Dietrich von dem Borne ging es nicht gut. Immer wieder sank er in Bewusstlosigkeit, dann wieder begann er zu schreien. In zwei Tagen könnte das Boot Martinique erreichen. Die französische Insel stand unter der Verwaltung der Vichy-Regierung. Dort sollte der II. Wachoffizier zur weiteren ärztlichen Behandlung an Land gegeben werden. Hartenstein ließ Fort-de-France ansteuern. Am Vormittag des 19. Februars meldeten die Ausguckposten: „Dampfer in Sicht!“

Am Horizont tauchten Masten auf. Der Kurs des Frachters war klar erkennbar. Langsam kam er über die Kimm. Um einen Treffer zu sichern, wurde ein Zweierfächer befohlen.

„Fächer fertig!“ – „Fächer los!“

Die Torpedos waren aus dem Rohr, die Uhr tickte. Jetzt müssten die Detonationen aufhallen. Doch es blieb wiederum still. Zwei „Aale“ vorbei. Lag es an den Torpedos? Die andauernden Fehlschüsse blieben ein Rätsel. Der Kommandant wollte den Dampfer nicht verfolgen, denn der II. WO brauchte dringend Ruhe und ärztlichen Beistand. Zwar hatte die Blutung aufgehört, aber Hitze, Feuchtigkeit und Schmerzen verschlechtern seinen Zustand merklich.

Inzwischen ging ein Funkspruch des BdU ein:

„Nach Abgabe des Verletzten freie Manöver. Operieren vor Gebiet Marinequadrat ED 11.“

Durch die Nacht lief das Boot mit hoher Fahrt. Gegen Morgen schreckte die Meldung von der Brücke auf: „Schatten voraus!“

„Auf Gefechtsstationen!“, tönte die Stimme des Kommandanten.

Es war kurz vor Mittag am 20. Februar 1942. Das Boot fuhr zum Überwasserangriff aus der Dämmerung heraus. Der erste Schuss saß. Der Dampfer stoppte und blies Dampf ab. Der Treffer erfolgte im Kesselraum. Langsam lief er weiter.

Plötzlich blitzte es am Heck des Dampfers auf. Zischend und spritzend schlugen Granaten im Wasser rund um das Boot ein. Umgehend erfolgte vom Kommandanten der Tauchbefehl. Das Schiff versuchte, seine Chance zu nutzen, um dem Boot davonzulaufen. Aber es hatte keinen Dampf mehr. Vorsichtig pirschte sich U 156 unter Wasser an den Dampfer heran. Ein Überwasserangriff kam nicht mehr in Frage, denn es war bereits hell geworden. Inzwischen zeigte der Gegner leichte Schlagseite, beschoss aber laufend das Sehrohr des U-Bootes. Ein erneuter Anlauf wurde gefahren. Hintereinander fielen vier Torpedos, jedoch wurde nur ein Treffer gehorcht, der aber nicht beobachtet werden konnte, da der Dampfer immer noch auf das Sehrohr schoss. In der Zwischenzeit hatte er SOS gefunkt und einen Notruf abgesetzt. Schon erschien ein Flugboot bei dem Dampfer. Vier Bomben detonierten ungezielt und ungefährlich weit weg. Da im klaren Wasser der Karibik das Boot auch auf Sehrohrtiefe gesehen werden konnte, befahl der Kommandant, tiefer zu tauchen. Doch immer, wenn U 156 wieder auftauchen wollte, erschien das Flugboot im Sehrohr. So ging es den ganzen Tag lang. Der Bursche war einfach nicht loszuwerden.

Bis Einbruch der Dunkelheit wurde der Marsch unter Wasser fortgesetzt. Die Hoffnung, dass der Dampfer durch die Torpedotreffer doch noch gesunken sein könnte, bestätigte sich erst später. Es war der amerikanische Dampfer „Delplata“ mit 5127 BRT, der mit Stückgut beladen auf dem Weg nach St. Thomas und New Orleans war. Der Frachter sank am nächsten Tag, nachdem die 32-köpfige Besatzung vollständig gerettet worden war. In der Abenddämmerung wurde aufgetaucht. Das Flugboot zeigte sich nicht mehr. Auch der Dampfer war weg. Also weiter nach Martinique. Gegen Mitternacht erschien die Insel in der mondlosen Nacht als Schatten am Horizont. Der Kommandant ließ die Bugrohre, 3,7 cm und 2 cm-Flak klarmachen, da nicht sicher war, wie das Verhalten der Franzosen weitab von Vichy sein würde.

Immer höher trat das Ufer hervor. Das Boot fuhr in die lange Bucht von Fort-de-France ein. Im Hintergrund der Bucht waren einige Lichter auszumachen. An Backbord kam ein abgeblendetes Fahrzeug auf. Hartenstein ließ die Positionslaternen setzen, um damit die Kriegsflagge zu beleuchten, die zwischen den beiden ausgefahrenen Sehrohren gespannt war. Der Kommandant schrie auf Englisch zu dem Boot hinüber, dass man ein Beiboot schicken solle. Wahrscheinlich gab es aber Verständigungsschwierigkeiten, denn drüben an Deck rührte sich nichts.

Mit dem Handscheinwerfer wurde nun in Richtung Hafen gemorst, doch es kam keine Antwort. Plötzlich setzte sich der Schatten in Bewegung und fuhr langsam um das Boot herum. Die 3,7 war ständig auf das fremde Fahrzeug gerichtet. Noch immer war es stockdunkel, als ein helles Licht sich vom Hafen her auf U 156 zu bewegte. Die Konturen gewannen langsam an Form. Ein Motorboot! Der II. Wachoffizier wurde an Deck gebracht, während das Motorboot längsseit an das deutsche U-Boot anlegte. Drei französische Offiziere, ein Arzt und einige Matrosen sprangen auf das U-Boot-Deck. Einer der Offiziere war Elsässer und sprach Deutsch. Sie waren bereits durch die Vichy-Regierung benachrichtigt worden, den Verwundeten zu übernehmen.

Der II. Wachoffizier war bei Bewusstsein. Ein kurzer Abschied und gute Wünsche zur Besserung, dann legte das Motorboot ab und Hartenstein meldete um 06.35 Uhr: „Abgabe reibungslos."

Leutnant zur See Dietrich von dem Borne überlebte und kehrte am 27. Mai 1944 als Austauschverwundeter nach Deutschland zurück.

Wenig später lief U 156 mit hoher Fahrt aus der Bucht heraus in die immer noch dunkle Karibik. Kaum war Martinique außer Sicht, als die Brückenwache einen kleinen Küstenfrachter mit etwa 1000 Tonnen sichtete. Der Kommandant entschied, ihn laufen zu lassen, da ihm ein Torpedo zu kostbar erschien, die 10,5 cm-Kanone immer noch unklar war und die 3,7-Nachtvisierbeleuchtung mit Bordmitteln noch nicht hergestellt worden war. Kurz darauf musste vor einem Flugboot getaucht werden.

Werner Hartenstein steckte den Kurs auf 270 Grad ab, um den Dampferweg Trinidad – Mona abzugrasen. Die Torpedos vom Oberdeck wurden ins Bootsinnere umgeladen.

Am 23. Februar 1942 musste das Boot zweimal vor anfliegenden Flugzeugen wegtauchen. Am Abend kam ein Dampfer in Sicht, der stark zackte. Über dem Schiff sicherte ein Flugzeug in großen Schleifen. Der Kommandant ließ auf Gegenkurs steuern, um das Boot vorzusetzen.

24. Februar 1942: Kurz nach Mitternacht musste vor einem Sicherungsfahrzeug getaucht werden. Nach Monduntergang wurde wieder aufgetaucht Ein neuer Anlauf

begann. Doch der Dampfer manövrierte jeden Anlauf aus. Vermutlich hatte er ein Horchgerät an Bord.

Daraufhin befahl Hartenstein, das Boot ins Kielwasser des Dampfers zu setzen, um einen Torpedoschuss auf die Schrauben des Gegners anzubringen. Schon fiel der Überwasser-Bugschuss, der aber fehlging. Wütend schlug Hartenstein auf die Brückenschanz. So war diesem schlauen Burschen nicht beizukommen. Verärgert brach er den Angriff ab, um die Insel Mona anzusteuern.

Gegen Mittag musste vor einem Flugzeug mit Alarmtauchen auf Tiefe gegangen werden. Etwa eine Stunde später wurde wieder aufgetaucht und der Marsch fortgesetzt.

Am Nachmittag kamen zwei große Brocken in Sicht. Zwei Tanker, hintereinander fahrend, mit „Südkurs", vermutlich waren sie nach Aruba unterwegs.

Wieder donnerten die Diesel auf Höchstfahrt. Es sollte eine lange Jagd werden. Im Lauf des Vorsetzens ergab sich, dass beide Tanker mit etwa 13 Seemeilen sehr schnell waren. Gerne hätte Hartenstein sie noch vor Einbruch der Dunkelheit erwischt, was ihm aber nicht gelang. Erst als der Mond aufging, stand das Boot auf Angriffsposition.

Schon erfolgte der Tauchbefehl, da ein Überwasserangriff während der Nacht durch das helle Mondlicht vereitelt wurde. Durch das Licht des Mondes angestrahlt, schob sich langsam einer der Tanker ins Fadenkreuz des Sehrohres. Der zweite, nachmittags gesichtete Tanker war inzwischen verschwunden. Mittlerweile war der 25. Februar 1942 angebrochen.

Schließlich erfolgte der Befehl des Kommandanten: „Rohr III fertig!"

„Rohr III ist fertig!", drang es leise aus dem Bugraum zurück. Die Sekunden verrannen.

„Rohr III – los!"

Ein leichter Rückstoß. „Torpedo läuft!"

Zur Sicherheit wurde eine Minute später noch ein zweiter Torpedo hinterher geschossen. Die Sekunden bis zum Aufschlag schienen unendlich lang.

„LI, Sehrohrtiefe halten!"

Das Sehrohr schnitt laufend unter. Nach einer Laufzeit von einer Minute und dreiundvierzig Sekunden plötzlich ein metallisches Geräusch, dann grollte ein Donnerschlag durch das Meer.

Unterdessen war es dem Leitenden Ingenieur (LI) gelungen, das Boot erneut auf Sehrohrtiefe einzusteuern. Hartenstein blickte wieder durch das Okular. Da ertönte ein zweiter Schlag.

Die Blicke der Männer in der Zentrale hingen an den Lippen des Kommandanten, der nun aufgeregt schilderte, was er sah:

„Treffer im Achterschiff, zwischen Mast und Maschinenraum. Tanker stoppt. Lichter an Deck. Bläst Dampf ab und sackt etwas tiefer. Schwarzer Qualm verdeckt das Schiff."

Nach etwa zehn Minuten, als sich der Rauch etwas verzogen hatte, erkannte Hartenstein, dass der Tanker wieder Fahrt aufnahm. Mit den vermutlich unversehrten Maschinen lief er seine neun Seemeilen.

Hartenstein entschloss sich, mit U 156 im Kielwasser des Tankers aufzutauchen, nach Steuerbord zu drehen, um das Boot zu einem erneuten Angriff vorzusetzen. Vier Seemeilen vor dem Tanker wurde getaucht. Der Unterwasseranlauf begann. In Angriffsposition lief der Tanker wieder ins Fadenkreuz. Schon glitten die beiden letzten Torpedos aus den Heckrohren dem Feind entgegen. Die Zeit war um, nichts rührte sich – vorbei. Plötzlich blitzte es am Heck des Tankers auf. Doch die Freude war verfrüht. Der Tanker schoss mit seiner Heckkanone auf das vermeintliche Ende der Torpedo-Laufbahnen und drehte dann hart ab. Jetzt hatte das Boot nur noch einen Torpedo. Sofort wurde hinter dem Tanker aufgetaucht.

„Beide Maschinen zweimal halbe Fahrt voraus!"

Das stundenlange Vorsetzmanöver begann erneut. Dann lief U 156 das Gegnerschiff schräg von vorne an und drehte langsam auf den Tanker zu, sodass der Bug auf den Gegner zeigte.

Der Kommandant rief die abnehmende Entfernung laufend der im Turm stehenden Seemännischen Nr. 1 zu, die die Werte in den Torpedorechner eingab. Die Geschwindigkeit des Bootes und des Tankers waren bereits im Rechner.

Bei Monduntergang beabsichtigte der Kommandant einen Überwasser-Bugschuss. Der I. Wachoffizier stand an der Zieloptik auf der Brücke und hatte den Tanker bereits im Fadenkreuz. Im Vorhalterechner wurde der Vorhaltewinkel errechnet und sogleich am Torpedo eingestellt.

Das Schiff wuchs förmlich ins Unterwasser-Zieloptik-Glas hinein, wurde größer und größer. Der I. Wachoffizier Paul Just sah die hohe Bordwand und zielte noch etwas nach achtern, auf die Maschine.

„Jetzt!", befahl der Kommandant.

„Torpedo – los!"

Schuss aus 650 Meter Entfernung. Sofort wurde nach Steuerbord abgedreht, um nicht mit dem Ziel zu kollidieren.

„Torpedo läuft." Die Zeit verrann. Keine erlösende Detonation. Das Ziel war so nahe, es war gar nicht zu verfehlen. Ging der letzte „Aal" etwa auch vorbei? Auf der Brücke breitete sich bereits Enttäuschung aus.

Da! Eine Stichflamme. Detonation! Treffer in der Maschine. Eine schwarze Wolke stieg zum Himmel. Als sich der Rauch verzogen hatte, lag das Achterschiff des Tankers tief im Wasser. Der Bug hob sich. Die Besatzung stürzte in die Rettungsboote. Erst langsam, dann immer schneller sank der Tanker über das Heck. Für Sekunden stand das Vorschiff hoch über dem Wasser, dann glitt das Schiff immer schneller in die ewige Tiefe. Nur zwei Minuten nach dem Treffer war der 5685 BRT große belgische Tanker „La Carrière", der auf dem Weg nach Trinidad war, in den Fluten versunken.

Der letzte Torpedo war verschossen, das Boot ging auf Heimatkurs. Rückmarsch also? Aber noch waren die Munitionskammern voll mit 10,5 cm-Granaten und so lange wollte Hartenstein gegnerische Frachter aufspüren, sie bekämpfen und versenken. Aber mit dieser Kanone? Hartenstein zog sich in seine winzige Kommandantenkammer zurück. In den nächsten Stunden reifte in ihm ein abenteuerlicher Entschluss.

Am nächsten Morgen sichteten sie noch einmal einen Motorfrachter, über dem ein Flugzeug Sicherung flog. Das Boot steuerte die Mona-Passage Richtung Puerto Rico an. Den Rest des Tages verbrachte U 156 wegen der Landnähe und des andauernden Flugverkehrs unter Wasser.

26. Februar 1942. Das Boot fuhr im Überwassermarsch. Der Kommandant enterte zur Brücke hinauf. Sein Blick richtete sich auf das 10,5 cm-Geschütz, dann erklärte er dem I. Wachoffizier:

„Wir werden das zerfetzte Rohr um 45 Zentimeter absägen, dann haben wir die Kanone wieder klar!" Seelenruhig meinte er weiter: „Die Geschossbahn wird wohl nicht mehr so sein, wie sie sein soll, aber wenn wir nahe genug an die Dampfer herangehen, treffen wir sie auch mit dem kurzen Rohr!" Trotz einiger Einwände des I. Wachoffiziers Paul Just ließ sich Hartenstein nicht von seinem Vorhaben abbringen. Auch unter der Besatzung waren ungläubige und zweifelnde Mienen zu sehen. Sie hatten mittlerweile ihrer Kanone den Namen „Faule Grete" verpasst. Schließlich sah die Rohrmündung wie ein zerkochter Blumenkohl oder wie ein vom Blitz zerfaserter Baumstumpf aus.

Wegen des nahenden Abends und der Nacht entschied sich der für diese Arbeit bestimmte Leitende Ingenieur Wilhelm Polchau gegen den Schweißbrenner, da man die weithin leuchtende Schweißflamme schlecht würde abdecken können. Also Zollstock her und Kreide!

Mit einer kleinen Handsäge arbeiteten immer zwei Mann je eine Stunde lang. Und es ging: Bereits nach einer halben Stunde war der Schnitt vier Millimeter tief und das erste Sägeblatt stumpf. Aber nach acht Stunden und sechs weiteren Sägeblättern knickte das zerrissene Ende der Kanone ab und wurde über Bord geworfen. Die Besichtigung des Restrohres fiel zufriedenstellend aus. Anscheinend war alles in Ordnung, also konnte man mit dem Versuchsschießen beginnen. Da aber die Kanone nicht mehr richtig ausbalanciert war, mussten vorher noch zwei je 25 Kilogramm schwere Ausgleichsgewichte am Rohr angebracht werden.

Wichtiger aber waren jetzt die ballistischen Überlegungen. Wie würde der Mündungsgasdruck des verkürzten Rohres werden? Wie die Geschossgeschwindigkeit, der Rohrrücklauf, die Rückstoßwucht? Ein eingehendes Studium der Schusstafeln ergab, dass es eigentlich funktionieren müsste.

Zum Probeschuss wurde eine lange Leine am Abzug befestigt und zur Brücke geführt. Der Kommandant blieb allein oben und zog. Der Schuss krachte, in 500 bis 600 Metern Entfernung stieg die Wasserfontäne des Aufschlags hoch. Erleichterung herrschte an Bord. Die 10,5 cm-Kanone war wieder einsatz- und schussklar und die Seemännische Nr. 1 Bootsmannsmaat Marek meinte feixend: „Siehe da, die ‚Faule Grete' schießt wie neu!"

Kaum war das Geschütz wieder intakt, meldete die Brückenwache ein Flugzeug mit nordöstlichem Kurs, dem über Wasser ausgewichen wurde. Gegen Mittag musste vor einem anfliegenden Flugzeug getaucht werden. Eine Stunde später erfolgte der Auftauchbefehl. Kaum oben, erfolgte die nächste Fliegersichtung. Aber das Flugzeug war weit entfernt, deshalb konnte das Boot über Wasser auch dieser Maschine ausweichen.

Zum Verlassen der Karibik wurde die Mona-Passage zwischen Haiti und Puerto Rico angesteuert. Gegen Abend schallte der Ruf von der Brücke: „Dampfer in Sicht!" U 156 hielt im weiten Abstand Fühlung. Der Kommandant beabsichtigte den Angriff mit Artillerie nach Sonnenuntergang, was aber misslang, da im Westen eine dicke schwarze Wolkenwand aufzog. Hartenstein entschied, weiter Fühlung zu halten. Er plante, den Angriff im Morgengrauen des 27. Februars nach Monduntergang durchzuführen.

Aber noch war es nicht so weit. Kurz vor Mitternacht meldete die ausländische Funkpresse:

„Der britische Tanker ‚La Carrière' ist am Mittwoch früh in der Nähe von Puerto Rico gesunken, nachdem er von einem Unterseeboot torpediert worden war. 23 Überlebende des britischen Tankers landeten am Mittwoch in zwei Rettungsbooten in Ponce auf Puerto Rico. Zwei weitere Boote werden noch erwartet." Tatsächlich überlebten 26 Besatzungsangehörige der „La Carrière", während 15 Seeleute des Tankers den Tod fanden.

Mittlerweile wurde der Artillerieangriff auf den Frachter vorbereitet. Der Mond sank tiefer. In spitzer Lage schob sich das Boot an den Schatten heran. Alle Rohre waren bereit. Granaten und Munition wurden durch den Turm gehievt und von Mann zu Mann an Deck zu den Geschützen weitergegeben. Näher und näher glitt U 156 dem Schiff entgegen. Noch 700 Meter.

„Hart Backbord!", befahl der Kommandant.

Das Boot drehte auf Parallelkurs. Der Gegner stand an Steuerbord. Die Waffen schwenkten aus. „Ziel aufgefasst!" „Feuer frei!"

Der Donner grollte. Das Gefecht wurde von U 156 mit allen Waffen eröffnet.

Die 10,5 cm-Brandgranaten trafen mittschiffs, rissen große Löcher in die Bordwand des Dampfers. Die Fla-Granaten schlugen in die Brücke und die Funkbude. Eine Explosion schoss in der Mitte des Schiffes hoch, helle Flammen folgten.

Indessen funkte der Dampfer auf der 600-Meter-Welle einen Notruf, der mit dem eigenen Sender gestört wurde. Dann stoppte das Schiff und schoss noch einmal mit seinem Heckgeschütz. Rettungsboote wurden ausgeschwungen und senkten sich zum Wasser. Nach 92 Schuss aus der 10,5 cm-Kanone und 112 Schuss aus der 3,7 cm-

Flak ließ der Kommandant das Feuer einstellen. Das Schiff brannte über das ganze Deck. Langsam neigte sich der Frachter backbords zur Seite. Prasselnd und zischend erlosch das Feuer, als er sank.

Wie sich später herausstellte, hatte U 156 den 2498 BRT großen britischen Dampfer „Macgregor" versenkt. Der Frachter hatte fast 3000 Tonnen Kohle, mit Bestimmungsort Tampa, geladen. Bei der Versenkung des Schiffes fand ein Mann den Tod, die 30 restlichen Seemänner konnten gerettet werden.

Überraschend griff plötzlich vom dunklen Horizont und auf weite Entfernung ein nicht genau auszumachendes Fahrzeug mit einem Geschütz in den Kampf ein, der bereits zu Ende geführt war. Da der Kommandant bei der allmählich anbrechenden Helligkeit sich nicht auf ein Artillerieduell einlassen wollte, ließ er U 156 mit Scheinkursen ablaufen.

Eine Nacht später erfolgte erneut der Ruf „Tanker in Sicht", der die Besatzung elektrisierte. Sofort wurde mit dem Vorsetzmanöver begonnen. Wieder schlich das Boot an seinen Gegner heran. Feuer! Die beiden ersten Treffer saßen in der Brücke. Brände breiteten sich an Deck aus. Auf dem Schiff rannten Seeleute hin und her.

„Feuer einstellen!", befahl der Kommandant.

In Ruhe konnten drüben die Seeleute nun ihre Rettungsboote zu Wasser bringen, die sich schnell vom brennenden Schiff absetzen.

Dann feuerte die Kanone wieder auf nächste Entfernung. Jeder Schuss ein Treffer in die Wasserlinie. In der Hitze des Gefechts war es den Männern auf der Brücke entgangen, dass der Tanker wieder Fahrt aufnahm. Mächtig schob sich das brennende Schiff mit Kollisionskurs auf das U-Boot zu.

Der Kommandant brüllte: „Steuerbordmaschine große Fahrt voraus! Backbordmaschine große Fahrt zurück! Ruder hart Backbord!"

Der Maschinentelegraf klingelte unten im Boot. Bis die Diesel auf Touren kamen, verging quälend lange Zeit. Immer näher schäumte die Bugwelle des Tankers an das U-Boot heran.

„Geschützbedienungen festhalten!", erschallte der Warnruf von der Brücke. Jeder klammerte sich an, wo er stand. Die Männer am Oberdeck sprangen hinter den Turm. Ein Zittern ging durch das Boot. Die Diesel arbeiteten mit höchster Drehzahl gegeneinander.

Ein Schrei gellte auf der Brücke: „Er erwischt uns!"

Unter der Wucht des Anpralls neigte sich U 156 stark nach Backbord, schwang zurück. Der Stoß traf das Boot vorn am Bug in spitzem Winkel. Mit kreischendem Geräusch rutschte U 156 längsseits an der hohen glühenden Bordwand entlang.

Schnelle Maschinen- und Ruderkommandos folgen rasch nacheinander. Nach einer scheinbaren Ewigkeit trennte sich das Boot von dem in Flammen und Rauch gehüllten Schiff. Der Koloss zog langsam weiter, mit dem Rest seines Dampfes und etwas Backbordruder lief er einen großen Kreis. Nach etwa einer Stunde sank der

Korvettenkapitän Werner Hartenstein, Kommandant der Torpedoboote „Seeadler" und „Jaguar" und dem Unterseeboot U 156.

Oben: Das erste Foto von Werner Hartenstein, entstanden um 1909, mit seiner älteren Schwester Thea.

Rechts: Werner Hartenstein in seiner ersten Marineuniform mit seiner Mutter und seinen beiden Schwestern, um 1916.

Die Geschwister Hartenstein.
Dieses Foto entstand etwa 1918.

Die Konfirmation Werner Hartensteins im Jahre 1923. Vorne: Werner Hartenstein mit seiner jüngeren Schwester Charlotte, dahinter die Eltern.

Seite 18

Wie's so zugeht.

Oertliches und Sächsisches.

Plauen, den 6. Juli 1926.

— Staatsgymnasium.
— Das Stipendium der Alfons-Meyer-Stiftung, das für einen Oberprimaner bestimmt ist, der vorzügliche Leistungen in den alten Sprachen aufweist, hat Hartenstein OI erhalten.

Ohr! Hört, ich sing das Lied der Lie-der! hört es, mei-ne deutschen Brü-der! hall es, hall es wi-der, fro-her Chor!

2. Deutschlands Söhne, laut ertöne euer Vaterlandsgesang! Vaterland! du Land des Ruhmes, weih zu deines
uns und unser Schwert!
3. Hab und Leben dir zu geben, sind
sterben gern zu jeder Stunde, achten nicht de
Vaterland gebeut.
4. Wer's nicht fühlet, selbst nicht zielet st
Wert, soll nicht unsern Bund entehren, ni
schwören, nicht entweihn das deutsche Schwer
5. Lied der Lieder, hall es wider: gr
Mut! Seht hier den geweihten Degen, tut, w
und durchbohrt den freien Hut!
6. Seht ihn blinken in der Linken, dies
Ich durchbohr den Hut und schwöre, halten
stets ein braver Bursche sein.
7a. Nimm den Becher, wackrer Zecher,
voll! Nimm den Schläger in die Linke,
und trinke auf des Vaterlandes Wohl!
7b. Seht ihn blinken in der Linken,
weiht! Ich durchbohr den Hut und schwöre,
Ehre, stets ein braver Bursche sein.

Aufsatzinstitut.

Leipzig, Körnerplatz 8.

In diesem erhält man jeden Aufsatz und jede Rede ausgearbeitet, die Seite für 20 Pf.! Somit hat ein Aufsatz von 5 Seiten bei uns den fabelhaft billigen Preis von M. 1.—, 8 Seiten = M. 1.60, 10 Seiten = M. 2.—, 12 Seiten = 2.40, 15 Seiten = M. 3.—, 20 Seiten = M. 4.— usw. Ebenso liefern wir jedes Gelegenheitsgedicht und zwar kostet ede Zeile 2 Pf. Bei eiligen Fällen liefern wir innerhalb 2 Tage. Der Betrag ist im Voraus in Briefmarken oder durch Postanweisung einzusenden.

Werner Hartenstein war ein recht guter Schüler am Staatsgymnasium Plauen, wie die Plauener Zeitung am 6. Juli 1926 bestätigte.

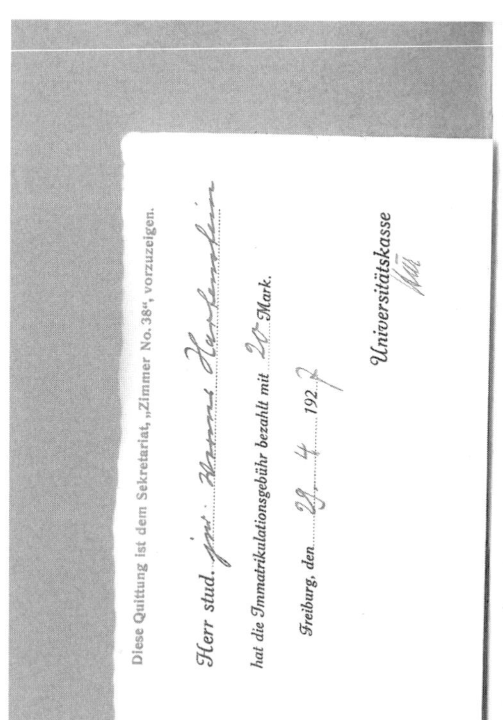

Diese Quittung ist dem Sekretariat „Zimmer No. 38", vorzuzeigen.

Herr stud. jur. Werner Hartenstein

hat die Immatrikulationsgebühr bezahlt mit 20.– Mark.

Freiburg, den 29. 4. 1927

Universitätskasse

Albert-Ludwigs-Universität Freiburg i. Br.

Aufgenommen am: 29. April 1927

Anmeldungs-Buch

für stud. jur. Werner Hartenstein

aus (Geburtsort) Plauen Staatsangehörigkeit Sachsen

Belegen der Vorlesungen.

Die belegten Vorlesungen sind in das Anmeldungsbuch auf beiden Seiten einzutragen und werden von den Dozenten antestiert. (Siehe hierwegen Anschlag am schwarzen Brett der Universität.)

Der Besuch der Vorlesungen ist nur gestattet, wenn dieselben belegt worden sind.

Es wird darauf hingewiesen, daß die im Vorlesungsverzeichnis angegebenen Vortragsstunden sich manchmal ändern, daher vergleiche man die Anschläge am schwarzen Brett.

Duplikate von Anmeldungsbüchern dürfen nur mit Erlaubnis des Disziplinarbeamten, dem der Verlust des Buches und der Besitz der Testate der Dozenten glaubhaft zu machen ist, ausgestellt werden. Außerdem wird hierfür von der Universitätskasse eine Gebühr von 4 Mark erhoben.

Die Einzugszeiten für die Unterrichtsgelder werden von der Quästur jeweils am schwarzen Brett in der Universität und in den Universitäts-Instituten bekannt gegeben.

Wer nach diesem Termin bezahlt, hat eine Versäumnisgebühr, deren Höhe vom Senat festgesetzt wird, zu entrichten.

Das Anmeldebuch von Werner Hartenstein an der Albert-Ludwigs-Universität, Freiburg in Breisgau, wo er zwei Semester Jura studierte. Seine Aufnahme an der Universität erfolgte am 29. April 1927.

Die Überschrift und Spalte 1a und b sind vom Studierenden auszufüllen.

Anmeldungsbuch für stud. [illegible]

~~Sommer~~-Winter-Semester 1927/28 26

Vorlesungen und Übungen (Die Titel derselben sind vollständig einzutragen)	Stundenzahl wöchentlich	Namen der Lehrer	Vermerk der Quästur: Unterrichtsgelder ℳ Pf.	Ersatzgelder ℳ	Antestat der Lehrer
1. [illegible]	4	[illegible]	12		[illegible]
2. [illegible]	6	[illegible]	18		
3. [illegible]	5	[illegible]	15		[illegible]
4. [illegible]	2	[illegible]	8		[illegible]
5. [illegible]	3	[illegible]	12		[illegible]
6. [illegible]	1	[illegible]	3		[illegible]
7. [illegible]	1	[illegible]	3		[illegible]
8. Semester					
9.					
10.					
11.					
12.					

Unterrichtsgelder 71
Ersatzgelder
Studien- und Institutsgebühr 50
Beitrag für soziale Einrichtungen 16
Diebstahl- und Unfallversicherung 3
Summe 140

Erhalten
Freiburg i. B., den 9. XI. 1927
Akad. Quästur:

Die Überschrift und Spalte 1a und b sind vom Studierenden auszufüllen.

Anmeldungsbuch für stud.

Sommer-Winter-Semester 192

Vorlesungen und Übungen (Die Titel derselben sind vollständig einzutragen)	Stundenzahl wöchentlich	Namen der Lehrer	Vermerk der Quästur: Unterrichtsgelder ℳ Pf.	Ersatzgelder ℳ	Antestat

Nr. 574.
Universität Freiburg i. Br.
Abgangsvermerk.
Tag der Aufnahme: 29. IV. 27.
Tag des Abgangs: 29. II. 28.
Bestrafungen: Keine.
Freiburg i. Br., den 29. II. 1928.
Der Rektor
UNIVERSITÄT FREIBURG i. Br.

Unterrichtsgelder
Ersatzgelder
Studien- und Institutsgebühr
Beitrag für soziale Einrichtungen
Diebstahl- und Unfallversicherung
Summe

Erhalten
Freiburg
den
Akad.

Das Anmeldebuch von Werner Hartenstein an der Albert-Ludwigs-Universität. Seine Teilnahme an den Vorlesungen im Wintersemesters 1927/28 sind eingetragen ebenso sein Abgang von der Universität am 29. Februar 1928.

Stufenfolge bei Beurteilung der Führung.

sehr gut,
gut,
genügend,
mangelhaft,
schlecht.

— 1 — 214

Stammrollen-Nr. [illegible]

Vor- und Zuname: Werner Hartenstein
Geburtstag: 27. II. 1908
Geburtsort: Plauen i. V.
Kreis: –
Religion: ev.-luth.
Diensteintritt: 1. IV. 1928
Wohnsitz und Stand des Vaters (Vormundes): Plauen i. V. [illegible] 18
Kaufmann
Familienname der Mutter: [illegible]

Am 1. April 1928 trat Werner Hartenstein in die Reichsmarine ein (siehe Stammrollennachweis).

Von Juli bis Oktober 1928 erfolgte seine erste seemännische Ausbildung auf dem Segelschulschiff „Niobe“. Auf dem Bild zu sehen ist die „Niobe“ beim Segelsetzen in der Ostsee.

— 4 —

(S.-A.) Segel~~tender~~ schulschiff „Niobe“

(J.-A.) ~~Marineschule Mürwik, Werkstattausbildung~~

(Nichtzutreffendes streichen.)

Dauer: von 2. Juli 1928 bis 13. Oktober 1928

Dienstzeugnis: [illegible]

Führung: 5. (sehr gut).

Strafen: keine.

Für die Richtigkeit: [illegible]

Kiel, den 13. ten Oktober 1928.

— 5 —

(S.-A.) an Bord Torpedoboot .... (...... Halbfl.)

von .... bis ....

Bescheinigung.

Der Matrose Hartenstein, Werner St.-R.-Nr. O. 21

ist in der Zeit vom 1. Juli 1928 bis 13. Oktober

auf dem Segelschulschiff „Niobe“ zu Fahrten in der Ostsee eingeschifft gewesen

sich dadurch 3 und 13 Tg. Monate Seefahrtzeit auf einem Segelschiff erworben.

Kiel, den 28. IV. 1930

REICHSMARINE INSPEKTION DES BILDUNGSWESENS

Otto Schultze

Konteradmiral und Inspekteur des Bildungswesens der Marine.

Dienstbescheinigung und Zeugnis vom Segelschulschiff „Niobe“.

Werner Hartenstein am 2. August 1928 beim Landgang in Swinemünde mit seinen Eltern und seiner Schwester Thea, die zu Besuch waren.

Werner Hartenstein mit Thea bei der Hochzeit der jüngeren Schwester Charlotte.

Anlässlich der Feier trägt Werner Hartenstein seine Gala-Uniform des Oberleutnants zur See, die man hier genau betrachten kann.

Im Bild das Torpedoboot „Luchs" – ein Schwesterboot von „Jaguar", das Werner Hartenstein zu Beginn des Krieges von Oktober 1939 bis März 1941 als Kommandant führte.

Werner Hartenstein als Oberleutnant zur See im Juni 1935 auf Urlaub in Plauen.

Indienststellung von U 156 am 4. September 1941 in Bremen. Feierlich wird die Flagge gehisst. Vor dem Turm grüßend steht Werner Hartenstein.

Kapitänleutnant Werner Hartenstein meldet dem an Bord von U 156 gehenden Admiral: „Boot und Besatzung zur Indienststellung bereit.

Kapitänleutnant Hartenstein hält anlässlich der Indienststellung von U 156 eine Ansprache.

Indienststellung von U 156 am 4. September 1941
in Bremen bei der Deschimag-Werft.

Ausbildung am 10,5 cm-Artilleriegeschütz.

*Kapitänleutnant Werner Hartenstein,
Kommandant von U 156.*

*Kapitänleutnant (Ing.) Wilhelm Polchau,
Leitender Ingenieur auf U 156.*

*Oberleutnant zur See Paul Just,
I. Wachoffizier auf U 156.*

*Leutnant zur See Dietrich von dem Borne,
II. Wachoffizier auf U 156.*

Ein U-Boot vom Typ VII läuft nach Beendigung der Feindfahrt in den Hafen ein. Die Aufnahme entstand Anfang des Krieges.

Ein U-Boot vom Typ VII A beim Anlegen im Hafen.

Korvettenkapitän Viktor Schütze war von 1939 bis 1941 Kommandant auf U 25 und U 103. Vom 13. August 1941 bis 6. Februar 1943 war er als Flottillenchef der 2. U-Boot-Flottille in Lorient und damit der unmittelbare Vorgesetzte von Werner Hartenstein.

Ausbildung an der 3,7 cm-Flakkanone.

Die mit Eis bedeckte 10,5 cm-Kanone von U 156 im Winter 1941/42.

Der britische Tanker „Pedernales“ war das erste Schiff, das den Torpedos von U 156 zum Opfer fiel. Der Tanker wurde im Hafen von Oranjestad auf Aruba torpediert. Die „Pedernales“ wurde später gehoben und nach einer Notreparatur von Aruba nach Curacao gebracht.

Instandsetzungsarbeiten am 3,7 cm-Flakgeschütz von U 156.

Nach dem Ende der 3. Feindfahrt ging der I. Wachoffizier, Oberleutnant zur See Paul Just von Bord. Er sollte später Kommandant von U 6 und U 546 werden.

U 156 in See, vermutlich noch während der Ausbildung in der Ostsee.

Ein weiteres Schiff ist U 156 zum Opfer gefallen.

Der obere Teil des Turms von U 507. Das FuMO 29 war ein starres Anti-Radar-Gerät, dessen Anordnung passend bis zum oberen Turmrand verlief. U 156 hatte dieses Warngerät ebenfalls installiert.

7017 BRT große amerikanische Tanker „Oregon", der mit einer Heizölladung auf dem Weg nach New York war. Von der amerikanischen Besatzung der „Oregon" fanden sieben Seeleute den Tod. 30 Besatzungsangehörige konnten später aus der aufgewühlten Sargassosee geborgen werden.

Auf U 156 war keiner verletzt worden. Der verbogene Steven sah schlimm aus, aber der Druckkörper war unbeschädigt geblieben. Das Steuerbord-Tiefenruder war beschädigt worden, das Gegenstück an Backbord nicht mehr zu bewegen. Der Schaden wirkte sich nachteilig aus. Das Boot blieb aber tauchfähig.

Der Heimatkurs führte wieder in die leere Weite des Atlantischen Ozeans. Die Munition des 10,5 cm-Geschützes und der 3,7 cm-Flak war verschossen. An Bord befanden sich noch 1300 Schuss für die 2 cm-Fla-Kanone. Hartenstein schlussfolgerte, dass man, wenn es ihnen gelänge, einen unbewaffneten Dampfer mit dem Fla-Geschütz zu stoppen und ein Prisenkommando an Bord des Schiffes zu bringen, dieses mit Sprengpatronen versenken könnte.

Am 1. März wurde der nächste Dampfer gesichtet, der Südkurs steuerte.

Da Werner Hartenstein die Stärke der Bewaffnung des Schiffes nicht erkannte, zog er es vor, ihn laufen zu lassen.

3. März 1942: Erneut kam ein Dampfer in Sicht. Durch das Sehrohr wurden die markanten Aufbauten als verdeckte Kanonen eingeschätzt. Der Kommandant gab den Angriff auf, ließ auftauchen und den Rückmarsch fortsetzen. Doch Hartenstein schien nicht aufgeben zu wollen, denn anschließend befahl er einige Probeschüsse mit der 2 cm abzufeuern, gleichzeitig ließ er die Sprengmunition auf ihre Funktion überprüfen.

Die nächsten Tage vergingen im einförmigen U-Boot-Alltag. Jedes Mal, wenn die Sonne von Neuem hinter dem Horizont aufstieg, stand das Boot ein gehöriges Stück nordöstlicher.

Am 7. März 1942 wurde ein Dampfer mit gesetzten Lichtern und Neutralitätsabzeichen mit Kurs Azoren beobachtet.

Bevor U 156 die Biskaya erreichte, nahm jeder an Bord die Gelegenheit zu einem Bad unter der Seewasserdusche im Dieselraum wahr.

Die Fahrt durch die Biskaya verlief ohne besondere Vorkommnisse. Nach 58 Seetagen Feindfahrt kam am frühen Morgen des 17. März 1942 die Insel Groix in Sicht. Im Geleit eines Sperrbrechers lief U 156 mit sechs Versenkungswimpeln am Sehrohrmast in Lorient ein. Der BdU Admiral Dönitz und sein Stab standen grüßend an der Pier. Hinter ihnen stand eine jubelnde Zuschauermenge. Rotkreuzschwestern und Wehrmachtshelferinnen winkten mit Blumensträußen. Den militärischen Teil der Zeremonie begleitete eine Kapelle, die stramme Marschmusik spielte. Nach der Meldung Hartensteins an Dönitz steckte dieser ihm persönlich das am 2. Februar 1942 verliehene Deutsche Kreuz in Gold an die Lederjacke. Werner Hartenstein hatte diese hohe Auszeichnung für 65 Unternehmungen in Nordsee, norwegischen Gewässern,

Biskaya und Kanal, als Kommandant der Torpedoboote „Seeadler“ und „Jaguar“, verliehen bekommen.

Mit U 156 hatte Hartenstein auf seiner 2. Unternehmung fünf Schiffe mit 22.723 BRT versenkt und zwei Tanker mit 10769 BRT torpediert und beschädigt.

Der BdU schrieb ins Kriegstagebuch des Bootes:

Sehr gut durchgeführte Unternehmung des Kommandanten mit einem neuen Boot. Schneid, Angriffsgeist und überlegtes Handeln des Kommandanten brachten dem Boot einen schönen Angriffserfolg, der leider durch Fehlschüsse stark beeinträchtigt wurde.
Es ist bedauerlich, dass der Artillerieeinsatz gegen die Ölraffinerien von Curaçao wegen eines Versagers (Schießen mit aufgesetztem Mündungspfropfen) vereitelt wurde.

Der letzte Satz des Eintrags vom BdU konnte, wie vorher bereits beschrieben, widerlegt werden. Der Rohrkrepierer wurde nicht durch einen übergestülpten Mündungspfropfen ausgelöst, was bisher so noch nie veröffentlicht wurde.

Die 3. Feindfahrt: Fette Beute bei den Kleinen Antillen

In den Tagen der nun beginnenden Generalüberholung des Bootes erfolgten die ersten Abkommandierungen innerhalb der Besatzung.

Für den während der 2. Feindfahrt schwer verwundeten II. Wachoffizier Dietrich von dem Borne trat Oberleutnant zur See der Reserve Gert Mannesmann seinen Dienst auf U 156 an. Der inzwischen zum Leutnant zur See beförderte Max Fischer blieb als III. Wachoffizier an Bord.

Am 22. April 1942 lief das Boot zusammen mit U 502 und geleitet durch einen Sperrbrecher von Lorient aus. Wieder war Tropenausrüstung an Bord. Als Operationsziel wurde vom Kommandanten erneut die Karibik – genauer gesagt der Panamakanal – angegeben. Mit Kurs West ging es durch die Biskaya, die von britischen Flugzeugen immer häufiger und enger überwacht wurde. Mehr als viertausend Seemeilen waren es bis zum Ziel. Wochenlang würde der Anmarsch dauern, meist fern von allen Schifffahrtsrouten.

Am 30. April wurde die Azoreninsel Santa Maria passiert. Jeder auf der Brücke versuchte, die Insel als Erster zu sichten. Aber Santa Maria blieb durch dunkle Regenwolken verdeckt. Es regnete ununterbrochen. Himmel und See gingen ineinander über, das ewige Grau drückte auf die Stimmung der Besatzung.

Endlich, nach einer Woche, strahlte die Sonne wieder. Ein Funkspruch besserte die Laune an Bord: „Operationsgebiet nicht Panamakanal. Freie Jagd vor den Kleinen Antillen."

Umgehend befahl Hartenstein, mit Kurs 233 Grad Barbados anzusteuern. Er beabsichtigte, dort seine erste Teiloperation auf Brigdetown durchzuführen.

Zwei Wochen Marschfahrt hatte U 156 bereits hinter sich. Noch eine Woche, dann würde das Boot im Operationsgebiet stehen.

Am 6. Mai meldet der Leitende Ingenieur Wilhelm Polchau dem Kommandanten, dass der Dieselverdichter ausgefallen sei. Zwei Zahnstangen waren gebrochen und eine Laufbuchse dahin.

Werner Hartenstein gab einen Funkspruch ab: „Für Zapp (U 66) von Hartenstein. Erbitte Abgabe zweier Zahnstangen und einer Führungsbuchse aus Dieselverdichter. Paula Toni 6196 Kurs 231 Grad. 194 cbm."

Nach Mitternacht des 7. Mai wurde der Funkspruch erneut abgesetzt. Am Morgen bestätigte U 66 mit einem Funkspruch den Erhalt:

„An Hartenstein von Zapp. Flanschenabgabe klar. Ausbau der Führungsbuchse nicht sicher. Stehe am 10. Mai im Marinequadrat 7937. Keine Brennstoffreserven. Abgabe 5 cbm erwünscht. Zapp sendet Peilzeichen."

U 156 steuerte den von U 66 vorgeschlagenen Treffpunkt an. Genau zur festgelegten

Zeit, am 10. Mai 1942, erschien ein schwarzer Punkt am Horizont, der bald als U-Boot identifiziert wurde. Kurz darauf lagen die beiden Boote dicht beieinander. Sofort wurden die zwei Zahnradstangen mithilfe einer Boje übernommen. Danach paddelten zwei Seeleute mit dem kleinen Schlauchboot von U 156 das Ende des Ölschlauchs zu U 66 hinüber. Anschließend lief die Ölpumpe, während beide Besatzungen an Deck standen und sich lebhaft unterhielten. Korvettenkapitän Zapp, der Kommandant von U 66 teilte Hartenstein mit, dass sie in den letzten Nächten je einen Dampfer im Planquadrat EE 36 und 39 auf Südostkurs gesichtet hätten, außerdem noch in EF 1190 einen Dampfer mit südwestlichem Kurs. Hier schien die Goldader der Schifffahrtsroute Kapstadt – New York zu liegen.

Bereits nach 26 Minuten war die Treibstoffabgabe beendet und der Schlauch wurde eingeholt. Letzte Glückwünsche von Boot zu Boot. Langsam drehte U 66 ab und ging auf Heimatkurs, wurde kleiner und kleiner, bis es verschwunden war.

U 156 aber steuerte die Karibik an, zuerst in Richtung des von U 66 angegebenen Seegebiets. Der Passat trieb das Boot nach Westen. Ab dem 11. Mai lag das Boot im Planquadrat EE 36 gestoppt. Am 12. Mai 1942 schallte am frühen Nachmittag der bereits lang ersehnte Ruf des Ausgucks durch das Boot: „Dampfer in Sicht!"

Hartenstein enterte auf die Brücke, blickte zuerst in die angegebene Richtung, um dann das umgehängte Fernglas vor die Augen zu heben.

„Na, Just, der Zapp scheint einen guten Riecher zu haben", sagte Hartenstein zu seinem I. Wachoffizier, ohne dabei den Dampfer aus den Augen zu lassen. Paul Just nickte nur schmunzelnd und wartete auf die nächsten Befehl des Kommandanten. Allmählich wanderten Masten über die Kimm.

„Tauchmanöver einleiten, I. WO." Kurz darauf folgte die Begründung: „Wir werden ihn auf Sehrohrtiefe genauer anschauen, um seinen Generalkurs herauszubekommen. Danach können wir mit dem Vorsetzen beginnen."

Keine Minute später befand sich U 156 auf Sehrohrtiefe, in fast vollkommen geräuschloser Fahrt. Rasch hatten sie den Generalkurs ermittelt. Das Boot ging auf Kurs und das Vorsetzmanöver, diesmal wieder über Wasser, begann. Am 13. Mai, kurz nach Mitternacht, war es so weit. Das Boot lief zum Torpedoschuss heran. Zwei „Aale", abgefeuert aus den Torpedorohren I und II, rauschten ihrem Ziel entgegen. Jeder an Bord wartete aufgeregt auf den Knall. Die Laufzeit war bereits überschritten. Vorbeigeschossen! Das fing ja gut an. Der Dampfer hatte nach Einbruch der Nacht vermutlich die Geschwindigkeit erhöht. Erneuter Anlauf zum Angriff. Alle Werte wurden genau in den Vorhalterechner eingegeben. Der Kommandant ließ das Boot näher an den Gegner herangehen.

„Rohr I fertig!"

„Rohr I ist fertig", erfolgte umgehend die Antwort.

„Torpedo – los!"

Ein starkes Meeresleuchten ließ den „Aal" gut mit dem Glas verfolgen, zudem durchbrach er mehrfach die Oberfläche. Zuerst sah es so aus, als liefe er weit vorne vorbei. Dann aber schob er sich dem schwarzen Schatten entgegen. Jetzt lief er genau auf den Dampfer zu. Noch wenige Sekunden, dann blitzte es grell auf, dumpf rollte ein Donner über das Meer. Der Treffer lag genau in der Maschine. Das Schiff stoppte, Lichter waren an Deck zu sehen. Das Heck sackte schnell ab. Sofort setzte der Dampfer Rettungsboote aus.

Auf der Brücke von U 156 beobachteten sie den Frachter. Deutlich waren die beiden Masten zu erkennen. Der Schornstein saß ziemlich weit achtern, aber noch vor dem zweiten Mast. Zwischen Brücke und Schornstein war ein großer Zwischenraum auszumachen. Hartenstein schätzte die Größe des Schiffes auf mindestens 6000 Bruttoregistertonnen.

Nach 25 Minuten hob sich der Bug. Für einige Sekunden ragte er senkrecht in die Luft, dann sank das Schiff über den Achtersteven dem Meeresgrund entgegen. Hartenstein ließ die beiden Rettungsboote ansteuern, um den Namen des soeben versenkten Schiffes zu erfahren.

An Bord eines dieser Rettungsboote befand sich der aus Deutschland stammende Jude Efraim Tsouk, der mächtig erschrak, als U 156 auftauchte und auf die Rettungsboote zusteuerte. Schließlich hatte er einen Palästinensischen Pass und war in Frankfurt am Main geboren worden. Efraim Tsouk, der durch die britische und amerikanische Medienpropaganda der Meinung war, dass deutsche Unterseeboote die wehrlosen Schiffbrüchigen erschießen würden, glaubte beim Herankommen des U-Bootes, dass auf der Brücke bereits die U-Boot-Besatzung mit ihren Maschinengewehren bereitstanden und nur auf den Befehl des Kommandanten warteten, um das Feuer zu eröffnen. Er war zu jeder Zeit bereit seine in der Jackentasche befindlichen Papiere, ins Meer zu werfen. Als U 156 auf Hörweite herangekommen war, hörte Efraim Tsouk die Stimme des U-Boot-Kommandanten, die gar nicht kriegerisch klang.

Hartenstein sprach die Schiffbrüchigen auf Englisch an: „Tut mir leid, dass ich euch versenken musste, aber es ist Krieg!“

Anschließend fragte er nach dem Namen des Schiffes, der Fracht, dem Ausgangshafen sowie dem Bestimmungsort des Schiffes. Als ihn einige der Schiffbrüchigen bei ihren Angaben beschwindeln wollten, mussten sie schnell feststellen, dass der U-Boot-Kommandant Bescheid wusste, als er ihnen widersprach und ihnen bestimmte Einzelheiten über ihren Frachter nennen konnte.

„Ist einer von euch verletzt, braucht ihr ärztliche Hilfe oder vielleicht Proviant?“, fragte Hartenstein als nächstes.

Die Schiffbrüchigen verneinten seine Frage und winkten ab. Keiner der Besatzung der „Koenjit“ war bei der Torpedierung verletzt worden. Allerdings fehlte ein Mann, doch niemand konnte darüber Auskunft geben, ob dieser durch die Torpedodetonation getötet worden oder beim Untergang des Schiffes ertrunken war. Beide Rettungsboote waren mit genügend Proviant ausgerüstet. Auf die Frage der Schiffbrüchigen nach

Frischwasser bedauerte Hartenstein mit den Worten: „Ich kann Euch leider kein Wasser geben, es ist bei uns an Bord auch knapp!“

Danach gab er den Offizieren und dem Steuermann der „Koenjit“ einige Ratschläge, welcher Kurs am besten geeignet wäre, um sie zu der nächsten Karibischen Insel zu führen. Als Hartenstein das zweite Rettungsboot ansteuern ließ, konnten er jedoch das Sprachengewirr der Schiffbrüchigen nicht verstehen und kehrte deshalb noch einmal zum ersten Rettungsboot zurück. Auf der Brücke stand Hartenstein mit dem Megaphon in der Hand.

„Ich wünsche euch viel Glück!“

Efraim Tsouk war von der Haltung dieses fürsorglichen und anständigen U-Boot-Kommandanten überrascht, so sehr, dass er Jahrzehnte später nach der Familie von Hartenstein zu suchen begann, doch dazu später mehr.

Mit zunehmender Geschwindigkeit entfernte sich U 156 von den beiden Rettungsbooten. Sogleich wurden auf den Rettungsbooten die Segel gesetzt und vom Passatwind getrieben, fuhren sie den Antillen entgegen.

Wie sich herausgestellt hatte, handelte es sich bei dem versenkten Schiff um das niederländische Motorschiff „Koenjit“ mit 4551 BRT. Der Frachter war vor dem Krieg unter dänischer Flagge und dem Namen „Sternjeborg“ gefahren. Nach der Besetzung Dänemarks durch deutsche Truppen im April 1940, durften die dänischen Schiffe, die den Alliierten in die Hände gefallen waren, nur noch unter fremden Flaggen fahren. Deshalb war der Frachter in „Koenjit“ umbenannt worden und fuhr seitdem unter niederländischer Flagge. Der Dampfer war von Liverpool ausgelaufen und hatte in Halifax/Kanada 8629 Tonnen Stückgut für Table Bay geladen. Nach dem Auslaufen aus Halifax war die „Koenjit“ noch bis etwa 500 Seemeilen westlich von St. Lucia gekommen, als sie schließlich torpediert und von U 156 versenkt worden war. An Bord der „Koenjit“ hatte sich auch der amerikanische Motorkutter „Letitia Porter“ (15 ts) befunden, der mit dem Dampfer in die Tiefe gerissen wurde. Beim Untergang des Frachters verlor ein Mann sein Leben, während sich die übrigen 37 Seeleute retten konnten.

Der Tag brach an. Am Nachmittag wurden wieder Mastspitzen eines Dampfers gesichtet. An der Grenze der Sichtweite setzte sich das Boot vor, was schwierig war, denn der Frachter fuhr Zickzackkurse. Doch nach einigen Stunden konnte man sein Zickzackschema und den Generalkurs aus der Karte entnehmen. Es war noch hell, als der Kommandant den Tauchbefehl gab. Das Sehrohr wurde ausgefahren. Minuten vergingen.

„Da ist er!“, hörte man die Stimme des Kommandanten. Erst kamen die Mastspitzen, dann der Schornstein, die Kommandobrücke und zum Schluss das ganze Schiff ins Blickfeld.

Hartenstein presste das Auge auf den Gummiring am Okular des Sehrohrs.

„Rohr V bewässern!“ „Mündungsklappe öffnen“, tönte Hartensteins befehlgewohnte

Stimme. Der Torpedo lag jetzt im Heckrohr, fertig zum Schuss. „Er dreht auf uns zu", erklang die etwas leiser gewordene Stimme des Kommandanten vom Turm.

„Jetzt liegt er gut. Gegnerlage 45 Grad, Entfernung 1500 Meter." Die Kurbel des Vorhalterechners schnurrte.

„Steht!", meldete die Seemännische Nr. 1 Bootsmannsmaat Marek, der die Werte eingedreht hatte. „Lage 60 Grad, Entfernung 1000 Meter", erfolgte die nächste Wertung. „Steht!", kam die Antwort umgehend zurück.

„Rohr V fertig!"

„Rohr V ist fertig!"

„Lage 75 Grad, Entfernung 700 Meter!"

„Steht", erfolgte erneut prompt die Antwort.

„Rohr V – los!"

Der I. Wachoffizier stand neben dem Kommandanten am Abzugshebel im Turm. Der Torpedomaat im Heckraum am Rohr V schlug zur Sicherheit noch auf die Handabfeuerung. Ein kurzes Vibrieren, dann ein Zischen: Der „Aal" war raus.

„Torpedo läuft!"

Hartenstein saß vor Anspannung wie erstarrt am Sehrohr.

„Treffer!", hallte es durch das Boot.

„Treffer vorn", berichtete der Kommandant.

„Das Schiff liegt gestoppt. Sinkt vorne tiefer. Rettungsboote gehen zu Wasser."

Über den Bordlautsprecher gab Paul Just die Worte des Kommandanten an die Besatzung weiter. Langsam fuhr das Boot auf Sehrohrtiefe um das Heck des Schiffes. „City of Melbourne, Liverpool", las Hartenstein laut.

Schnell war der Name im Lloyds Register gefunden. Ein britischer Dampfer mit 6630 BRT. Aber er wollte noch nicht sinken, sondern lag immer noch nach vorn geneigt in der Dünung.

„Auftauchen – Artillerie klar!", befahl der Kommandant.

Das Boot durchbrach die Wasseroberfläche. Das Turmluk flog auf, die Wache stürzte auf die Brücke. Nacheinander sprangen die Geschützbedienungen an die neue 10,5 cm-Kanone. 24 Schuss aus nächster Nähe. Während sich das Heck hoch aufrichtete, brach das Vorschiff mit Brücke ab. Der Rest des Schiffes wollte immer noch nicht sinken. Noch einmal wurden fünf Schuss in die Maschine und den dahinterliegenden Laderaum 3 gefeuert. Langsam sank nun auch das Heck des Frachters. Inzwischen war es 00.26 Uhr am 14. Mai 1942.

Hartenstein ließ die mit 77 Besatzungsangehörigen besetzten sechs Rettungsboote ablaufen, die schon Segel gesetzt hatten. Kurs und Entfernung zum Land wurden zu den Booten gerufen, Wasser und Proviant angeboten. Aber die Schiffbrüchigen hatten bereits alles Notwendige an Bord. Die vierhundert Seemeilen bis zur nächsten Antilleninsel würden sie bei diesem Wind in etwa acht Tagen schaffen, wenn man sie nicht bereits vorher schon entdeckte. Am Morgen des 14. Mai sichtete die

Brückenwache treibende Wrackteile. Am späten Nachmittag wurde wieder ein Schiff gemeldet, das geraden Kurs lief. Das Vorsetzmanöver begann. Anschließend lief der Angriff über Wasser in völliger Dunkelheit ab. „Torpedo – los!"

Warten – die Zeit verging – nichts rührte sich! Ruhig und offenbar nichts ahnend lief der Dampfer weiter. Stundenlang dröhnten die Diesel beim erneuten Vorsetzen durch die hohe Geschwindigkeit. Inzwischen war der 15. Mai angebrochen. Der nächste Angriff folgte aus nur fünfhundert Metern Entfernung, alles ging glatt. Doch wieder lief der „Aal" vorbei.

U 156 jagte durch die Dunkelheit und griff bei fünfhundert Metern erneut an. Schuss aus Rohr III. Der Torpedo durchbrach mehrmals die Oberfläche. Die Sekunden tickten dahin – Treffer mittschiffs! Eine etwa 20 Meter hohe dunkle Sprengwolke stand über dem Schiff. Die Besatzung sprang in die Rettungsboote. Stark vorlastig lag der Frachter in der See. Nach etwa einer halben Stunde, genau um 03.31 Uhr, sank er über den Bug.

Wiederum scherte U 156 auf die Rettungsboote zu, die mit 31 Seeleuten besetzt waren, um den Namen des Schiffes zu erfragen. „Siljestad" bekamen sie zur Antwort. Ein norwegisches Motorschiff mit 4301 BRT. Auch dieser Frachter hatte wertvolles Kriegsmaterial für Table Bay geladen. Bei der Versenkung des „Siljestad" fanden zwei Männer den Tod.

Kaum waren die Rettungsboote in der Dunkelheit verschwunden, da wurden die vier Reservetorpedos vom Oberdeck ins Boot gemannt. Gegen Morgen war die schwere Arbeit beendet. Die Männer fielen erschöpft in ihre Kojen.

Am Mittag brannte die Sonne unbarmherzig auf das Bootsdeck. Die Hitze im Boot war kaum noch zu ertragen. Plötzlich der Ruf von der Brücke: „Dampfer in Sicht!" „Wenn das so weitergeht, haben wir in wenigen Tagen unsere Torpedos verschossen", meinte Hartenstein lakonisch, während er zur Brücke hoch enterte.

Wiederum das übliche Vorsetzmanöver. Unvermutet stoppte das Schiff. Auf der Brücke wurde gerätselt. Hatte es Maschinenschaden? Oder war das Boot gesichtet worden?

Da rief Obersteuermann Frühling aus der Zentrale:

„Es kann sein, dass der Dampfer auf die Schiffbrüchigen unseres letzten Dampfers gestoßen ist und sie bergen will!"

Kurze Zeit später nahm er wieder Fahrt auf, mit scharfen Zickzackkursen, ohne Schema. Also hatte der Obersteuermann richtig vermutet. U 156 tauchte zum Unterwasserangriff. Der Dampfer lief dem Boot direkt vor die Rohre.

Entfernung zwölfhundert Meter – Schuss aus Rohr I. Treffer vor der Brücke im Laderaum!

Sofort wurde das Schiff vorlastig und bekam Backbordschlagseite. Rettungsboote wurden zu Wasser gelassen. Bald schaukelten zwölf auf der See.

Nach fünfzehn Minuten war der Dampfer verschwunden. Beim Untergang quollen aus den großen Holzbauten an Deck Auto- und Flugzeugteile heraus. „Auftauchen“, befahl der Kommandant.

U 156 fuhr an die Boote heran, darunter auch die Besatzung der Seeleute des vor wenigen Stunden versenkten Frachters. Den Gesichtern war anzusehen, was sie dachten. Auf die Frage nach dem Namen des soeben versenkten Schiffes erfuhren sie, dass es sich um die „Kupa“ handelte, ein jugoslawischer Dampfer mit 4382 BRT. Die Rettungsboote setzten indessen Segel und zogen bald im Passatwind nach Westen.

Die Untergangsstelle war übersät mit Wrackteilen, vor allem mit Autoschläuchen und Reifen. Vierzehn Reifen wurden aufgefischt und unter Bord verstaut.

Die „Kupa“, die ebenfalls auf dem Weg nach Table Bay war, hatte Lastkraftwagen, Auto- und Flugzeugteile geladen. Von der 41-köpfigen Besatzung fanden zwei Seeleute den Tod.

17. Mai 1942: Alle an Bord hofften, dass diese Dampferroute nicht durch die Funknotsprüche der sinkenden Schiffe gestört würde. Doch ihre Besorgnis verschwand, als bereits am Nachmittag erneut der Ruf von der Brücke ertönte: „Dampfer in Sicht!“

Er steuerte genau auf U 156 zu. An der Grenze der Sichtweite wurde vorgesetzt. Doch der Gegner fuhr Zickzackkurs. Es dauerte etwa eine Stunde, dann war sein Generalkurs ermittelt. Es folgte der Tauchbefehl. Langsam wanderte das Schiff ins Sehrohr. Der Kommandant beobachtete und berichtete von zwei Heckgeschützen. An Deck standen große Holzboxen. Anscheinend hatte der Dampfer Autos oder Flugzeuge geladen.

Schuss aus Rohr V, dem Heckrohr! Treffer nach 25 Sekunden auf Höhe des Schornsteins. Eine hohe schwarzbraune Sprengwolke stand über dem Frachter. Fünf Minuten nach dem Torpedotreffer war das Schiff gesunken.

„Auftauchen!“

Viele Flugzeugteile schwammen an der Untergangsstelle. Dazwischen entdeckte der Ausguck einen Schiffbrüchigen, der sogleich aufgefischt wurde. Von dem jungen Amerikaner erfuhren sie, dass der versenkte Frachter die britische „Barrdale“ mit 5072 BRT war, unterwegs von New York nach Basra am Persischen Golf. Er hatte Flugzeuge, Panzer, Autoreifen und Stückgut geladen. Große Flugzeugreifen schwammen um das Boot herum, von denen der Kommandant zehn auffischen ließ, um sie als Trophäe mit nach Hause zu nehmen. Die Besatzung der „Barrdale“ bestand aus 53 Seeleuten, von denen einer ums Leben kam. Der aufgefischte Seemann wurde an einen der Rettungskutter abgegeben.

Der 18. Mai war angebrochen. Wachsam suchten die Ausgucks ihre Sektoren ab. Sie mussten höllisch aufpassen, denn die frühe Morgendämmerung ließ die Sichtweite schlagartig anwachsen.

„Dunkler Schatten an Steuerbord“, meldete einer der Wachposten.

„Beide Maschinen große Fahrt voraus, hart Backbord“, reagierte schnell der wach-

habende I. WO Paul Just. Der Kommandant stürmte zur Brücke hinauf. Das Boot drehte ab, um nur eine schmale Silhouette zu zeigen, damit der Gegner es nicht entdeckte. „Auf Gefechtsstation! Rohr III und IV bewässern!"
„Wir müssen schnell handeln, sonst wird es zu hell für einen Überwasserschuss", äußerte sich der I. WO aufgeregt. Da erfolgte schon der Befehl. „Rohr III – los!" Nach einer Minute und 22 Sekunden grollte die Detonation übers Meer. Treffer im Heck. Eine 40 Meter hohe schwarze Sprengsäule hüllte das Schiff ein. Sieben Minuten nach dem Torpedotreffer war der Dampfer von der Meeresoberfläche verschwunden.

Der Kommandant befahl, die Untergangsstelle anzulaufen. Die amerikanischen Seeleute in den Rettungsbooten waren trotz der soeben überstandenen Versenkung ihres Schiffes offenbar guter Laune. Auf die Frage nach dem Namen ihres Schiffes gaben sie bereitwillig Auskunft. Es war der amerikanische Dampfer „Quaker City" mit 4961 BRT. Hartenstein bot ihnen Proviant an, den sie aber dankend ablehnen. „Habt Ihr Spielkarten?", fragten sie – und Werner Hartenstein ließ ihnen drei Spiele zuwerfen.

Die „Quaker City" hatte Manganerz in Südafrika geladen, dessen Bestimmungsort Norfolk in den USA sein sollte. Von der 40-köpfigen Besatzung fanden bei der Versenkung des Frachters zehn Seeleute den Tod.

Mit Kurs 30 Grad lief das Boot von den Rettungsbooten ab. Am Nachmittag um 14.00 Uhr elektrisierte erneut ein Ruf die Besatzung:

„Rauchwolke am Horizont!"

Wieder ein Tanker, geschätzte Größe 8000 Tonnen. Fünf Stunden dauerte das Vorsetzen. Mit hoher Fahrt wurde die Angriffsposition eingenommen. Danach erfolgte der Tauchbefehl.

Wieder berichtet der Kommandant durchs Sehrohr der Besatzung:

„Tanker, achterer Mast, zwei Ladepfosten, Heckgeschütz!"

„Gezielter Doppelschuss aus Rohr I und IV!"

Treffer unter der Brücke nach einer Minute acht Sekunden, zweiter Treffer mittschiffs eine Minute drei Sekunden nach dem Torpedoschuss.

Doch der Tanker reagierte kaum. Mit leichter Backbordschlagseite lief er mit elf Knoten Fahrt weiter. Das Heckgeschütz schoss planlos auf das vermutete U-Boot.

Unter Wasser wurde die Verfolgung fortgesetzt. Nach Einbruch der Nacht wieder aufgetaucht. Ein nächtlicher Überwasserangriff sollte dem Tanker das Ende bringen. Inzwischen war der 19. Mai angebrochen. Wieder traf ein „Aal" aus Rohr III unterhalb der Brücke. Aber die Maschine blieb unbeschädigt. Ohne mit der Fahrt herunterzugehen, zog der Tanker weiter. Seine Kanone feuerte wild in die Gegend. Es war sehr dunkel, zu sehen war das Boot nicht.

Sieben Uhr morgens. Erneuter Schuss aus Rohr IV. Diesmal erfolgte der Treffer in der Maschine. Doch der Tanker lief weiter, allerdings nur noch mit sieben Knoten.

Da die Bugrohre nicht so schnell nachgeladen werden konnten, entschloss sich der Kommandant zum Heckschuss aus Rohr V. Diesmal sollte der Torpedo die Backbordseite treffen. Die Dämmerung setzte bereits ein. „Torpedo läuft!“ Warten …
Da, der Tanker drehte ab, anscheinend hatte er die hell leuchtende Blasenbahn gesehen. Jetzt zeigte er das Heck und lief davon. Wütend schnaubte der Kommandant. Schon folgte der nächste Befehl:

„Vorsetzen!“

Hartenstein wollte das zähe Schiff auf jeden Fall bezwingen. Wild zackte der Tanker. An den Gegner war nicht heranzukommen.

Draußen wurde es hell, außerdem war ein Funkspruch des BdU eingetroffen, dessen Inhalt lautete:

„Martinique sofort ansteuern. Netzsperre zwischen Pointe de Nègres und Ilet à Ramiers. Hafensperren St. Leixes nach Osten.

1. Angriff gegen vor dem Hafen vermutete USA-Streitkräfte.
2. Erkundung Belegung Hafen und Ankerplätze in Buchten.
3. Vernichtung aus dem Hafen auslaufender französischer Kriegs- und Handelschiffe, damit diese nicht in amerikanische Hand fallen.“

Zwanzig Stunden Jagd also umsonst! Fünfmal angegriffen, viermal getroffen. Der Kommandant befahl, mit Westkurs Martinique anzusteuern. Mit vier großen Löchern in der Bordwand lief der Tanker langsam davon. Immerhin würde er ein paar Wochen in der Werft liegen müssen.

Der angegriffene Tanker war der britische Motortanker „San Eliseo“ mit 8042 BRT, der am 20. Mai in Barbados festmachte, wo er mit einer Notreparatur wieder flottgemacht wurde.

Laut Funkspruch vom Befehlshaber der U-Boote sollte U 156 vor den Haupthafen von Martinique gehen. Dort, in Fort-de-France, lag der französische Flugzeugträger „Bearn“ mit einigen weiteren Kriegsschiffen, die unter dem Befehl der Regierung von Vichy in Frankreich standen. Aber der Gouverneur der Insel wurde von den Amerikanern gedrängt, auf die Seite der Alliierten überzuwechseln. Die Schiffe waren für den Gegner äußerst wertvoll. Die Flugzeugträger waren bei den Geleitzügen die gefährlichsten Feinde der U-Boote. Wenn die Franzosen versuchen würden, den Hafen zu verlassen, sollte U 156 zum Schuss kommen.

Kurs Martinique. Ein steifer Passat, schräg von achtern kommend, wehte über das Meer. Der Himmel war leicht bewölkt.

Es war Nachmittag und die erste Brückenwache stand kurz vor der Ablösung. Plötzlich der Ruf:

„Flugzeug 270 Grad!“ Aus einer Wolke stieß es heraus.

„Alarmtauchen!“, brüllte der I. Wachoffizier.

Die Brückenwache fiel ins Turmluk, rutschte die steile Leiter hinunter und purzelte in die Zentrale, während die Luft aus den vorderen Tauchtanks schon zischend entwich. Der Bug schnitt bereits unter. „Turmluk ist zu", meldete der I. Wachoffizier Paul Just aus dem Turm.

Die Diesel hatten gestoppt, die E-Maschinen übernahmen den Antrieb. In kaum dreißig Sekunden war U 156 von der Meeresoberfläche verschwunden. Im Boot hielten alle die Luft an und zogen die Köpfe ein. Mit zwanzig Grad Vorlastigkeit ging es in die Tiefe. Gleich musste es krachen! Der LI meldete die Tiefe: „Acht Meter!"

Rums – Rums! Zweimal krachte es kurz hintereinander. U 156 wurde durchgerüttelt, Glas klirrte und splitterte. Das Licht ging aus und in der Zentrale flackerte die Notbeleuchtung auf.

„Ausfälle melden", ertönte die Stimme des Kommandanten.

Sofort kamen die Schadensmeldungen in die Zentrale:

„Ausfall beide Tiefenrudermotoren und Seitenrudermotor!"

„Kreiseltöchter defekt!"

„Steuerbord-E-Maschine ausgefallen!"

„Tauchzelle eins gerissen!"

„Zwei Batteriezellen gerissen!"

„Echolot defekt!"

Steil wie noch nie stieß das Boot nach unten. Bei 110 Metern folgten erneut zwei harte Schläge. Im Boot dröhnte es fürchterlich. Noch zwei Bomben! Wasser gurgelte leise. Sah so das Ende aus?

„Beide Ruder hart oben", erklang die Stimme des Leitenden Ingenieurs Wilhelm Polchau.

Das Boot wurde abgefangen und kam wieder in die Horizontale. Das E-Maschinenpersonal setzte Sicherungen und Birnen ein. Mit der Helligkeit löste sich die Spannung.

„Frage: Wassereinbruch?", fragte der Kommandant aus der Zentrale nach vorn und achtern.

„Vordere Räume kein Wassereinbruch!"

„Hintere Räume kein Wassereinbruch", erfolgte sofort die Antwort von allen Stationen.

„Boot ist tauchklar", meldete der LI dem Kommandanten.

„Auf Sehrohrtiefe gehen", befahl Werner Hartenstein.

Durch das Sehrohr sichtete er in nordöstlicher Richtung ein Flugboot. Daraufhin befahl er, den Unterwassermarsch bis zur Dunkelheit fortzusetzen, um die Schäden in Ruhe zu beseitigen.

Erst in der Nacht sollte wieder aufgetaucht werden. Die Reservetorpedos wurden aus ihren Behältern am Oberdeck ins Bootsinnere geholt.

Am 20. Mai war Martinique erreicht. Eine Ölspur wurde passiert. Wieder kam ein Flugzeug in Sicht – U 156 blieb auf Sehrohrtiefe. Wegen der starken Luftüberwachung tagsüber näherte sich das Boot getaucht der Insel. Die Nacht brach an. Nach sechzehn

Stunden Tauchfahrt bei 45 Grad Hitze erfolgte dann endlich der bereits sehnsüchtig erwartete Befehl zum Auftauchen. Die See lag dunkel unter dem blauen Sternenhimmel, die Ufer von Martinique waren eine schwarze Wand. Mit den E-Maschinen glitt das Boot durch stille Buchten. Die Reede von Fort-de-France war gut abgeblendet. Trotz angestrengter Suche war nichts auszumachen.

Sobald es hell wurde, gab der Kommandant am 21. Mai den Tauchbefehl. Er wollte den Versuch wagen, in den Hafen von Fort-de-France einzudringen.

Durch das Sehrohr waren an beiden Ufern hohe Palmen auszumachen. Weiter fuhr das Boot in die Bucht hinein, dem Hafen entgegen. Schließlich wurde die Einfahrt erreicht. Durch das Sehrohr waren fünf Tanker zu erkennen, und auf der Flammond Reede lag ein Frachtpassagierschiff älterer Bauart. In Lage Null war noch ein Kriegsschiff auszumachen, vielleicht der gesuchte Flugzeugträger. Ein Flugboot kam aus dem Hafen. Im Tiefflug passierte es das Heck des U-Bootes. Der Kommandant mahnte zur Vorsicht. Das Flugboot drehte etwa alle Stunde seine Kreise über dem Hafen und der Reede.

U 156 schwebte regelrecht mit langsamer Fahrt auf Sehrohrtiefe. Im Boot herrschte Totenstille. Zwei Stunden ging jeder Offizier Sehrohrwache im Turm. Die Stunden vergingen, nichts ereignete sich.

Plötzlich war vom Hafen her eine kleine Rauchwolke zu sehen. Kurze Zeit später erschienen zwei Mastspitzen. Ein Dampfer kam langsam heraus, wendete Richtung Fahrrinne. Sofort stand der Kommandant am Sehrohr und Leben erwachte im Boot. Das Schiff war klein. Trotzdem entschloss sich der Kommandant zum Angriff. Durch das Sehrohr konnte Hartenstein den Namen des Schiffes erkennen. Auf einem großen Brett an der Brücke war „Presidente Trujillo“ zu lesen. Schnell hatten sie nachgeblättert und der II. Wachoffizier Max Fischer ließ verlauten:

„Fährt unter dominikanischer Flagge, Herr KaLeu.“

„Also ein Feind – na, dann werden wir ihn mal gebührend empfangen“, antwortete Hartenstein lakonisch.

Das Schiff rückte näher, da folgte auch schon der Schuss aus Rohr II. Nach nur 29 Sekunden blitzte es am Achterschiff des Dampfers auf. Eine dreißig Meter hohe schwarze Sprengsäule war durch das Sehrohr zu sehen. Sekundenlang rollten die Echos wie Donnergrollen unter Wasser von einem Steilufer zum anderen. Ein Teil der Besatzung schaffte es noch, in die Rettungsboote zu gehen, dann, nach nur einer Minute, sank der 1668 BRT große dominikanische Dampfer. Die „Presidente Trujillo“ hatte Reis und Futtermittel geladen, die sie nach San Juan bringen sollte. Bei der Torpedo-Detonation fanden 24 Seeleute den Tod, nur 13 Männer konnten sich in die noch vorhandenen Rettungsboote flüchten.

Bereits am nächsten Abend stand U 156 vor dem Hafen Fort-de-France auf und ab, aber von den vermuteten USA-Streitkräften war nichts zu sehen. Alle halbe Stunde ließ Hartenstein das Boot zur Beobachtung auf Sehrohrtiefe einsteuern. Im Hafen waren fünf Tanker zu erkennen, wobei es dem Kommandanten gelang, nacheinander folgende Schiffsnamen festzustellen: „Bourgogne“ mit 9357 BRT, „Behram“ mit 7765 BRT, „Limousin“ mit 7615 BRT, „Kobad“ mit 7329 BRT. Den Namen des fünften Tankers konnte er nicht identifizieren, dafür entdeckte Hartenstein einen sechsten Tanker und einen weiteren Frachter an der Pier liegend.

Kurz nach Mitternacht stand U 156 etwa 150 Meter nördlich von Kap Salomon. Der Kommandant brachte das Boot noch weiter bis auf 50 Meter an die Küste heran, durch das Sehrohr wollte er weiter das Seegebiet beobachten, vor allem langte die Sicht bis Fort-de-France.

Plötzlich erschienen drei Flugzeuge, die wahllos Bomben in die Bucht abwarfen. Über eine Stunde lang donnerten Detonationen und Echos. Nach 16 Stunden kam der ersehnte Auftauchbefehl. Die Brückenwache konnte wieder frische Nachtluft atmen. Die Diesel schoben das Boot mit kleinster Fahrt aus der Bucht. Nochmals wurde die Versenkungsstelle der „Presidente Trujillo“ passiert. Ein großer Ölfleck war zu sehen und der Geruch von ausgelaufenem Öl zog durch das U-Boot.

In der Morgendämmerung ging es wieder unter Wasser. 21 Stunden Unterwasserfahrt sollten folgen. Die Hitze wurde unerträglich. Um Sauerstoff zu sparen, musste jeder entbehrliche Mann liegen; es durfte so wenig wie möglich geatmet werden. Kalipatronen zur Lufterneuerung brachten nur wenig Erleichterung. So verging Tag für Tag in dem stockfinsteren Boot, wo nur die Notbeleuchtung glimmte. Nur noch drei Stunden nachts konnte das Boot auftauchen, die Batterie aufladen und Frischluft ins Innere pumpen.

25. Mai 1942: Nach 14 Stunden unter Wasser gelang es, in einer kleinen Nebenbucht hei Martinique aufzutauchen. Die Küste fiel hier steil ab, hohe Felsen ringsum, oben waren sie mit dichtem Urwald bewachsen. Das Heck stieß fast ans Ufer. Mit den Dieseln wurden die Batterien geladen, der Auspuff hämmerte in die Stille.

Ein Tropengewitter hob die Stimmung der Besatzung etwas. Der Regen war so dicht, dass man kaum einen Meter weit sehen konnte. Alle Mann kamen an Deck und genossen das kalte Süßwasser. Ein gewaltiges Naturschauspiel! So schlagartig, wie Blitz, Donner und Regen kamen, war das Gewitter auch wieder vorbei. Alles dampfte unter dem blauen Himmel im hereinbrechenden Sonnenlicht.

Die Hafeneinfahrt von Fort-de-France lag immer noch so nahe, dass sie ständig beobachtet werden konnte. Bei aufsteigender Dunkelheit wurde das offene Meer angesteuert. Trotz hellem Vollmond gab der Kommandant keinen Tauchbefehl.

Etwa acht Seemeilen von Land entfernt auf der Höhe von Kap Salomon meldete plötzlich der Wachtposten: „Schatten voraus!“

Ein dunkler Strich auf dem Wasser! Mit kleinster Fahrt brachte der Kommandant das Boot näher an das gesichtete Objekt heran. Eine Erhöhung inmitten des Schattens entpuppte sich als ein U-Boot-Turm. Unverkennbar war es ein deutsches U-Boot. Hartenstein rief es mit dem Megafon an, und sofort kam eine freudige Antwort zurück. Es war U 69 unter Kapitänleutnant Ulrich Gräf, das zusammen mit U 156 vor Fort-de-France patrouillieren sollte. Von Turm zu Turm wurden Späße und gute Wünsche ausgetauscht, dann trennten sich beide Boote wieder. U 69 übernahm jetzt tagsüber die Überwachung des Hafens, während U 156 nachts den Patrouillendienst machte.

U 156 lief getaucht von Martinique an. Etwa elf Seemeilen vom Land entfernt wurde gestoppt, der Monduntergang abgewartet. Nach einer Stunde traf ein Funkspruch des BdU ein:

„An Hartenstein und Gräf,

1.) Gefahr besteht, dass Schiffe im Haupthafen in USA-Besitz übergehen. Hauptaufgabe daher Angriff auf USA-Kriegsschiffe und auslaufende Schiffe.
2.) Einlaufende Schiffe nur versenken, wenn eindeutig als feindlich erkannt. – BdU"

Es waren noch keine vier Stunden nach diesem eingegangenen Funkspruch vergangen, als plötzlich der Mann am Horchgerät schnellgehende Schraubengeräusche meldete. Hastig wurde das Boot auf Sehrohrtiefe eingesteuert. Es war ein amerikanischer Vier-Schornstein-Zerstörer, der weitab mit Zickzackkursen in der Bucht kreuzte. Überraschend änderte er aber seinen Kurs und lief auf U 156 zu.

„Er kommt. Auf Gefechtsstationen!", gab Hartenstein routiniert und ruhig seine Befehle.

Mittlerweile war es hell geworden. Mit hoch schäumender Bugsee brauste er heran, lief dem Boot genau vor die Rohre. Bei fünfhundert Metern zeigt er seine Breitseite.

Der Fächer aus Rohr I und III lief bereits dem Ziel entgegen. Nach 25 Sekunden – Treffer –Stichflamme, ein Donnerknall hallte über das Meer. Wo blieb der zweite Treffer? Vorbei!

Das Vorschiff des Zerstörers war bis zur Brücke abgerissen, aber seine Maschinen liefen. Langsam bewegte er sich auf den Hafen von Fort-de-France zu. U 156 konnte ihn nicht verfolgen, weil das Meer hier zu flach war.

Wie sich später herausstellte hatten sie den US-Zerstörer „Blakely" mit 1190 BRT torpediert.

Werner Hartenstein war jetzt der Meinung, dass es hier bald von US-Streitkräften nur so wimmeln würde und befahl deshalb, weiter vor dem Haupthafen auf und ab zu stehen.

26. Mai 1942. Seit Mitternacht lagen sie bei 13 Meter Wassertiefe auf Grund und warteten auf den Einbruch der Dunkelheit. Um 03.12 Uhr tauchte U 156 schließlich wieder auf und lief nach Nordosten ab. Kurz darauf meldete die Brückenwache erneut einen Schatten, mit schmaler Silhouette.

„Scheint U 69 zu sein, Herr KaLeu", meinte Paul Just, der I. WO, zu Hartenstein gewandt. „Stoppen!", kam dessen Befehl, für die meisten auf der Brücke völlig unerwartet. Kurz darauf dümpelte U 156 ruhig und gestoppt liegend auf der glatten Wasseroberfläche. Die Ausgucks beobachteten angestrengt ihre Sektoren, als plötzlich über ihnen Flugmotorenlärm anschwoll. Die Alarmglocken schrillten. Viermal donnerte es, ziemlich nahe am Boot. Der Bootskörper wurde geschüttelt. In schneller Tauchfahrt ging es auf Tiefe. Bei 120 Metern wurde das Boot abgefangen.

„War ein Flieger", sagte Hartenstein gelassen zu den Männern in der Zentrale – und befahl daraufhin: „Schleichfahrt!"

Die Batterie war erst halb geladen, wie lange würde sich das Boot unter Wasser halten können? Nach acht Stunden würde die Luft knapp werden.

„Auf Sehrohrtiefe gehen, LI!"

Ein schneller Rundblick durch das Sehrohr in Erwartung sofort angreifender Flugzeuge. Aber die Bucht lag leer im flimmernden Sonnenlicht.

„Klarmachen zum Auftauchen", löste die Stimme des Kommandanten die Anspannung.

„Auftauchen!"

Endlich war das Turmluk auf. Herrlich frische Luft zog durch die Röhre. Die Diesel sprangen an. Das Laden musste so schnell wie möglich vonstattengehen. Eine Stunde lang gelang es dem Boot, über Wasser zu bleiben, dann ertönte erneut der Ruf: „Flugzeug – Alarm!"

Wieder unter Wasser. Der Kommandant entschied, in die Bucht zu laufen, da dort die Aufmerksamkeit der Flieger geringer sein müsste. Immer mehr Flugzeuge kreisten jetzt über der Bucht. Dennoch blieb das Boot auf Sehrohrtiefe. Die Einfahrt kam näher. Nichts rührte sich im Hafen.

Plötzlich meldete der Horcher aus seinem Schapp: „Schraubengeräusche in 75 Grad!" Nach der Horchpeilung fuhr ein Schiff parallel zackend auf und ab. Stunden des Wartens begannen. Oben kurvte der Zerstörer in schnellen Suchschlägen herum. Einmal näherte er sich U 156, dann entfernte er sich wieder vom Boot.

Inzwischen war es Mitternacht am 27. Mai und im Horchgerät war nichts mehr zu hören. „Auftauchen", befahl der Kommandant.

Das Boot durchbrach die Oberfläche. Der Kommandant öffnete das Turmluk, die Wache zog auf. Werner Hartenstein wollte gerade die ersten Befehle geben, da ertönt schon wieder der Ruf:

„Alarm – Flugzeug in 250 Grad!"

Bevor Hartenstein einen Tauchbefehl geben konnte, war das Flugzeug schon heran. In einer Höhe von etwa dreißig Metern überflog die Maschine das Heck des U-Bootes. Die Bomben fielen. Auf der Brücke starrte alles auf die schwarzen Ungetüme, die genau auf U 156 zustürzten. Alles wartete auf das Ende.

„Maschine volle Fahrt voraus, hart Steuerbord", hörten sie noch den Befehl des Kommandanten, der zugleich die Rettung von U 156 war. Die Schrauben wirbelten und brachten das Boot langsam in Fahrt, inzwischen detonierten die zwei Bomben höchstens zwanzig Meter hinter dem Heck. Eine weitere krachte steuerbords achteraus in die See. Hohe Wassersäulen wuchsen himmelwärts. „Alarm – Tauchen", brüllte der Kommandant von der Brücke, und dann, nachdem das Turmluk geschlossen war: „Auf 90 Meter gehen, LI!" Kaum hatte das Boot die befohlene Tauchtiefe erreicht, als vom Horchraum Zerstörergeräusche gemeldet wurden. Das Kriegsschiff passierte die Tauchstelle und stoppte, um zu horchen. Minuten vergingen. Der Zerstörer lief wieder an, die Schraubengeräusche wurden leiser, kurze Zeit später verloren sie sich ganz aus dem Horchgerät. Die Schäden, die die Bomben dieses Mal angerichtet hatten, waren gering. Beide Horchgeräte waren ausgefallen, ebenso zwei Batteriezellen durch Kurzschluss.

Nach einer Stunde wurde wieder aufgetaucht. Kaum war die Brückenwache aufgezogen, musste schon wieder Tauchalarm vor einem anfliegenden Flugboot gegeben werden. Dieses Mal fielen allerdings keine Bomben. Unter Wasser setzte sich U 156 nach Westen ab.

28. Mai 1942. Nach Mitternacht tauchte das Boot erneut auf. Der Kommandant ließ stoppen, um die Schäden des vorigen Tages auszubessern. Gegen Mittag meldete Wilhelm Polchau dem Kommandanten, dass die Ausfälle behoben seien und das Boot wieder einsatzklar wäre.

Hartenstein beschloss, das stark bewachte Seegebiet vor Martinique zu verlassen, um vor Santa Lucia zu operieren. Das Leben an Bord ging wieder seinen gewohnten Gang, und U 156 stampfte durch die blaue Karibik.

Am Nachmittag sichtete der vordere Ausguck eine Rauchwolke, die rasch als zu einem Frachter gehörend ausgemacht wurde. Der Dampfer lief genau auf das Boot zu. Tauchen zum Unterwasserangriff! Doch das Schiff lief so nah an U 156 vorbei, dass ein Unterwasserschuss das eigene Boot in Gefahr gebracht hätte. Also auftauchen und hinterher! Zum Vorsetzen lief das Boot mit hoher Fahrt auf Gegenkurs. Der Dampfer fuhr mit Kurs Martinique.

Erst nahe der Insel wurde der Frachter eingeholt. Abermals ging es unter Wasser. In der hellen Nacht zeichnete sich das Schiff gut ab. Schuss aus Rohr IV! Warten … „30 Sekunden Laufzeit vorbei", klang die erregte Stimme von Obersteuermann Anton Frühling aus der Zentrale.

Rums – Donnergrollen rollte über die See. Treffer mittschiffs! Der Dampfer sackte sofort achtern tiefer und bekam Steuerbordschlagseite, sank aber nicht.

„Noch einen Torpedo", meinte der Kommandant an den I. Wachoffizier gewandt, „bevor sie Flugzeuge schicken, die uns wieder unter Wasser drücken."

Schuss aus Rohr II! Der Torpedo traf nach 45 Sekunden in der vorderen Luke. Jetzt erst erkannte Hartenstein durch das Sehrohr das Heckgeschütz, an dem noch die Bedienungsmannschaft stand, ohne allerdings einen Schuss abzufeuern.

Der Dampfer sank nun rasch. In die Sinkgeräusche hinein krachten mehrere Detonationen, die sich wie Wasserbomben anhörten, die der Frachter vermutlich geladen hatte. Erst später wurde festgestellt, dass es der britische Dampfer „Norman Prince“ mit 1913 BRT war, den U 156 für immer in die Tiefe schickte. Der Dampfer fuhr in Ballast mit Bestimmungshafen Santa Lucia. Von der 39-köpfigen Besatzung kamen 16 Seeleute ums Leben.

Das Boot ging wieder auf Gegenkurs – noch waren drei Torpedos an Bord, für die der Kommandant die nötigen Ziele suchen wollte. Deshalb wurde die St.-Vincent-Passage (zwischen Santa Lucia und St. Vincent) angesteuert.

Am Morgen des 31. Mai ging es mit Alarmtauchen vor einem Flugboot auf Tiefe. Wahrscheinlich war U 156 von den Fliegern nicht gesehen worden, denn es gab keine Bomben. Nach einer Stunde wurde wieder aufgetaucht und der Marsch fortgesetzt. Am Abend tauchten Mastspitzen am Horizont auf. Mit äußerster Kraft setzte sich das Boot vor das mit hoher Geschwindigkeit laufende Schiff. Tauchen!

Ein Tanker rauschte heran, etwa 6000 Tonnen groß und voll beladen. Als er in das Okular des Sehrohrs einwanderte, konnte der Kommandant an seiner Bordwand den Namen „Campas“ lesen. Die großen spanischen Kennzeichen an der Bordwand wiesen ihn als neutral aus. Hartenstein brach den Angriff ab, auch sah er von einer prisenrechtlichen Untersuchung des Schiffes ab.

Wieder aufgetaucht steuerte U 156 den St.-Vincent-Kanal an, den Weg durch die Kleinen Antillen in den Atlantik zwischen Barbados und Santa Lucia, der Insel südlich von Martinique.

Am Nachmittag des 1. Junis 1942 plötzlich der Ruf: „Rauchwolke in Sicht!“

Eilig hasteten die Männer auf ihre Stationen. Nach einiger Zeit kam ein Dampfer über dem Horizont auf. Das Vorsetzen war gelungen, der Gegnerkurs wurde mit 275 Grad ermittelt.

„Tauchen, auf Sehrohrtiefe gehen!“

Der Kommandant führte das Boot zum Unterwasserangriff an den Gegner heran. Er entschied sich für einen Angriff mit dem Heckrohr. Kurze Zeit danach lief der Dampfer in günstige Schussposition. Schuss aus Rohr V! Nach 22 Sekunden Laufzeit traf der Torpedo ins Achterschiff, das sofort tiefer sackte. Auf Sehrohrtiefe umkreiste U 156 das torpedierte Schiff. Dabei konnte der Kommandant den Namen feststellen: „Alegrete“ aus Rio de Janeiro. Am Heck war jetzt auch die brasilianische Flagge auszumachen. Schnell wurde im Lloyd's Register geblättert.

„Hat 5970 BRT, Herr KaLeu!“ rief der Obersteuermann dem Kommandanten im Turm zu.

In der Zwischenzeit war die Besatzung in die Rettungsboote gesprungen. Mit hastigen Schlägen ruderten sie von ihrem todgeweihten Dampfer weg und segelten davon. Die „Alegrete“ blieb gestoppt liegen, mit dem Heck tief im Wasser. Mittlerweile war der 2. Juni angebrochen. Nun schützte die Dunkelheit das Boot. Bisher war kein Flugzeug am Himmel erschienen. „Auftauchen“, befahl der Kommandant „Den Pott versenken wir mit der Kanone“, erklärte er dem II. Wachoffizier. Die

Geschützbedienungen enterten an Deck und stürzten an ihre Kanonen. „Feuer frei!" Zwanzig Schuss 10,5 cm-Sprenggranaten jagten in den Rumpf. Die Steuerbordschlagseite nahm zu. Durch einen Brand waren die Deckaufbauten hell erleuchtet. Langsam richtete sich der Dampfer auf; der Bug hob sich aus dem Wasser. Dann sank das Schiff über das Heck in die Tiefe.

Die „Alegrete" war mit Stückgut beladen auf dem Weg nach New Orleans, die Besatzung konnte sich vollzählig retten.

Anschließend lief U 156 mit hoher Fahrt nun der Durchfahrt St. Vincent entgegen. Kaum hatte sich das Boot von der Untergangsstelle entfernt, als ein Ruf von der Brücke die Besatzung im Boot erschrecken ließ: „Flugzeug – Alarmtauchen!"

Es dauerte aber einige Zeit, bis die Artilleriemannschaften im Boot waren. Der Kommandant stieg als Letzter die Turmleiter hinab.

„Zweimotorige Landmaschine – hat uns von Norden her kommend überflogen", berichtete Hartenstein den in der Zentrale stehenden Männern.

„Auf Sehrohrtiefe gehen", erfolgte schon sein nächster Befehl.

Durch das Sehrohr erkannte der Kommandant, wie das Flugzeug drehte und auf die Tauchstelle des U-Bootes zuflog.

„Alarm! Tiefer gehen, LI, auf 90 Meter – schnell!", war jetzt die erregte Stimme des Kommandanten zu hören. Aber sie hatten Glück – Bomben fielen nicht!

Zwei Stunden später wurde wieder aufgetaucht, nachdem der Kommandant vorher einen Rundblick durch das Sehrohr genommen hatte. Die Brückenwache zog auf. Das Leuchtfeuer vom Kap Moule à Chique auf Santa Lucia kam in Sicht.

3. Juni 1942, der 41. Seetag. Am frühen Morgen wurde ein abgeblendeter Zweimastschoner mit südlichem Kurs gesichtet. Der Segler fuhr ganz wie im Frieden. Hartenstein befahl, das Boot auf Rufweite an den Schoner heranzubringen. Er wurde zum Stoppen aufgefordert, zeigte aber keine Reaktion. Ein Schuss der 2 cm-Kanone über die Takelage brachte das Schiff schließlich zum Stoppen. Doch es setzte nur ein Rettungsboot mit 18 Mann aus, dann segelte es weiter.
Die kleine Nussschale ruderte zum U-Boot herüber. Hartenstein erfragt den Namen des Seglers. „Schoner „Lillian" aus Venezuela, mit Rum von Jamaika nach Trinidad unterwegs", erfolgte prompt die Antwort.

Erneut lief U 156 auf Rufweite an den Segler heran. Mehrfach wurde er zum Stoppen aufgefordert, aber wiederum keine Reaktion. Vom U-Boot konnte man erkennen, dass der Kapitän und noch drei Mann an Bord waren. Hartenstein war wütend, da der Kapitän nicht stoppen wollte und somit die Untersuchung durch ein Prisenkommando von U 156 verhinderte.

„Feuer frei!"

Die 3,7- und 2 cm-Fla-Geschütze eröffneten das Feuer.
Zweiundfünfzig 3,7 cm- und 270 2 cm-Granaten hämmern ins Vorschiff und in die Wasserlinie. Langsam sank der 80 BRT große Segler. Das Boot drehte von der

Untergangsstelle ab. Die Besatzung der „Lillian" bestand aus 22 Seeleuten, von denen drei bei der Versenkung des Schoners ihr Leben verloren. Nur wenig später meldete ein Ausguck in Richtung 135 Grad ein Fahrzeug mit flacher Silhouette, anscheinend ohne Schornstein. Der Schatten kam nicht näher, lief aber auch nicht ab. Hartenstein ließ nun die Geschwindigkeit erhöhen, trotzdem stand die Peilung mit dem Fahrzeug noch fast eine Stunde. An Bord vermuteten sie, dass es sich um einen Bewacher handeln müsste, der sich nicht herantraute.

Noch zweimal musste U 156 vor anfliegenden Flugzeugen tauchen, bevor es sich weit genug von der Sinkstelle des Seglers abgesetzt hatte.

Der 4. Juni 1942 verlief ruhig, jedoch nicht für die Torpedomechaniker. Durch eine Knallgasexplosion eines gezogenen Torpedos im Heckraum war ein „Aal" unklar geworden. Die Ursache konnte schnell geklärt werden. Der Torpedo war vor dem Nachladen der Batterie nur zehn Minuten belüftet worden. Gott sei Dank gab es im Boot keine weiteren Schäden. Die Männer versuchten, den Torpedo instand zu setzen. Sie arbeiteten vom Morgen bis in die Nacht an dem komplizierten Apparat. Aber er war nicht mehr zu reparieren.

Die nächsten Tage vergingen in ziemlicher Eintönigkeit. Das Boot trieb in der ruhigen See. Mit hoch ausgefahrenem Sehrohr wurde die Gegend abgesucht. Hoffentlich kam bald einer … Aber das Meer blieb leergefegt.
Am 6. Juni erhellte eine Sondermeldung die Gemüter an Bord:

„Wie durch Sondermeldung bekannt gegeben, versenkten deutsche Unterseeboote an der Ostküste Nordamerikas, im Karibischen Meer und ostwärts der Antillen 19 feindliche Handelsschiffe mit zusammen 108.300 BRT."

Und schon wenig später steigerte sich die Freude zum Stolz, denn jetzt wurden noch Boot und Besatzung im Wehrmachtsbericht genannt:

„Bei den Erfolgen deutscher Unterseeboote in den amerikanischen Gewässern hat sich das Boot des Korvettenkapitäns Hartenstein besonders ausgezeichnet."

Der nächste Tag verlief ohne Ereignisse. Das Wetter wurde schlecht, grau in grau. Dichte Regenvorhänge umgaben das Boot für drei Tage. Die Stimmung an Bord sank wieder auf den Nullpunkt. Die Tage vergingen in Monotonie.

Am 15. Juni ging ein Funkspruch vom BdU ein:

„Poske (U 504) und Hartenstein Rückmarsch ohne Versorgung antreten!"

Trotz dieses eindeutigen Befehls wollte der Kommandant noch eine Woche im Westatlantik operieren. Denn noch hatte das Boot Proviant für 41 Tage an Bord, ein Torpedo lag noch schussbereit im Rohr, einhundertsiebzehn 10,5 cm-Granaten waren noch nicht verschossen, und auch der Brennstoff konnte nach Angaben des

Leitenden Ingenieurs noch so lange reichen. Als das Operationsgebiet östlich der Antillen erreicht wurde, ließ Hartenstein das Boot stoppen. Wegen der erforderlichen Brennstoffersparnis trieb U 156 bei spiegelglatter See im Atlantik. Doch nichts geschah in den nächsten Tagen.

Am 22. Juni ließ Hartenstein einen Funkspruch an den BdU absetzen:

„Von Hartenstein. Suche bis DQ 29 erfolglos. Suche bis DE 69. Von dort Rückmarsch ab 1. 7. Noch 90 cbm. Kann abgeben."

Stunden später ging ein Funkspruch des BdU ein:

„An Hartenstein. Sofort Treffpunkt für Brennstoffversorgung Rosenstiel (U 502) vorschlagen. Rosenstiel steht um 08h00 im Marinequadrat DQ 49. Anschließend schnellen direkten Rückmarsch antreten. Durchführung durch Kurzsignal melden." Daraufhin gab Hartenstein zur Antwort:

„Treffpunkt heute ab 18h00 im Marinequadrat DQ 5177. Von Hartenstein."

Eine Stunde vor der Zeit meldete die Brückenwache:

„U-Boot in Sicht!"

Zur Übergabe des Brennstoffs liefen beide Boote im Querabstand von 30 Metern aufeinander zu. Auf U 502 waren alle Torpedos verschossen. Seit dem Verlassen des Operationsgebietes vor Trinidad hatte das Kameradenboot keinen Verkehr mehr gesichtet.

Nach zwei Stunden war die Treibölabgabe von 20 Kubikmetern abgeschlossen. Mit U 502 wurde vereinbart, gesichtete Dampfer über Funk zu melden. Kurze Verabschiedung, dann trennten sich beide U-Boote. Es ging heimwärts, in zwölf Tagen würde U 156 Lorient erreichen.

Doch schon am nächsten Tag ließ ein Funkspruch von U 502 alle Mann im Boot aufhorchen. Das Boot hatte einen Dampfer gesichtet und meldete dessen Position.

Am Nachmittag kam U 502 erneut in Sicht. Als beide Boote nebeneinanderlagen, wurden auch auf U 156 die Mastspitzen gesehen. Mit U 153 (Reichmann) stand noch ein weiteres Boot in der Nähe, das den Dampfer angreifen wollte. Jetzt kam es darauf an, welches Boot schneller sein würde

Die Nacht brach herein und der Angriff begann. U 156 lief an der Grenze der Sichtweite hinter dem Dampfer her. Werner Hartenstein beabsichtigte, nach dem Monduntergang einen Überwasserangriff zu fahren. Auf dem Heck des Schiffes wurde ein Geschütz entdeckt.

Am 24. Juni gegen 07.00 Uhr morgens lief U 156 zum Angriff über Wasser an. Doch plötzlich stoppte das Schiff. Der Angriff ging ins Leere. Der Dampfer nahm langsam wieder Fahrt auf.

Erneuter Anlauf – Schuss aus Rohr I! Aber nichts passierte.

„Rohrläufer", kam von unten die enttäuschende Rückmeldung. Der Torpedo hatte sich im Rohr verklemmt, seine Maschine rotierte im Rohr. Mit doppeltem Luftdruck wurde er wenig später ausgestoßen. Von der Brücke aus war die Blasenbahn zu erkennen. Sie zog etwa vierhundert Meter hinter dem Dampfer vorbei. Trotz der hellen Blasenspur hat man auf dem Frachter offenbar nichts bemerkt. Hartenstein befahl den Anlauf zum Artilleriegefecht. Schnell war das Feuer eröffnet. Die Schüsse lagen im Ziel. Die Brücke des Gegnerschiffes stand bereits in Flammen. Der Dampfer brachte seine Rettungsboote zu Wasser. Nach 61 Schuss 10,5 cm-Sprenggranaten, 23 Schuss 3,7 cm und 179 Schuss 2 cm ließ Hartenstein das Feuer einstellen.

Inzwischen hatte der Dampfer einen Notruf abgesetzt und damit seinen Namen preisgegeben. Es war der britische Dampfer „Willimantic" mit 4558 BRT. Der Kommandant ließ an die Rettungsboote heranfahren und fragte nach dem Kapitän. Ein älterer Mann meldete sich als der Kapitän Everett. Er sollte an Bord von U 156 genommen werden, aber er sorgte sich um seine Besatzung und wollte sie nicht ihrem Schicksal überlassen. Dem neuen Befehl der deutschen Seekriegsleitung, Kapitäne dem weiteren Kriegseinsatz durch Gefangennahme zu entziehen, musste er sich jedoch beugen. Hartenstein half den Schiffbrüchigen mit Proviant, Wasser und dem nächsten Landstandort. Während des Artilleriegefechts fanden sechs Seeleute der 36-köpfigen Besatzung den Tod.

Mittlerweile hatte U 156 das noch im Wasser treibende Wrack der „Willimantic" wieder erreicht. Noch acht Schuss Sprenggranaten aus der 10,5 cm-Kanone waren nötig, um den Dampfer unter Wasser zu bringen.

Captain Everett bekam eine Koje im Offiziersraum des U-Bootes. Er war leicht verletzt. Bei guter Behandlung und Verpflegung taute er rasch auf. 65 Jahre alt, fuhr er seit seiner Jugend zur See. Die „Willimantic" war das dritte Schiff, das ihm in diesem Krieg weggeschossen wurde. Sein erstes, die „Bonheur", war am 15. Oktober 1940 von U 138 (Lüth) im Nordatlantik versenkt worden, das zweite, die „Swinburne", am 3. Februar 1941 in der nördlichen Nordsee durch deutsche Fliegerbomben gesunken. Über die „Willimantic" sagte er aus, dass das Schiff von Kapstadt nach Charleston in Ballast unterwegs gewesen wäre. Das Stoppen für längere Zeit während des ersten Anlaufes von U 156 war auf einen Maschinenschaden zurückzuführen. Zudem erzählte er, dass er seine Besatzung aus einem sogenannten „Pool" übernommen habe, von denen der Kapitän einzelne Seeleute nicht ablehnen dürfe. Die Besatzung der „Willimantic" wäre im Schnitt sehr alt. Leute von über 60 Jahren seien dabei – und für ein ernsthaftes Artilleriegefecht nicht zu gebrauchen. Maschinenpersonal wäre bei der britischen Handelsmarine knapper als Seeleute. Der Wachingenieur war trotz Überalterung und völliger Taubheit an Bord. Unter der Besatzung der „Willimantic" häuften sich zudem die Trunkenheitsvergehen und Diebstähle.

Um 18.29 Uhr ging ein Funkspruch ein:

„An Hartenstein und Reichmann. Frage: Was macht der Dampfer?"

Der Kommandant ließ antworten:

„Versenkt von Hartenstein DQ 1187 Willimantic. Ballast Kapstadt-Charleston. Gesamt 10 Frachter, 1 Segler 48.991 BRT, torpediert ein Zerstörer, ein Tanker etwa

8000 Tonnen viermal torpediert. Rückmarsch 56 cbm. Keine Abgabe an Reichmann möglich. 44 Granaten. – Von Hartenstein." Ohne weiteren Zwischenfall und bei stetig gutem Wetter lief das Boot Lorient entgegen. Am 30. Juni konnten sie die Azoreninsel Flores in einiger Entfernung ausmachen.

6. Juli 1942: U 156 hatte bereits die innere Biskaya erreicht, als plötzlich ein feindliches Flugzeug in einer Höhe von etwa 50 Metern mit einem hell blendenden Scheinwerfer das U-Boot anflog. Sofort wurden die Fla-Geschütze besetzt. Die 2 cm-Kanone feuerte, doch nach dem dritten Schuss versagte sie. Das Flugzeug überflog das Boot, leuchtete es an, aber glücklicherweise fielen keine Bomben. Der Gegner hatte jedoch die Möglichkeit, wieder zurückkommen und erneut das Boot anzugreifen – und diese Chance würde er bestimmt nutzen. U 156 musste jetzt so schnell wie möglich unter Wasser! Schon war die brüllende Stimme des Kommandanten zu hören: „Alarm!"

Umgehend schaltete der Rudergänger die Alarmglocke ein und schlug nochmals lautstark Alarm. Anschließend legte er beide Maschinentelegrafen auf „Tauchen", schaltete die Empfänger in den Räumen um und die Maschinentelegrafen-Empfänger auf E-Maschinen. Rasch wiederholte jeder Mann der Besatzung den Befehl laut, sodass sichergestellt war, dass auch die Freiwache durch den Befehl alarmiert wurde.

Mittlerweile waren die Dieselmotoren abgestellt, die Kupplungen ausgerückt und die E-Maschinen auf „Große Fahrt" geschaltet worden. Alle Kopf-, Abgasklappen und Ventile wurden geschlossen. Jetzt befahl der Leitende Ingenieur, die Tiefenruder „vorn unten hart" und „hinten unten" zu legen. Von allen Stationen kommend gingen beim LI Wilhelm Polchau die Klarmeldungen ein.

„Turmluk zu?", richtete sich die Frage des Leitenden Ingenieurs an den I. Wachoffizier Paul Just.

„Turmluk ist eingeklinkt und zu", gab dieser umgehend zurück.

„Fluten!", ertönte Hartensteins energischer Befehl durch das Boot.

Der Leitende Ingenieur wiederholte den Befehl. Dann wurden die Entlüftungen geöffnet. Schnell kamen die Rückmeldungen über die Entlüftungen aller Tauchzellen.

„Entlüftungen sind auf", meldete Wilhelm Polchau an Hartenstein

„Gut, LI – auf 80 Meter gehen", war Hartensteins nächster Befehl.

Erneut wiederholte der Leitende Ingenieur den Befehl. Der Diesel- und E-Maschinenraum meldeten tauchklar. Alle Augenpaare in der Zentrale richteten sich jetzt auf die Lastigkeitswaage. Als sie anzog, war das Oberdeck überflutet und das Boot fiel schnell tiefer, auf die vom Kommandanten befohlene Tiefe. Das Tauchmanöver klappte hervorragend und dauerte keine vierzig Sekunden. Routiniert gelang es dem Leitenden Ingenieur, das Boot bei 80 Metern abzufangen und in die Waagrechte zu bringen. „Es war eine Bristol ‚Blenheim', Herr KaLeu", wandte sich der I. WO Paul Just an Hartenstein. „Ich habe sie genau als eine Maschine dieses Typs erkannt und identifiziert." „Gut, I. WO – zukünftig werden wir in den unsicheren Gewässern der

Biskaya nicht nur am Tag, sondern auch nachts getaucht fahren", gab Hartenstein dem erstaunt dreinblickenden I. WO bekannt, um dann lächelnd fortzufahren: „Eine halbe Stunde über Wasser in der Nacht zum Aufladen der Batterien wird genügen."

Trotzdem musste U 156 in den nächsten Stunden noch zweimal vor anfliegenden Flugzeugen mit Alarmtauchen unter Wasser.

Am 7. Juli 1942 gegen 05.00 Uhr kam ein U-Boot in Sicht. Es war U 504 unter dem Kommando von Korvettenkapitän Poske. Beide Boote liefen zusammen Lorient entgegen. Etwa eine Stunde später kam ein Sperrbrecher auf, an den sich die Boote anhängten. Um 08.00 Uhr machte U 156 in Lorient fest. Das Boot war zweieinhalb Monate in See gestanden und hatte dabei 10.645 Seemeilen über und unter Wasser zurückgelegt.

Auf dieser Feindfahrt konnte U 156 unter dem Kommando von Werner Hartenstein zehn Handelsschiffe und einen Segler mit insgesamt 44.102 BRT versenken, darunter das 15 BRT große Motorboot „Letitia Porter", das an Bord der „Koenjit" war und mit dem Motorschiff unterging.

Zudem torpedierte und beschädigte U 156 den britischen Motortanker „San Eliseo" mit 8042 BRT und den amerikanischen Zerstörer „Blakely" mit 1190 Tonnen schwer.

Deshalb fiel auch die Stellungnahme des BdU zum Kriegstagebuch U 156 besonders positiv aus:

„Der Kommandant hat die sehr zahlreichen Erfolgschancen gut ausgenutzt und einen sehr schönen Erfolg erzielt. Besonders hervorgehoben wird die mit Zähigkeit durchgeführte Sonderaufgabe vor Martinique."

Der lange Weg zum U-Boot-Kommandanten: Werner Hartensteins Lebenslauf

Aber wer war dieser Werner Hartenstein, der diese hervorragenden Kritiken vom Befehlshaber der Unterseeboote (BdU) erhielt?

Er wurde am 27. Februar 1908 in Plauen im Vogtland geboren. Sein Vater William Karl Adolf Hartenstein war damals Exportkaufmann in Plauen, seine Mutter hieß Selma Emma und war eine geborene Schlingensiepen.

Die Jugendjahre verbrachte Hartenstein zusammen mit seinen beiden Schwestern in einer ordentlichen, beschützten und durch und durch bürgerlichen Atmosphäre.

Mit Beginn des Ersten Weltkriegs besuchte Hartenstein die Volksschule in Plauen, um dann am Ende dieses Krieges in das humanistische Staatsgymnasium Plauen zu wechseln, wo er 1926 die Reifeprüfung (Abitur) ablegte. Sofort danach bewarb er sich als Offiziersanwärter bei der Reichsmarine, aber sein Gesuch wurde abgelehnt. In den Jahren 1927/28 studierte er an der Albert-Ludwigs-Universität in Freiburg zwei Semester Jura. In dieser Zeit gehörte er der Studentenverbindung „Corps Hasso-Borussiae“ an. Da es ihn immer noch zur Marine zog und er die aktive Seeoffizierslaufbahn einschlagen wollte, meldete er sich ein zweites Mal zur Reichsmarine. Dass er sich für den seemännischen Beruf entscheiden wollte, dürfte sicher auf seine Erziehung zurückzuführen sein, aber auch auf das Postulat des letzten deutschen Kaisers Wilhelm II.: „Bitter Not ist uns eine starke deutsche Flotte.“ Aber nicht nur Hartenstein wollte zur Marine: Von über 5000 freiwilligen Meldungen wurden nur sechzig berücksichtigt. Werner Hartensein war einer von ihnen.

Am 1. April 1928 trat er als Offiziersanwärter in die Reichsmarine ein. Die körperliche Leistungsprüfung bestand Hartenstein mit Leichtigkeit, danach auch den psychotechnischen Test. Somit hatte er sich für die Laufbahn eines Seeoffiziers qualifiziert. Seine militärische Grundausbildung sollte er bei der II. Schiffstammdivision der Ostsee in Stralsund absolvieren. Hartenstein und seine Kameraden wurden die „Crew 28“, also der Jahrgang der Marineoffiziere, die 1928 ihren Dienst begannen.

Ende Juni 1928 ging es für die angehenden Seeoffiziere zur praktischen Bordausbildung auf das Segelschulschiff „Niobe“. Auf ihr erlebten die Seekadetten ausgedehnte Fahrten durch die Nord- und Ostsee. Im Oktober 1928 begann der Höhepunkt der seemännischen Ausbildung: Für über ein Jahr gingen es für sie auf dem Leichten Kreuzer „Emden“ auf Weltreise. Hier wurde Werner Hartenstein auch am 11. Oktober 1928 zum Seekadetten ernannt.

Nach einem vierteljährigen Infanterielehrgang in Stralsund erwartete den am 1. Januar 1930 zum Fähnrich zur See beförderten Werner Hartenstein und seine Crewkameraden die Marineschule in Flensburg-Mürwik, Deutschlands Marineakademie an der Flensburger Förde. Ein Jahr lang, vom 4. April 1930 bis 30. März 1931, erhielten die jungen Fähnriche hier theoretischen Unterricht und diverse Lehrgänge. Hartenstein, intelligent, sportlich und mit vorbildlichem Eifer für alle schulischen Lehrfächer, genoss die Zeit an dieser altehrwürdigen Anstalt. Die anspruchsvollen Unterrichtsfächer des Lehrplans bereiteten ihm keine Schwierigkeiten. Während dieser Zeit nahm er an zwei kurzen Navigationsbelehrungsfahrten auf dem Vermessungsschiff „Meteor“ teil.

Die nach der Marineschule folgenden Lehrgänge für Fähnriche in den Bereichen Torpedo-, Nachrichten- und Fernmeldewesen, Sperrwaffen sowie Schiffs- und Küstenartillerie führten Hartenstein in die Marinestandorte Flensburg-Mürwik, Kiel-Wik und Wilhelmshaven.

Am 1. Oktober 1931 wurde er zur praktischen Bordausbildung auf den Leichten Kreuzer „Köln“ kommandiert. Inzwischen zum Oberfähnrich und Leutnant befördert, nahm er im Oktober 1932 an einem Fla-Maschinenlehrgang der Küstenartillerieschule Wilhelmshaven teil. Anschließend ging es wieder auf den Kreuzer „Köln“, wo er an einer Weltreise des Kreuzers, als einer der Ausbilder der Crew 32, teilnahm.

Vom 14. Februar bis 12. Mai 1934 absolvierte er seinen A/B-Lehrgang an der Schiffsartillerieschule in Kiel-Wik. Danach ging er zurück auf den Kreuzer „Köln“, diesmal als Divisionsleutnant.

Am 1. September 1934 zum Oberleutnant befördert, wurde er als Kompanieoffizier zur II. Marineartillerieabteilung kommandiert. Zwischendurch durchlief er an der Küstenartillerieschule Wilhelmshaven einen Fla-Leiter-Lehrgang. Ab 30. September 1935 war er als Lehrer an der Küstenartillerieschule in Wilhelmshaven und ab 3. Juni 1936 als Lehrer an der Schiffsartillerieschule in Kiel-Wik tätig.

Seine Freude war groß, als er erfuhr, dass er ab dem 30. September 1936 zur 4. Torpedobootsflottille versetzt werden sollte: als I. Wachoffizier auf dem Torpedoboot „Greif“. Endlich konnte er wieder seinen Dienst auf einer schwimmenden Einheit versehen.

Mit dem Torpedoboot „Greif“ nahm der am 1. Juni 1937 zum Kapitänleutnant beförderte Werner Hartenstein 1937/38 an mehreren Überwachungs- und Sicherungseinsätzen im spanischen Küstengebiet, im Rahmen der „Legion Condor“, teil. Am 6. Juni 1939 wurde er dafür mit dem Spanienkreuz in Bronze ausgezeichnet.

Ab dem 20. November 1938 befehligte Kapitänleutnant Werner Hartenstein als Kommandant das Torpedoboot „Seeadler“, das zur 6. Torpedobootsflottille gehörte. Mit der „Seeadler“ erlebte Werner Hartenstein den Ausbruch des Zweiten Weltkriegs. Bis zum 10. Oktober 1939 fuhr er mit der „Seeadler“ in der Nordsee und führte in den 13 Unternehmungen hauptsächlich Sicherungsaufgaben durch.

Anschließend übergab man ihm das Kommando über das Torpedoboot „Jaguar“, das ebenfalls zur 6. Torpedobootsflottille gehörte. Als Kommandant der „Jaguar“ nahm er an der Unternehmung „Weserübung“, der Besetzung Norwegens, teil, unter anderem führte er mit „Jaguar“ Sicherungsaufgaben im Skagerrak und an der südnorwegischen Küste durch. Auch Geleitschutzaufgaben für die Schlachtschiffe „Scharnhorst" und „Gneisenau" gehörten dazu. Von Mai 1940 bis Januar 1941war Hartenstein in Vertretung mit der Wahrnehmung der Geschäfte betraut (m.d.W.d.G.b.) als Chef der 6. Torpedobootsflottille beauftragt worden.

Seit Anfang November 1940 lag die „Jaguar" zusammen mit den Torpedobooten „Iltis" und „Wolf" in Cherbourg. Von hier aus führte Hartenstein die „Jaguar" in vielen Einsätzen im Kanal und der Biskaya. Ab dem 17. Februar 1941 zur 5. Torpedobootsflottille gehörend, unternahm er als Kommandant der „Jaguar" bis Ende März 1941seine letzten Unternehmungen. Insgesamt waren es mit dem Torpedoboot „Jaguar" 52 Unternehmungen in Nordsee, Skagerrak, Kanal und Biskaya. Bis zu diesem Zeitpunkt war er mit der „Medaille zur Erinnerung an die Heimkehr des Memellandes", den Eisernen Kreuzen II. und I. Klasse, der sogenannten „Sudetenmedaille" und dem „Zerstörerkriegsabzeichen" ausgezeichnet worden.

Inzwischen war in Kapitänleutnant Werner Hartenstein nach langem Überlegen der Entschluss gereift, sich freiwillig zur U-Boot-Waffe zu melden. Auch er wollte zu einem Baustein dieser elitären Waffe werden, deren Waffentaten legendär waren. Schließlich war er ein Meister in Navigation, Waffen- und seemännischer Kunde. Und auf einem Torpedoboot sah er seine Zukunft nicht mehr.

Seine Meldung hatte Erfolg: Durch den sofort nach Kriegsausbruch begonnenen, beschleunigten U-Boot-Bau suchte die U-Boot-Waffe dringend Freiwillige, vor allem Offiziere.

So kam er am 31. März 1941 zur 1. U-Boot-Lehrdivision nach Pillau in Ostpreußen zum U-Lehrgang. Schließlich wurde er am 3. Juni 1941 zum U.T.O.-Lehrgang an die Torpedoschule Flensburg-Mürwik kommandiert. Anschließend sollte Hartenstein bei der 24. U-Flottille in Memel den Kommandantenlehrgang absolvieren.

Aber es sollte anders kommen.

Am 22. Juni 1941 begann der Feldzug gegen die Sowjetunion und nun war Memel für kurze Zeit eine Frontstadt. Um den Ausbildungsbetrieb vom Feind ungestört weiter ausführen zu können, verlegte die Flottille bis September 1941 nach Trondheim in Norwegen.

Mit der 24. U-Flottille verlegte auch die 25. U-Flottille, deren Flottillenchef Korvettenkapitän Ernst Hashagen war, nach Trondheim. Diese Flottille war für die Schießausbildung der U-Boote zuständig. Hier wurde die Ausbildung in den tiefen Gewässern des Hopla- und Lofjords weitergeführt. Dabei fungierten die Dampfer „Heinz Horn" und „Black Prince" als Begleit- und Stabsschiffe. Auch Werner Hartenstein bekam einen Marschbefehl nach Trondheim.

Einige Tage vor Beginn des Kommandantenlehrgangs am 30. Juni 1941 meldete sich Hartenstein in Trondheim bei Korvettenkapitän Hannes Weingärtner, dem Chef der 24. U-Flottille, der die Ausbildung der angehenden Kommandanten leitete.

Weingärtner, ein geborener Innsbrucker, hatte den ganzen Ausbildungsbetrieb sehr gut organisiert und zweckmäßig aufgebaut. Er war ein U-Boot-Fahrer der ersten Stunde und als Kommandant von U 4, U 10 und U 16 auch im Kriegseinsatz sehr erfahren. Er wusste gut, worauf es ankam, auch wenn er später während des Lehrgangs nicht mehr allzu häufig bei den Kommandantenanwärtern zu sehen war.

Bei der 24. U-Flottille sollte den angehenden Kommandanten die Torpedoschusspraxis beigebracht werden. Gleich nach dem Empfang zog man sie Tag und Nacht durch das Wasser. Schließlich war hier die wichtigste Ausbildungsstation für die künftigen U-Boot-Kommandanten.

Für die Ausbildung standen außer den Booten U 148, U 151 und U 152 des Typs II D ausschließlich Boote des Typs VII zur Verfügung. Dies waren die älteren VII-A-Boote U 28, U 29, U 30 und U 34, auf denen die U-Boot-Kommandanten Günter Kuhnke (U 28), Otto Schuhart (U 29), Fritz-Julius Lemp (U 30) und Wilhelm Rollmann (U 34) ihre Ritterkreuze erworben hatten. Außerdem standen der Flottille noch die Typ VII-C-Ausbildungsboote U 554, U 555 und U 560 zur Verfügung.

Mit diesen U-Booten und den Zielschiffen „Angelburg", Ahrensburg" und „Bolkoburg" übten die angehenden Kommandanten das Torpedoschießen. Diese Zielschiffe fuhren unentwegt auf den verschiedensten Kursen und mit den unterschiedlichsten Geschwindigkeiten durch die in den verschiedenen Quadraten unter Wasser stehenden U-Boote, die versuchen mussten, ungesehen zum Schuss zu kommen. Es kam darauf an, das Sehrohr sorgfältig und sparsam einzusetzen. Zu dieser Jahreszeit war das Meer in den Fjorden oft so still und die Oberfläche des Wassers wie ein Spiegel, sodass schon das kürzeste Zeigen des Sehrohrs einen kleinen Wellenstreifen hinterließ, der das Unterseeboot verraten konnte. So waren die Bedingungen im Norden oft schwerer und damit lehrreicher als irgendwo sonst in einem anderen Weltmeer. Natürlich wetteiferten auch die angehenden Kommandanten untereinander. Die Treffer wurden aufgrund der Torpedodurchläufe unter dem jeweiligen Zielschiff errechnet, die Tiefgänge entsprechend an den Torpedos eingestellt.

Anschließend erfolgte das Schießen auf die gesichteten Objekte, wobei die Torpedofangboote als Sicherungsboote, also Geleit fuhren. Dazu kamen die Zickzackkurse und schließlich stellte man Geleitzüge zusammen, wobei meist noch die Zielschiffe der 25. U-Flottille und deren Fangboote dazutraten. Genauso intensiv übten sie das Überwasserschießen bei Nacht, mit sich steigernden Schwierigkeitsgraden und dem stets bestehenden Gebot der Unsichtbarkeit. Hartenstein lernte hier die hohe Schule der U-Boot-Taktik kennen, und der ganze Lehrgang war mit Begeisterung dabei.

Daneben erhielten sie Einblicke in die Kriegstagebücher von Frontbooten und in die „Laufenden Befehle des BdU", in denen den ständigen Veränderungen draußen an der Front Rechnung getragen wurde. Die Berichte in den Kriegstagebüchern waren durchweg unmittelbar vom Kampfgeschehen geprägt und, so unterschiedlich sie auch waren, meist eine spannende Lektüre. Zudem wurde viel diskutiert und geredet. Werner Hartenstein war es rasch klar, dass die Ausbildung in Trondheim für ihn und die anderen Kommandantenschüler von großem Nutzen war. Sie vermittelte ihnen die Sicherheit, die jeder später als Kommandant auf einem U-Boot dringend benötigte. Auch Hartenstein war sich dieser Tatsache bewusst.

Nach Beendigung des Kommandantenlehrgangs wurde jedem Lehrgangsteilnehmer der Zielort genannt und mitgeteilt, in welcher Werft er welches U-Boot in Dienst stellen sollte. Als Hartenstein von seiner Kommandierung nach Bremen zur Deschimag-Werft hörte, kam Stolz in ihm auf. Freudig nahm er den Marschbefehl von Hannes Weingärtner entgegen.

Für ihn war die Zeit gekommen, endlich Kommandant eines U-Bootes zu werden. Die nächsten Wochen wollte er mit Tatendrang angehen.

Noch am selben Tag packte er seinen Seekoffer zusammen und flog einige Zeit später mit einer Junkers Ju 52 von Oslo nach Kiel. Von hier ab reiste er mit der Bahn nach Bremen.

Am 11. August 1941 meldete er sich zur Baubelehrung seines neuen Bootes bei der Kriegsschiffs-Lehrabteilung U-Nord (K.L.A. U-Nord) in Bremen, die auf dem Werftgelände ihre Büros und Unterkunftsräume hatte. Erst jetzt gab man ihm bekannt, dass er im nächsten Monat bei der Deschimag-Werft U 156 in Dienst stellen sollte. Davor musste er, wie auch seine bereits zusammengestellte Besatzung und vor allem das technische Personal, an der Baubelehrung seines zukünftigen Bootes teilnehmen.

Noch einmal musste er die Schulbank drücken. Außerdem inspizierte er das im Bau befindliche Boot auf der Werft. Mit den Ingenieuren der Werft wurden Baupläne geprüft, technische Details untersucht und besprochen. Hier lernte Hartenstein auch seine Offiziere kennen und schätzen.

In den Tagen der Endfertigung von U 156 schaute er sich immer wieder das fast fertige Boot an, an dem noch viele Arbeiter tätig waren, die meisten von den Zulieferfirmen, die ihre Geräte justierten und überprüften. Dutzende von Stromkabeln liefen noch durch das Turmluk, und auch äußerlich sah das Boot noch nicht wie ein Neubau aus.

Schließlich, nach dreiwöchiger Arbeit und Schulung, teilte man Hartenstein mit, dass er sein U-Boot mit der Baunummer 998 bei der Deschimag-Werft in Bremen am 4. September 1941 in Dienst stellen werde. Jetzt war es so weit – U 156 war bereit, in Dienst genommen zu werden.

So weit das Vorleben und die Marinelaufbahn von Werner Hartenstein.

Besuch der Besatzung von U 156 in der Patenstadt Plauen

In den nun beginnenden Tagen der Werftüberholung im Juli und August 1942 erfolgten die nächsten Abkommandierungen innerhalb der Offiziere und der Besatzung. Unter anderem wurde der I. Wachoffizier Paul Just abkommandiert, für ihn trat Oberleutnant zur See Leopold Schuhmacher als neuer I. Wachoffizier auf U 156 seinen Dienst an. II. Wachoffizier blieb Oberleutnant zur See der Reserve Gert Mannesmann, auch der III. Wachoffizier Leutnant zur See Max Fischer blieb an Bord. Zusätzlich wurde zur Ausbildung ein Oberfähnrich auf das Boot kommandiert. Zur Einweisung als neuer Leitender Ingenieur meldete sich Oberleutnant (Ing.) Erich Schulze, ein Kriegsoffizier, an Bord. Er sollte nach dieser Unternehmung Wilhelm Polchau als LI ablösen. Zu guter Letzt kamen noch zwei Fähnriche der Crew I/41 an Bord. Es waren Helmut Sievers und Gerhard Franceschi.

Vorher aber noch besuchte Hartenstein vom 26. bis 28. Juli 1942 mit der gesamten Besatzung seine Heimatstadt Plauen, die ja zugleich Patenstadt von U 156 war. Tausende Plauener Bürgerinnen und Bürger empfingen ihn und seine Besatzung mit großer Begeisterung auf dem Oberen Bahnhof, wo sie von Oberbürgermeister Wörner begrüßt wurden.

Nachdem die Besatzung auf dem Bahnhofsvorplatz Aufstellung genommen hatte, machte der seit dem 1. Juni 1942 zum Korvettenkapitän beförderte Werner Hartenstein dem Standortältesten, Oberst Rietzel, Meldung. Anschließend wurden sie nochmals herzlich vom Oberbürgermeister Wörner willkommen geheißen. Blumengeschmückt und unter den Marschmusikklängen des Musikkorps eines in Plauen stationierten Nachrichtenzuges, setzte sich der Zug durch die von Menschen umsäumten Straßen in Bewegung. Anschließend nahmen die Quartierswirte ihre Gäste in Empfang.

Den Nachmittag hatten die U-Boot-Männer zur freien Verfügung. Erst um 19.30 Uhr fand im Ratskeller der Begrüßungsabend statt, zu dem sich Vertreter der Partei, der Wehrmacht, der Stadt, der Industrie und Wirtschaft eingefunden hatten.

In seiner Begrüßungsrede dankte Oberbürgermeister Wörner der Besatzung – und in Anerkennung der unvergänglichen großen Verdienste in diesem gewaltigen Völkerringen zeichnete er den Kommandanten des Bootes, Korvettenkapitän Werner Hartenstein, den Spross einer seit Jahrhunderten in Plauen ansässigen Familie, besonders aus, und bat ihn, sich in das Goldene Buch der Kreisstadt Plauen einzutragen. Diese dem Kapitän erwiesene Ehrung sollte zugleich eine Ehrung für alle Mitglieder der Besatzung sein.

Anschließend begrüßte Oberst Rietzel im Namen der Kameraden des Heeres und der Luftwaffe die Gäste. Nach seiner Rede bedankte sich Hartenstein bei der Stadt

Plauen für die Ehrung und den Empfang, der ihm und seinen Männern bereitet wurde. Zum Zeichen der Dankbarkeit überreichte Hartenstein dem Oberbürgermeister Wörner ein Modell von einem Stück Sehrohr, an dem sich für jedes versenkte Schiff ein Wimpel mit der versenkten Tonnage befand.

Der Abend endete mit Tanz und Liedgut. Er war für alle Teilnehmer eine bleibende Erinnerung. Am 28. Juli 1942 besuchte die Besatzung von U 156 „Plauen" noch das Sächsische Staatsbad Bad Elster, bevor sie sich, nach der Verabschiedung durch Oberbürgermeister Wörner, erneut für einige Tage in alle Winkel des Reiches verstreute, um sich dann bis spätestens Mitte August 1942 in Lorient zusammen wieder einzufinden.

Ein „55er“-Infanterist auf „Großer“ U-Boot-Fahrt

Eine schöne Episode schildert der Erlebnisbericht des damaligen Unteroffiziers Karl Schmitt:

Im Mai 1942 kam unser abgekämpftes Würzburger Infanterieregiment 55, das zur fränkischen 17. Infanteriedivision gehörte, aus Russland zur Neuaufstellung auf einen bretonischen Übungsplatz in Frankreich. Der erste Russlandeinsatz lag hinter uns und nach drei Monaten Ausbildung begann für uns die Küstensicherung in Frankreich.

Unsere Kompanie, die 2./Infanterieregiment 55 bezog das Lager Hennebont, nahe dem großen U-Boot-Stützpunkt Lorient. Gerüchte und Parolen gab es immer. Es dürfte so Mitte August 1942 gewesen sein, als sich herumsprach, dass ein japanisches Groß-U-Boot im U-Boot-Bunker von Lorient sei, das man besichtigen könnte. Schnellstens gelangte ich in den U-Boot-Hafen, aber von wegen Besichtigung, die japanischen Matrosen sperrten ihr Boot hermetisch ab. Kein Zutritt!

(Es handelte sich um das japanische U-Boot „I-30“, unter dem Kommando des Fregattenkapitäns Endo, dass am 24. August 1942, als erstes Transport-U-Boot, Lorient verließ und ohne Zwischenfälle am 9. Oktober 1942 Penang erreichte. Auf dem Weitermarsch ging es aber mit seiner gesamten Ladung am 14. Oktober 1942 vor Singapore durch einen Minentreffer verloren).

Daneben aber lag ein deutsches U-Boot, das ein Infanterieoberst mit seinem Fahrer besichtigen wollte. Auf mein Bitten ermöglichte es mir der Oberst, als seine Begleitung mitzukommen.

Neugierig sah ich mich auf dem U-Boot um, und die Besatzung, nett und freundlich, zeigte mir alles.

Die Männer taten mir leid, weil ich sah, wie sie auf engstem Raum leben mussten. Überall lagen „Aale“ (Torpedos), Waffen, Munition und dazwischen Verpflegungskonserven in großen Mengen. Ein Maschinenmaat erklärte mir seinen Bereich die Elektro- und Dieselmotoren, letztere bezeichnete er unter anderem als „Tod und Teufel“. Der Dieselgestank hatte sich fast gleichmäßig in sämtlichen Räumen des U-Bootes ausgebreitet.

Plötzlich vibrierte das Boot unter meinen Füßen und es wurde laut. Leichte Erschütterungen liefen durch den ganzen Bootskörper. Ich wollte schnellstens flüchten, doch das ging nicht mehr. Meine beiden anderen „Grenadiere“ hatten sich schon längst wieder an Land begeben. Ich merkte wie das Boot in Fahrt kam und an Oberdeck sah man schon bald keine Küste und kein Land mehr. Den Schreck werde ich zeitlebens nicht vergessen. Auf meine Frage wohin das Boot liefe, sagte mir ein Maat mir breitem Schmunzeln im Gesicht, dass U 156, so nannte er das Boot angeblich bereits zu Beginn einer langen Feindfahrt sei, und das ich für die nächsten zwei bis drei Monate kein Land mehr sehen würde. Aber was macht man auf einem U-Boot mit dem hängen gebliebenen „55er?“ Eventuell ein Funkspruch

U 156 in der Karibik.

U 156 verlässt die Sinkstelle eines
über den Bug nach Backbord sinkenden Dampfers.

Kapitänleutnant Werner Hartenstein mit dem Deutschen Kreuz in Gold, das ihm kurz zuvor, am 17. März 1942, Admiral Dönitz persönlich angesteckt hatte. Die hohe Auszeichnung hatte er bereits am 2. Februar 1942 erhalten, für seine Feindunternehmungen als Torpedobootskommandant. Zu diesem Zeitpunkt befand sich U 156 noch auf Feindfahrt.

IM NAMEN DES FÜHRERS
UND OBERSTEN BEFEHLSHABERS
DER WEHRMACHT
VERLEIHE ICH
DEM

Kapitänleutnant

Werner Hartenstein

DAS DEUTSCHE KREUZ
IN GOLD

BERLIN, DEN 2. Februar 1942.

DER OBERBEFEHLSHABER
DER KRIEGSMARINE

Großadmiral

Verleihungsurkunde für das Deutsche Kreuz in Gold an Kapitänleutnant Werner Hartenstein.

Das niederländische Motorschiff „Koenjit", vormals unter dem Namen „Sternjeborg" unter dänischer Flagge, wurde von U 156 am 13. Mai 1942 versenkt.

Efraim Tsouk, Besatzungsmitglied der von U 156 versenkten „Koenjit". Tsouk suchte nach der Wiedervereinigung Deutschlands Kontakt zu Verwandten von Werner Hartenstein.

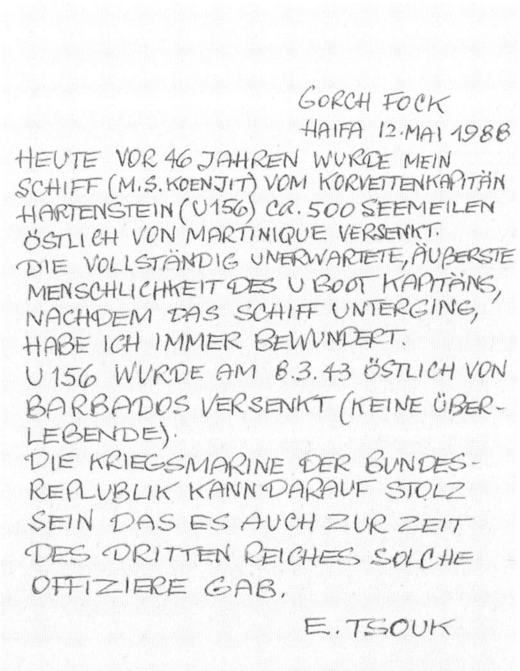

GORCH FOCK
HAIFA 12. MAI 1988

HEUTE VOR 46 JAHREN WURDE MEIN SCHIFF (M.S. KOENJIT) VOM KORVETTENKAPITÄN HARTENSTEIN (U156) CA. 500 SEEMEILEN ÖSTLICH VON MARTINIQUE VERSENKT.
DIE VOLLSTÄNDIG UNERWARTETE, ÄUßERSTE MENSCHLICHKEIT DES U BOOT KAPITÄNS, NACHDEM DAS SCHIFF UNTERGING, HABE ICH IMMER BEWUNDERT.
U 156 WURDE AM 8.3.43 ÖSTLICH VON BARBADOS VERSENKT (KEINE ÜBERLEBENDE).
DIE KRIEGSMARINE DER BUNDESREPLUBLIK KANN DARAUF STOLZ SEIN DAS ES AUCH ZUR ZEIT DES DRITTEN REICHES SOLCHE OFFIZIERE GAB.

E. TSOUK

Eintrag von E. Tsouk in das Gästebuch des deutschen Segelschulschiffes der Bundeswehr „Gorch Fock", bei einem Besuch in Haifa am 12. Mai 1988.

Noch am Abend des selben Tages, dem 13. Mai 1942, versenkte U 156 den britischen Dampfer „City of Melbourne“.

Am 10. Mai 1942 trifft U 156 das U-Boot U 66 unter Korvettenkapitän Zapp. U 156 übernimmt von U 66 zwei Zahnstangen und gibt dafür an das Kameradenboot fünf Kubikmeter Treiböl ab.

Am 17. Mai 1942 versenkt U 156 den britischen Dampfer „Barrdale“.

Nur einen Tag später, dem 18. Mai 1942, fiel der US-amerikanische Dampfer „Quaker City“ U 156 zum Opfer.

Im Namen
des
Deutschen Volkes

befördere ich
den Kapitänleutnant
Werner Hartenstein
mit Wirkung vom 1. Juni 1942
zum Korvettenkapitän.

Ich vollziehe diese Urkunde in der Erwartung, daß der Genannte getreu seinem Diensteide seine Berufspflichten gewissenhaft erfüllt und das Vertrauen rechtfertigt, das ihm durch diese Beförderung bewiesen wird. Zugleich sichere ich ihm meinen besonderen Schutz zu.

Führerhauptquartier, den 19. Mai 1942.

Der Führer

Werner Hartenstein wird am 1. Juni 1942 zum Korvettenkapitän befördert.
Die Abbildung zeigt die Beförderungsurkunde.

Der US-amerikanische Zerstörer „Blakely" wurde am 25. Mai 1942 von U 156 torpediert.

Der Torpedo riss das Vorschiff bis zur Brücke des Zerstörers ab, aber seine Maschinen waren noch intakt. Mit langsamer Fahrt konnte sich der Zerstörer „Blakely" in den Hafen von Fort-de-France auf Martinique retten.

U 156 beim Einlaufen in Lorient am 7. Juli 1942. Deutlich sind die aufgefischten Autoreifenschläuche des versenkten jugoslawischen Dampfers „Kupa" und die gestapelten Autoreifen des versenkten britischen Dampfers „Barrdale" zu sehen. Hinter dem Autoreifenstapel sind am Turm noch die Umrisse des Wappens der Patenstadt Plauen zu erkennen.

Korvettenkapitän Viktor Schütze, Flottillenchef der 2. U-Boot-Flottille in Lorient, der auch U 156 angehörte.

Sehr geehrter Herr Hartenstein !

Da ich weiß,wie sehr sich die Angehörigen unserer U-Bootsmänner bangen,wenn sie so lange nichts mehr von ihren Lieben hören,möchte ich mir Gelegenheit nehmen,Ihnen,sehr geehrter Herr Hartenstein,die freudige Mitteilung zu machen,daß nach der letzten Funkmeldung auf dem Boot Ihres Sohnes,dem"Herrn Korvettenkapitän" alles wohlauf und guter Dinge ist ! Mit besonders großen Erfolgen wird er dieses Mal heimkehren !

Sie müssen sich allerdings noch eine ganze Weile gedulden,denn es wird bis zum Einlaufen noch einige Zeit vergehen!

Mit ergebenem Gruß und Heil Hitler !

Ihr

Korvettenkapitän
u. Flottillenchef

Brief des Flottillenchefs Viktor Schütze vom 30. Juni 1942 an den Vater von Werner Hartenstein. Bei den oft ausgedehnten Unternehmungen, gerade der Typ IX U-Boote, hörten die Angehörigen zu Hause lange nichts von ihren Söhnen und Männern. Deshalb erhielten Angehörige daheim gelegentlich Mitteilungen über das U-Boot von der zuständigen Dienststelle, im Fall von U 156, von der 2. U-Boot-Flottille.

Ein deutsches U-Boot vom Typ IX-C.

Werner Hartenstein auf der Brücke kurz vor dem Einlaufen in Lorient. Am Sehrohrmast flattern die Erfolgswimpel, dahinter ist die 2 cm-Flakkanone zu sehen.

Kurz vor dem Festmachen in Lorient. Im Bild U 68, ebenfalls ein U-Boot vom Typ IX-C.

U 156 hat angelegt. Oben auf der Brücke ist der am 1. Juni 1942 zum Korvettenkapitän beförderte Werner Hartenstein zu sehen.

Nach dem Einlaufen.
In der Mitte des Bildes: Kapitänleutnant (Ing.) Wilhelm Polchau.

Nr. 174

treibung sagen, daß den Ausländerinnen, die werdende Mütter sind, in Deutschland Vergünstigungen gewährt werden, wie sie ihnen kein anderer Staat in der Welt zu bieten vermag.

Aufnahme: Photohaus Lehmann (K.).

Korvettenkapitän Werner Hartenstein bei der Eintragung in das Goldene Buch der Stadt Plauen

Vogtländischer Anzeiger und Tageblatt. Montag, 27. Juli 1942

U-Bootmänner als Gäste der Stadt Plauen

In den Geschichtsblättern des von Korvettenkapitän Werner Hartenstein geführten U-Bootes wird die Erinnerung an die von der gesamten Besatzung des U-Bootes in Plauen verlebten Tage mit stolzer Freude fortleben. Bekanntlich hat Oberbürgermeister Wörner die Offiziere und Mannschaften des Bootes nach glücklicher Heimkehr von anstrengender Feindfahrt eingeladen, für einige Tage Gäste der Stadt Plauen zu sein.

Empfang auf dem Oberen Bahnhof

Den lieben Gästen, die am Sonntag, 12,03 Uhr, auf dem Oberen Bahnhof eintrafen, bereitete die Bevölkerung einen herzlichen Empfang. Auf dem Bahnsteig, wo sich mit Oberbürgermeister Wörner Vertreter der Wehrmacht, der Partei, der Behörden und der Marinekameradschaft eingefunden hatten, waren die Teilnehmer Zeuge einer herzlich-kameradschaftlichen Begrüßung zwischen dem auf Urlaub in Plauen weilenden Kommandanten des U-Bootes und dessen Besatzung. Auf dem Gang zum Bahnhofsvorplatz bildeten Angehörige der Hitlerjugend Spalier, und Mädel des BDM. überreichten den Ankommenden die ersten Blumen, zu denen sich immer weitere gesellten. Das Musikkorps eines Nachrichten-Regiments ließ flotte Marschweisen erklingen. Nach Meldung durch Korvettenkapitän Hartenstein an den Standortältesten hieß Oberbürgermeister Wörner die U-Bootkameraden im Namen der gesamten Bevölkerung herzlich willkommen. Er betonte, daß Wehrmacht, Partei, Hitler-Jugend und ganz Plauen lebhaftesten Anteil an dem Besuche nehmen. Nach Worten des Dankes durch Korvettenkapitän Hartenstein marschierte die Mannschaft, der sich Abordnungen der Marinekameradschaft, der Marine-HJ. und der HJ. angeschlossen hatten, unter klingendem Spiel nach dem Platz der SA. zur Empfangnahme der Quartierscheine. Auf dem Wege dorthin bildeten Tausende Spalier, und immer wieder klang den Gästen jubelnde Begrüßung entgegen.

Festliche Stunde im Ratskeller

Nachdem die Kameraden im Laufe des Nachmittags unsere Stadt etwas kennen gelernt hatten, vereinigten sie sich abends unter Führung ihres Kommandanten im Roten Zimmer des Ratskellers zu dem vorgesehenen festlichen Empfang durch den Oberbürgermeister. Die Anwesenheit zahlreicher Ehrengäste, an der Spitze Kreisleiter Hitzler und der Standortälteste, Vertreter der Stadtverwaltung und der Industrie, zeugten ebenso wie der künstlerisch-geschmackvolle Rahmen davon, daß die Bevölkerung alles daran setzte, den U-Bootmännern die Stunden der Erholung so angenehm wie möglich zu gestalten.

Oberbürgermeister Wörner brachte das in [...]

machtbericht vom 6. Juli über Ihre großen Erfolge berichtete, die nur durch höchsten Einsatz von Offizier und Mannschaft und dem fanatischen Willen des Sieges errungen werden konnten. Wenn ich Sie gebeten habe, in diesen Tagen der Erholung Gäste der Stadt zu sein, dann soll das eine bescheidene Dankesschuld abstatten für das Große, das Sie, Korvettenkapitän Hartenstein, und Ihre Männer für unser Vaterland in dieser harten Kriegszeit bisher geleistet haben. Erst in den letzten Tagen veröffentlichten die Zeitungen das stolze Ergebnis von sechs Monaten U-Bootkrieg gegen USA. 616 Schiffe wurden vernichtet, davon allein 467 in amerikanischen Gewässern. Dabei wurde immer wieder die Kühnheit herausgestellt und besonders betont, daß sich die Erfolge trotz der zunehmenden Abwehr durch die USA.-See- und Luftstreitkräfte mehrten. Sie, meine lieben U-Bootkameraden, schickten Kriegsgerät aller Art auf den Grund des Meeres, das für die Ostfront, für die Front in Nordafrika und die pazifische Front gegen Japan bestimmt war. Sie haben durch Ihre Heldentaten mit dazu beigetragen, den feindlichen Schiffsraum empfindlich zu verknappen. Für diese Tat gibt es keinen sichtbaren Dank. Fest steht, daß die Herzen des ganzen deutschen Volkes Ihnen in Dankbarkeit entgegenschlagen. Die Anwesenheit der Ehrengäste soll Ihnen unsere Achtung, unseren Dank und unsere Anerkennung im besonderen zum Ausdruck bringen. In dankbarer Anerkennung der unvergleichlichen Verdienste in diesem gewaltigen Völkerringen, überreiche ich dem Führer des U-Bootes, Korvettenkapitän Hartenstein, dem Sproß seiner seit Jahrhunderten in Plauen ansässigen Familie, eine Auszeichnung mit herzlichen Wünschen. Weiter wurde der also Ausgezeichnete gebeten, seinen Namen in das Goldene Buch der Stadt Plauen einzutragen. Der Oberbürgermeister schloß mit den Worten: Liebe Kameraden! Die Ihrem Kapitän erwiesene Ehrung soll auch eine Ehrung für Sie sein, denn Sie alle haben ja Ihr Teil zu den schönen Erfolgen Ihres U-Bootes beigetragen. Denken Sie, wenn Sie wieder hinausfahren zu neuen Taten, gern an Ihren Aufenthalt in unserer Stadt zurück mit dem Bekenntnis: „Plau'n bleibt Plau'n".

Freudigen Herzens spendeten die Kameraden dem Redner stürmischen Beifall.

Oberst Riebel übermittelte die kameradschaftlichen Grüße der hier vertretenen Wehrmachtteile und wies darauf hin, daß die Heimat stets mit innerer Spannung die Nachrichten aus dem Führerhauptquartier und die über unsere tapferen U-Bootbesatzungen mit Bewunderung und Dank verfolge. Immer weilten die Gedanken bei der kämpfenden Truppe aller Wehrmachtteile, und jedermann in der Heimat sei überzeugt, daß durch die unvergleichlichen Leistungen der Endsieg erfochten werde. [...]

Zeitungsausschnitt aus dem „Vogtländischen Anzeiger und Tageblatt" vom 27. Juli 1942 in Plauen.
Korvettenkapitän Werner Hartenstein trägt sich in das Goldene Buch der Stadt ein.

Die Besatzung von U 156 besucht Ende Juli 1942 die Patenstadt Plauen, wo sie zunächst von Bürgermeister Wörner begrüßt wird.

Dem Kommandanten und der Besatzung wird ein herzlicher Empfang bereitet. Vor allem die Jugend brachte den U-Boot-Fahrern große Bewunderung entgegen.

Oberleutnant zur See der Reserve Gert Mannesmann war auf der 3. und 4. Feindfahrt von U 156 als II. Wachoffizier an Bord.

Oberleutnant zur See Leopold Schuhmacher wurde ab der 4. Feindfahrt neuer I. Wachoffizier auf U 156.

Auf der Brücke von U 156. Der wachhabende I. Wachoffizier Oberleutnant zur See Leopold Schuhmacher hält Ausschau.

Korvettenkapitän Werner Hartenstein erklärt einem Teil seiner Besatzung an einer Tafel seine taktischen Überlegungen zum operativen Angriff auf Schiffsziele.

Großadmiral Karl Dönitz schreitet die Front deutscher U-Boot-Besatzungen ab.

an sein Regiment, dass er hier die Besatzung verstärken würde? Doch nun ging die Sache erst Mal richtig los. Lautsprecher, Bordkommandos, Befehle, Bewegung wie in einem Ameisenhaufen.

„Achtung, alle Mann voraus, achteraus, auftauchen, abtauchen, fahren über und unter Wasser, Alarm hier – Alarm da, u.s.w, u.s.w."

Für mich gab es keinen Raum mehr, ich war einfach überall im Wege. Wie Delphine huschten die Seemänner durch die großen runden Löcher, die sie Schotts nannten und die die Abteilungen voneinander trennten.

Endlich kam die ersehnte Erlösung. Einem Maschinenmaat musste ich richtig Leid getan haben. Er eröffnete mir: „Wir machen nur Fahr- und Tauchversuche, fahren jetzt zurück und verlassen Lorient erst in zwei Tagen!" Ein wenig Ruhe kam wieder in mir auf. Auf der Rückfahrt nahm sich der I. Wachoffizier meiner an. Fragen auf Fragen stellte er mir.

Endlich wieder – nach Stunden – im Hafen vor dem Bunker. Man befahl mich zum Kommandanten, den ich vorher nicht zu Gesicht bekommen hatte. Richtig stramm stehen konnte ich noch nicht, aber Meldung über Name, Dienstgrad und Einheit kamen noch über meine Lippen. Der Kommandant schaute mich mit ernstem Blick an, und ließ dann ein Donnerwetter los. Ich sollte mich gefälligst als „Landratte" auf seinem „Kahn" nicht mehr sehen lassen. Der finstere Blick wich aber schnell einem freundlichen Lächeln. Bevor ich von Bord ging, waren seine letzten Worte zu mir: „Wünschen Sie uns viel Glück auf hoher See und vergessen sie uns nicht! Der Vers vom Feldquartier auf hartem Stein wird ihnen behilflich sein. Mein Name ist Hartenstein und dieses Boot steht unter meinem Kommando!"

Anschließend gab es noch einen netten Abschied mit den anderen Kameraden des U-Bootes.

In Lorient saßen die Kameraden von meiner 2. Kompanie im Soldatenheim. Selbstverständlich sprach sich mein Ausflug schnell herum.

Am nächsten Tag musste ich zum Rapport beim Kompaniechef, Oberleutnant Spall, antreten und ihm über mein Abenteuer berichten. Er wollte auch sofort am folgenden Tag das U-Boot besichtigen, und vielleicht an einer kurzen Ausfahrt teilnehmen. Aber er wurde von den Offizieren des U-Bootes prompt abgewiesen. Schließlich stände das Boot kurz vor Beginn der nächsten Feindfahrt, sagte man ihm. Zum Glück hatte ich für meine U-Boot-Fahrt Beweise. Die Seeleute machten mir, natürlich mit viel Spaß, einen Eintrag in mein Soldbuch mit Angabe der ausgezahlten Tauchzulage.

Leider musste ich später erfahren, dass dieses Boot im März 1943, ohne Überlebende, versenkt wurde.

(Ein Erlebnisbericht des damaligen Unteroffiziers Karl Schmitt, zuletzt Spieß der 2. Kompanie, im I. Bataillon des Infanterieregiments 55, der 17. Infanteriedivision.)

Die 4. Feindfahrt im Mittel- und Südatlantik: Dampfer voraus!

Am 20. August 1942 legte U 156 zur 4. Feindfahrt ab. Zusammen mit U 68 (Merten) im Geleit wurde die Biskaya angesteuert, die man ohne besondere Vorkommnisse durchquerte. Bereits am 25. August stand das Boot 400 Seemeilen westlich von Lissabon. Gegen 19.00 Uhr wurde ein Funkspruch vom BdU eingefangen:

„Wilamowitz (U 459), Poske (U 504), Emmermann (U 172), Hartenstein (U 156) und Merten (U 68) bilden Gruppe ‚Eisbär'. Wilamowitz ist nur Auge. Bei Feindsichtung absetzen und melden. Kein Fühlungshalter."

Keine zwei Stunden später ging der nächste Funkspruch ein:

„Gruppe ‚Eisbär' ohne Wilamowitz auf Geleitzug Reeder, Gelhaus operieren."

U 214 (Reeder) gehörte zu der nach Süden marschierenden U-Gruppe „Iltis", die am 25. August den Konvoi SL 119 erfasste. Außer den anderen drei Booten der Gruppe U 566 (Remus), U 406 (Dieterichs) und U 107 (Gelhaus) wurde noch die Gruppe „Eisbär", die auf dem Marsch nach Kapstadt war, angesetzt.

Werner Hartenstein ließ die Fahrt heraufsetzen. Mit Kurs 200 Grad steuerte er auf den Geleitzug zu. Am Nachmittag des nächsten Tages wurde von der Brückenwache ein U-Boot gesichtet. Es war U 68, das Boot von Korvettenkapitän Karl-Friedrich Merten. Nach einer kurzen Lagebesprechung der Kommandanten trennten sich beide Boote wieder. Kurze Zeit später war U 68 außer Sicht.

Neuer Kurs 180 Grad. U 156 fuhr dem Geleitzug entgegen. Wenig später erkannten sie zwei eigene Boote auf östlichem Kurs fahrend. Hartenstein nahm an, dass es sich um U 68 und U 172 handelte.

Der Kommandant vermutete nach den letzten Meldungen ebenfalls dort den Feind.

Nur vier Stunden später kam eine Rauchwolke in Sicht. Das Boot drehte bei, mit hoher Marschfahrt ging es dem Ziel entgegen. Schon nach wenigen Minuten wuchsen Mastspitzen über den Horizont. Der Dampfer fuhr mit nordöstlichem Kurs. Hartenstein vermutete einen Nachzügler des Geleitzuges SL 119. Die Männer rannten auf ihre Gefechtsstationen im Boot, das Vorsetzmanöver begann.

Der Gegner hinkte mit etwa sieben Seemeilen Fahrt dem Konvoi hinterher. Hartenstein entschied sich zum Unterwasserangriff, da die Wahrscheinlichkeit, durch das helle Mondlicht bei einem Überwasserangriff entdeckt zu werden, zu groß war.

27. August 1942: Inzwischen stand das Boot 600 Seemeilen westlich von Casablanca. Langsam pirschte sich U 156 an sein Opfer heran.

„Torpedowaffe besetzen", befahl Hartenstein.

Nach einigen Sekunden meldete Obersteuermann Frühling „Torpedowaffe ist besetzt" zurück. „Rohr I und III klarmachen zum Unterwasserschuss." Schnell wurden beide Rohre bewässert und die Mündungsklappen geöffnet, danach erfolgte die Rückmeldung an die Zentrale: „Rohr I und III sind klar zum Unterwasserschuss."

Wieder vergingen einige Sekunden, bis sie unten im Boot erneut die Stimme des Kommandanten aus dem Turm hörten.

„Tiefe 4!"

„Torpedogeschwindigkeit 30!"

„Gegnerfahrt 8!"

„Gegnerbug rechts!"

„Lage 60!"

Unmittelbar trafen die Rückmeldungen vom Bugraum ein:

„Rohr I und III – Tiefe 4, Torpedogeschwindigkeit 30 eingestellt!"

Inzwischen hatte der Obersteuermann am Vorhaltrechner den Vorhaltwinkel ermittelt und stellte ihn am Vorhaltschieber des Sehrohrs ein.

„Fester Schusswinkel 20!", erfolgte der nächste Befehl aus dem Turm.

„Steht", kam es vom Obersteuermann prompt zurück und auch aus dem Bugraum erfolgte die Bestätigung.

„Zweierfächer fertig!"

„Ist fertig", erfolgte umgehend die Antwort.

Mittlerweile hatten die Torpedomixer im Bugraum die Abfeuerungsbolzen auf „fertig" gelegt, die Handabfeuerung im Bugraum entsichert und den Abfeuerungsschalter im Turm entsichert. Sekunden verstrichen – plötzlich hörten sie die anspornende Stimme des Kommandanten, die alle im Boot elektrisierte:

„Zweierfächer … looos!"

„Zweierfächer aus Rohr I und III ist gefallen", meldete der Torpedomaat aus dem Bugraum erleichtert.

Zwischen den Worten „Zweierfächer" und „los" lag eine Pause von zirka acht Sekunden, die der Leitende Ingenieur brauchte, um nach dem Abfeuern der Torpedos Maßnahmen zum Abfangen des Bootes einleiten zu können.

Inzwischen liefen die Torpedos ihrem Ziel entgegen. Nach 46 Sekunden erfolgten die Treffer. Eine hohe Sprengsäule stieg am achteren Mast des Schiffes empor.

Der zweite Torpedo traf am Bug. Zwei etwa zwanzig Meter hohe dunkle Sprengsäulen standen über dem Schiff, das sofort Backbordschlagseite bekam. Aufgeregte Seeleute hasteten über das Deck, sprangen in die Rettungsboote. Nach zehn Minuten war der Dampfer gesunken.

„Auftauchen!", lautete Hartensteins Befehl.

Er fuhr zu den Rettungsbooten, um den Namen des Schiffes zu erfragen. Bereitwillig gaben die Schiffbrüchigen Auskunft. U 156 hatte den britischen Dampfer „Clan Macwhirter" mit 5941 BRT, der in Glasgow beheimatet war, versenkt. Das Schiff war mit Stückgut von Freetown nach England unterwegs.

Tatsächlich war die „Clan Macwhirter" von Bombay über Durban und Bathurst auf dem Weg nach Hull in England. Der Frachter hatte 7000 Tonnen Manganerz, 3000 Tonnen Leinsamen, 2000 Tonnen Roheisen und Stückgut geladen. Die Besatzung bestand aus 79 Seeleuten und neun Kanonieren. Beim Untergang des Schiffes verloren neun Crewmitglieder und zwei Kanoniere ihr Leben.

Da U 156 mit überplanmäßigen Einschiffungen besonders an Offizieren überbelegt war, sah der Kommandant davon ab, den Kapitän als Gefangenen mitzunehmen.

Mit Südkurs setzte das Boot seine Marschfahrt in den Südatlantik fort. Am Abend wurde in der Ferne ein U-Boot gesichtet. Wieder war es U 68, das bis auf Rufweite herankam. Nach einem kurzen Erfahrungsaustausch trennten sich beide Boote wieder.

Die nächsten Tage verliefen ereignislos. Am 2. September stand das Boot etwa 300 Seemeilen nordwestlich der Kapverden, als am Nachmittag ein Ausguck einen Dampfer meldete. Routinemäßig lief das Vorsetzmanöver ab, danach wurde getaucht zum Unterwasserangriff. Durch das Sehrohr erkannte der Kommandant den spanischen Frachter „Monte Nuria“ aus Bilbao. Also ein Neutraler. Sofort wurde der bereits laufende Angriff abgebrochen. Nachdem der Spanier außer Sichtweite war, ließ Hartenstein auftauchen und den Südmarsch fortsetzen.

Der Kommandant beabsichtigte, den Seeraum vor Freetown anzusteuern. Mit Marschfahrt ging es weiter Richtung Süden. Am 6. September sichtete die Brückenwache bei einsetzender Dämmerung ein deutsches U-Boot. Beide Boote schlossen auf Rufweite heran. Erneut handelte es sich um U 68, mit dessen Kommandanten Karl-Friedrich Merten die weiteren Absichten besprochen wurden. Anschließend trennten sich beide Boote wieder und liefen ab. Zu diesem Zeitpunkt stand U 156 etwa 400 Seemeilen westlich von Freetown, als folgender Funkspruch eintraf: „An Südboote, einschließlich Eisbären. Angriffserlaubnis nach Süden bis zur Breite von Marinequadrat FE 74 erweitert.“

Am Nachmittag des 7. Septembers meldete plötzlich der Brückenmaat:

„Rauchwolken in 180 Grad!“

Unverzüglich befahl der Kommandant, mit großer Fahrt das ausgemachte Ziel anzusteuern. Nach zwei Stunden wurde trotz ausgefahrenem Sehrohr nichts gesichtet. Das Boot schlug wieder den alten Kurs ein.

Am 12. September 1942 stand U 156 600 Seemeilen südlich von Kap Palmas. Es war mittlerweile 11.37 Uhr geworden. Plötzlich riss der achterliche Backbordausguck sein Glas von den Augen.

„Rauchfahne in rechtweisend 230 Grad, Herr Kapitän!“

Hartenstein und sein II. WO, Gert Mannesmann, starrten angestrengt durch ihre Gläser in die von dem Posten gemeldete Richtung.

Der Kurs des fremden Schiffes wurde ermittelt. Als feststand, dass er mit Westnordwestkurs dahinzog, befahl Hartenstein das Vorsetzmanöver. „Der Bursche hat verdammt schnelle Fahrt“, meinte der II. Wachoffizier, mit einer Hand das Glas fest an die Augen gepresst, während der Kommandant mit seinen Füßen ungeduldig auf den Lukensüll in der Mitte des Turms trommelte.

16.00 Uhr. Die Wache wechselte. Jetzt war der neue I. Wachoffizier Oberleutnant zur See Leopold Schuhmacher zusammen mit dem Kommandanten auf dem Turm.

Der Dampfer war jetzt bereits über die Kimm getreten. Hartenstein setzte das Glas nicht mehr ab. Urplötzlich verließ der Dampfer seinen Kurs und schlug einen Haken. Es war ein Zack von 40 Grad. Der Kommandant konnte das Schiff immer noch nicht genau ausmachen, deshalb schätzte er es vorsichtig auf 7000 Bruttoregistertonnen, stellte aber dabei typische Passagieraufbauten fest. Die eckigen Formen verrieten ihm, dass es sich um einen älteren Schiffstyp handelte. Trotzdem lief er seine 14 Seemeilen.

„Entweder ist dieser Pott ein auf Position auf und ab stehender Hilfskreuzer oder ein Truppentransporter“, sinnierte Hartenstein. Ein feindliches Schiff war es auf alle Fälle, denn wenn es neutral wäre, würde es nicht zacken.

20.00 Uhr: Ohne auch nur ein Zeichen der Nervosität zu verraten, ließ Hartenstein noch das Abendbesteck (Standort) nehmen. Unmittelbar darauf überschlugen sich dann seine Befehle. Mit hoher Fahrt schloss das Boot an den schnell dahinfahrenden Dampfer auf. Jetzt erkannten die Männer auf U 156, dass sie ein Passagierschiff vor sich hatten.

Das Gegnerschiff legte einen erneuten Zack ein. Es fuhr jetzt mit Kurs 310 Grad. Aber mit fast 17 Knoten Überwassergeschwindigkeit war ihm das U-Boot weit überlegen. Die dunkle Silhouette des Schiffes zeichnete sich in Hartensteins Nachtglas deutlich ab.

„Er ist größer als wir dachten“, stellte er überrascht fest.

„So, wie der sich präsentiert, scheint er mindestens zwölftausend Tonnen zu haben“, antwortete der I. Wachoffizier sachlich.

Hartenstein war ein Mann der schnellen Entschlüsse. Seine Befehle drangen jetzt zur Zentrale hinunter und Sekunden später wusste jeder Mann im Boot, was auf ihn zukam.

21.07 Uhr. U 156 lief zum Überwasserangriff an. Gegen 22.00 Uhr ließ Hartenstein mit der Fahrt heruntergehen, und wie vorausberechnet schob sich das Schiff genau in die Vorhaltposition hinein. Die nächsten Kommandos fielen:

„Rohr I und III fertig!“

„Rohr I und III – los!“

Die beiden Torpedos verließen die Rohre und verschwanden in der See. Für kurze Zeit ließ der Kommandant das Glas sinken. Ein letztes Mal, bevor die auf den Weg geschickten Torpedos eines der dramatischsten Ereignisse des Zweiten Weltkriegs auslösen sollten.

Der britische Truppentransporter „Laconia“

Einen Monat vor dem Angriff von U 156, genau am 29. Juli 1942, legte der zwanzig Jahre alte Passagierdampfer und die jetzt als Truppentransporter umfunktionierte „Laconia“ im Hafen Tawfiq in Suez vom Pier ab. Am Tag zuvor waren 3000 britische Soldaten mit Gepäck und Ausrüstung von Bord gegangen. Das Ausladen musste sehr schnell geschehen, da der Hafen von Suez und der Suez-Kanal zu dieser Zeit oft Ziel deutscher Luftangriffe war.

Doch für die Heimfahrt waren der „Laconia“ andere Passagiere zugeteilt worden. Nur zwölf Stunden nachdem der letzte Soldat von Bord gegangen war, kamen zunächst britische Offiziere und Soldaten, darunter einige Schwerverletzte, sowie britische Beamte mit ihren Familien an Bord. Sie alle fuhren nach Hause, nach England, obwohl es bei einigen von ihnen, die hier im Mittleren Osten geboren waren, die erste Fahrt nach England war.

Bald hatten sich die Passagiere in den Kabinen des ehemaligen Passagierdampfers eingerichtet. In den Gängen stauten sich Kisten und Koffer, das übliche Getümmel vor einer Abfahrt.

Als nächstes kamen dann weibliche Passagiere an Bord, die sogleich bei der Besatzung und den anderen Passagieren Neugier weckten. Die nicht gerade geringe Zahl von zweihundert weiblichen Personen und ihr spärliches Gepäck, ließ die Vermutung aufkommen, dass es sich um weibliche Kriegsgefangene handeln müsste.

Einigen der Frauen sah man sofort an, dass sie Prostituierte waren, andere verdächtigte man der Spionage oder sie wurden als Angehörige der „5. Kolonne“ bezeichnet. Schnell verbreitete sich das Gerücht an Bord, dass die Frauen in einem südafrikanischen Hafen wieder ausgeladen werden sollten.

Drei Stunden vor dem Auslaufen der „Laconia“, fuhr auf dem Kai eine nicht enden wollende Kolonne von Lastkraftwagen vor. Aus den Lkws stiegen unbewaffnete Soldaten. In ihren geflickten und ausgebleichten Uniformen wirkten sie blass und abgekämpft. Rasch sprach sich herum, dass es Italiener waren, die in Libyen in alliierte Kriegsgefangenschaft geraten waren. Die Wachposten bildeten mit ihren aufgepflanzten Seitengewehren ein Spalier, um Ordnung in den zerlumpten Haufen zu bringen. Die Wachposten riefen Befehle und trieben die Gefangenen auf das Schiff, dass für die meisten Italiener zu einem Gefängnis ohne Heimkehr werden sollte. Aber als man sie unter Deck in die Laderäume des Schiffes verbrachte, ahnte noch niemand, welch schweres Schicksal auf sie wartete. Obwohl viele der Gefangenen kein Hab und Gut bei sich führten, sah man doch, dass einige Italiener zusammengerollte Bündel unter dem Arm trugen, in denen sie die armseligen Besitztümer aufbewahrten, die man ihnen bisher noch nicht abgenommen hatte. Einige wenige Gefangene führten Mandolinen und Gitarren bei sich, die sie mit an Bord nehmen durften. Die italienischen Gefangenen wurden von 160 polnischen Soldaten bewacht, da die Engländer es tunlichst vermieden, den Wachdienst selbst auszuführen. Sie gehörten als 1. Kompanie zu einem Regiment der 8. Infanteriedivision, das im Rahmen des Military College im April 1942 in Teheran aufgestellt worden war. Ursprünglich waren diese polnischen Soldaten nach der Besetzung Polens als Kriegsgefangene der Russen in Arbeitslager, sogenannte Gulags verbracht und eingesperrt worden.

Der Kommandant der „Laconia“ hieß Rudolph Sharp. Er war ein erfahrener alter Seebär und wusste sehr genau, dass die „Laconia“ eine lange und gefährliche Seereise vor sich hatte. Er hatte Meldungen darüber erhalten, dass „Graue Wölfe“, wie die deutschen U-Boote genannt wurden, am Kanal von Mozambique und am Kap der Guten Hoffnung gesichtet worden waren, und er wusste, dass er darauf gefasst sein musste, einem dieser deutschen U-Boote auf der langen und gefährlichen Seereise nach England zu begegnen. Captain Sharp beunruhigte bei dieser Fahrt vor allem die große Zahl von ca. 3000 Passagieren, die sich an Bord seines Schiffes befanden und von denen die meisten noch nie zuvor zur See gefahren waren. Wie sollten die Verwundeten, Frauen und Kinder, wie die Gefangenen im Ernstfall von Bord und in die Rettungsboote verbracht werden. Zudem waren seine Offiziere neu an Bord gekommen und kannten sich auf dem Schiff noch nicht genügend aus. Zwar war die „Laconia“ für die lange Reise gut vorbereitet worden, aber der Kapitän wusste, dass die Rettungsmittel in Form von 32 Rettungsbooten, 40 großen Flößen und einer Anzahl kleinerer Flöße im Falle einer Evakuierung des Schiffes für alle Insassen nicht ausreichend sein würden.

Kurz nachdem der letzte Gefangene an Bord gebracht worden war, legte die „Laconia“ vom Hafenkai ab, um den Suezkanal hinunter ins Rote Meer zu laufen. Um die Versorgung der Gefangenen im inneren des Schiffes mit Atemluft zu gewährleisten, waren zahlreiche Luftschläuche unter Deck montiert worden, die den Austausch der Luft verbessern sollten. Aber die Sonne stand heiß über dem Roten Meer! Wie würde es erst im Golf von Aden werden und am Äquator, den sie schließlich zweimal passieren mussten, einmal bei der Fahrt an der Ostküste Afrikas entlang nach Süden und dann wieder an der Westküste Afrikas hinauf mit Generalrichtung nach Norden? Die Gefangenen durften einmal am Tag unter strenger Bewachung für eine Stunde an Deck. Dort konnten sie auch rauchen, was unter Deck natürlich strengstens verboten war. Für die Gefangenen war das eine Wohltat, mussten sie sich doch den ganzen Tag unter Deck in engen, und trotz der zusätzlichen Luftschläuche, in heißen und stickigen Unterkünften aufhalten. Auf engstem Raum eingepfercht schliefen sie in Hängematten oder direkt auf dem Boden im Bauch des Schiffes und hatten keinen Platz, um sich zu bewegen. Allerdings ging es ihren polnischen Bewachern nicht viel besser.

Bereits am Morgen des 30. Juli 1942 war die „Laconia“ soweit gekommen, dass sie sich außerhalb der Reichweite der deutschen und italienischen Luftwaffe befand. Mit Angriffen aus der Luft, war daher nicht mehr zu rechnen. Nach dem Wecken kamen die ersten italienischen Gefangenen mit ihren polnischen Bewachern an Deck, um sich auszuziehen und unter die Duschen – dabei handelte es sich um durchlöcherte Eimer, die über Schläuche mit Meerwasser gefüllt wurden – zu stellen und sich zu waschen.

Auch die britischen Soldaten, die zur Artillerie- und Fla-Mannschaft des Schiffes gehörten, oder als Urlauber auf dem Weg in die Heimat waren, wurden zu sportlichen Übungen verpflichtet. So sah man zu verschiedensten Zeiten am Tag Männer mit nackten Oberkörpern, ob auf Deck oder in den Gängen, die sich sportlich betätigten. Auch Captain Sharp war der Meinung, dass er seine Mannschaft beschäftigen müsse. Sogleich war „Großreinemachen" auf dem ganzen Schiff angesagt, egal ob auf- oder unter Deck. So sah man überall Männer, die mit Schrubben beschäftigt waren und selbst das unbeliebte Messingklinkenputzen war befohlen worden.

Andere Männer von der Besatzung waren abgestellt, um die kleinen Säle auf dem Schiff für Lesungen, Kurse, Vorträge und weitere Aktivitäten herzurichten. Auch gab es eine Bibliothek, deren Bücherbestand jedoch in die Jahre gekommen war und inzwischen ziemlich viele zerfledderte Bücher enthielt.

Das Leben an Bord war bei der drückenden Hitze, die am Tag schnell auf 45 Grad im Schatten stieg, fast unerträglich. Besonders für die Italiener unter Deck war es ein Martyrium und je mehr sich der Truppentransporter dem Äquator näherte, umso schlimmer wurde es. Die heiße Luft stand unter Deck und machte den Gefangenen das Atmen zur Qual. Immer wieder fielen Gefangene bewusstlos um und mussten auf die überfüllte Krankenstation gebracht werden. Der Schiffsarzt Dr. Geoffrey Purslow hatte alle Hände voll zu tun. Aber er war ein tüchtiger Arzt, der auch extreme Situationen und knifflige Fälle, immer mit einem freundlichen Wort auf den Lippen, meisterte. Nachdem das Rote Meer durchquert worden war, machte das Schiff einen kurzen Versorgungshalt in Aden. Anschließend ging es weiter nach Süden und 1300 Seemeilen später lief die „Laconia" in Mombasa ein. Hier befand sich eine Flottenbasis der britischen Marine direkt am Indischen Ozean. Das wohlgeschützte Hafenbecken erreichte man durch eine enge Fahrrinne erst nach einiger Zeit.

Hinter den Docks konnte man den bescheidenen Wohlstand einer Industrie- und Hafenstadt erahnen. Kaum hatte die „Laconia" an der Pier festgemacht, da stürmten die Passagiere, die Soldaten und die Besatzungsmitglieder, die dienstfrei hatten und auf Landgang gehen durften, mit Pässen und Urlaubsscheinen in ihren Händen, lärmend die Gangway hinunter. Es war ein wildes Getümmel von Menschen, die heilfroh waren, endlich wieder festen Boden unter ihren Füßen zu spüren. Ihre Eile rührte auch daher, dass ihre Urlaubsscheine nur bis Mitternacht Gültigkeit hatten.

Direkt nach dem Anlegen des Schiffes an der Pier, war die Polizei an Bord der „Laconia" gekommen und hatte die zweihundert weiblichen Gefangenen an Deck Aufstellung nehmen lassen. Nach einer kurzen Inspektion ihres spärlichen Gepäcks, das die weiblichen Gefangenen mit sich führten, waren sie von der Polizei vom Schiff geführt und auf Lastkraftwagen verladen worden, die für diesen Zweck an der Pier bereitstanden. Noch konnten diese unglücklichen weiblichen Gefangenen nicht ahnen, welch großes Glück sie hatten, als sie das Schiff in Mombasa verlassen und ihre Fahrt in ein Internierungslager antreten konnten. Auch einige verwundete und kranke Italiener wurden in Mombasa von Bord gebracht und ins Krankenhaus der Stadt eingeliefert, um sie an Land besser behandeln zu können. Auch sie erfuhren von ihrem Glück erst viele Jahre später!

Als der Abend über Mombasa hereinbrach und die Lichter im Hafen und der Stadt allmählich erloschen, kehrten die ersten Landgänger auf ihr Schiff zurück und sorgten dort wieder für Leben.

Als am nächsten Tag, dem 19. August 1942, die Versorgung mit Wasser und Proviant abgeschlossen war, legte die „Laconia" von der Pier ab, lief an den Docks von Kilindini vorbei und fuhr langsam aus dem Hafen von Mombasa hinaus. Danach ging es durch die gewundene und von Korallen umsäumte Fahrrinne hinaus ins offene Meer mit Kurs Durban.

Kaum hatte die „Laconia" den Kanal von Mozambique erreicht, erhielt der Kapitän eine Funkmeldung über die Anwesenheit eines japanischen Schiffes ganz in ihrer Nähe. Sofort ließ Captain Sharp die Wachen und Ausgucks verstärken sowie die Artilleriegeschütze, die bei der Umrüstung des Passagierdampfers zu einem Truppentransporter auf der „Laconia" angebracht worden waren, besetzten. Nirgends jedoch konnte das feindliche Schiff ausgemacht werden. Inzwischen war die Außentemperatur merklich gesunken, was vor allem die Italiener in ihren dünnen und zerschlissenen Uniformen zu spüren bekamen. Zu der nicht besonders fürsorglichen Behandlung durch die polnische Wachmannschaft, kam die oft nicht ausreichende Verpflegung. So bestand die tägliche Ration an Nahrung in der Regel aus zwei Löffel in Wasser aufgelöster Marmelade, zwei Tassen Tee, zwei wahrhaft dünne Scheiben Brot und ein Tasse Brühe in der ab und zu einige Brocken Gemüse schwammen.

Ohne größere Schwierigkeiten erreichte die „Laconia" am 24. August 1942 die Stadt Durban. Wie schon in Mombasa durften auch hier Teile der Mannschaft und die Passagiere für einige Stunden an Land gehen. Da Captain Sharp die Ansicht vertrat, dass es auch für die Gefangenen gut sei, ihre Beine an Land zu vertreten, hatten die italienischen Kriegsgefangenen die Möglichkeit, sich unter strenger Aufsicht des Wachpersonals für kurze Zeit auf der gut bewachten Pier zu bewegen. Auch in Durban wurden einige kranke gefangene italienische Soldaten vom Schiff und in das örtliche Krankenhaus gebracht.

Der Aufenthalt der „Laconia" in Durban dauerte drei Tage. Am zweiten Tag kam eine Abteilung britischer Offiziere der Royal Air Force an Bord der „Laconia". Sie schienen nicht gerade begeistert davon zu sein, auf dieses Schiff einsteigen zu müssen. Es hatte sich nämlich inzwischen herumgesprochen, dass es viele Männer an Bord gab, denen schon einmal ein Schiff unter ihren Füßen weggeschossen worden war.

Viele hatten deswegen trübe Vorahnungen, da der gefährlichere Teil ihrer Heimreise ja noch vor ihnen lag.

Nach Ab- und Zugängen auf dem Truppentransporter befanden sich beim Verlassen der „Laconia" aus Durban immer noch mehr als 3000 Menschen auf dem Schiff. Von nun an begann der gefährlichere Teil der Seereise und so ließ die Meldung auch nicht lange auf sich warten, dass vor Kapstadt U-Boote gesichtet worden wären, die Seeminen gelegt hätten. Als sie sich dem Kap der Guten Hoffnung näherten, schärfte Captain Sharp seinen Offizieren ein, auf der Hut zu sein. Die Wachen wurden nochmals verstärkt und die Artilleriegeschütze an Deck der „Laconia" waren permanent besetzt.

Doch ohne besondere Vorkommnisse lief die „Laconia" am 31. August 1942 in den Hafen von Kapstadt ein. Hier wurde nochmals Wasser und Proviant ergänzt, zudem übernahm man 26 Sergeants der Royal Air Force, die nach England zurückkehren sollten.

Am 1. September 1942 verließ die „Laconia" den Hafen von Kapstadt und Captain Sharp hielt vorerst sein Schiff auf Südkurs, um einem gemeldeten Minenfeld auszuweichen. Als die „Laconia" die Gefahrenzone des Minenfeldes passiert hatte, ließ der Kapitän das Schiff tagsüber im Zickzackkurs fahren und verdoppelte die Wachposten und Ausgucke. Außerdem ordnete er an, dass zweimal täglich Stabsbesprechungen stattzufinden hätten.

Captain Sharp ging von nun an nur noch selten in seine Kabine. Völlig angekleidet schlief er im Kartenraum und konnte so bei Alarm sofort von einem Wachoffizier verständigt werden und sogleich wieder die Führung seines Schiffes übernehmen. An Bord selbst mussten die Besatzungsmitglieder und Passagiere ihre Rettungsweste immer bei der Hand haben. Die Atmosphäre an Bord war von Spannung erfüllt.

Der Kommandant hielt die „Laconia" weit von der Westküste Afrikas entfernt, an der sie jetzt mit Generalkurs nach Norden lief. Das Meer zeigte eine lange Dünung und die Temperatur war merklich gesunken. Die Passagiere und die Besatzung schienen sich jetzt jedoch deutlich wohler zu fühlen, als es unter der heißen Sonne der Tropen der Fall war.

An Bord der „Laconia" kehrte wieder Routine ein, obwohl der Kommandant in kurzen regelmäßigen Abständen die Funktionsfähigkeit der Rettungsmittel an Bord überprüfen ließ. Mit dem großen Bordfunkgerät, mit dem die Befehle der britischen Admiralität empfangen wurden, durften selbst keinen Funksprüche abgeben werden, damit kein U-Boot der Achsenmächte das Schiff hätte ausmachen können. Nur im Fall eines Angriffs war der „Laconia" erlaubt worden, ihre Position über Funk durchzugeben. So gingen die Tage in Eintönigkeit dahin, die See wurde ruhiger und die Temperaturen stiegen wieder an. An den Zustand der ständigen Alarmbereitschaft hatten sich die Menschen an Bord inzwischen gewöhnt. An Deck konnte man die Offiziere der Royal Air Force beobachten, wie sie sich aus Wasserschläuchen erfrischten, bei verschiedenen Bordspielen vergnügten, oder in der Bar vor ihrem Whisky sitzend, sich mit einen Pokerspiel die Zeit vertrieben.

Einmal täglich gab es eine Alarmübung, die immer zu einem anderen Zeitpunkt und völlig unerwartet angesetzt wurde. Jeder musste dann so schnell wie möglich seine Schwimmweste schnappen und dass ihm zugewiesene Rettungsboot oder Floß aufsuchen. Dort wurden dann auch die Rettungswesten angelegt. Wie es bei Menschen so ist, machten einige diese Übung gewissenhaft und pflichtbewusst mit, andere hingegen amüsierten sich darüber.

Als die erste Septemberwoche zu Ende ging, hatte die „Laconia" das Seegebiet der Passatwinde ohne irgendeinen Zwischenfall erreicht. Das Schiff hatte bereits 2400 Seemeilen seit seinem Start in Suez zurückgelegt und an Bord waren nicht wenige davon überzeugt, dass ihr Glück bis zum Ende ihrer Reise anhalten würde.

Kurz nach Mitternacht des 10. September 1942 hatten der I.- und der III. Offizier Wache auf der Brücke der „Laconia", als ihnen vom Funkmeister ein chiffrierter Funkspruch übergeben wurde. Beide Offiziere schauten sich überrascht an, als sie bemerkten, dass dieser Funkspruch direkt aus London von der britischen Admiralität kam. Sofort wurde der III. Offizier Buckingham mit der Entschlüsselung des Funkspruchs beauftragt. Wenig später war der verschlüsselte Funkspruch in Klartext entziffert und am 11. September 1942, pünktlich um 01.15 Uhr, wurde er dem Kommandanten Captain Sharp ausgehändigt. Sharp überflog ihn, holte daraufhin seine Offiziere zusammen, um sie über den Inhalt des Funkspruches aufzuklären.

„Meine Herren, wir ändern noch heute den Kurs und zwar zwei Stunden nach Sonnenuntergang!"

Anschließend folgten weitere Anweisungen und die genaue Kursbestimmung. Aber warum diese Änderung des Kurses, der die „Laconia" mitten in den Südatlantik hinein und viel weiter weg von der afrikanischen Küste führen sollte, als es schon jetzt beim anliegenden Kurs der Fall war? Auf der Karte konnten Sharp und seine Offiziere sehen, dass sie bei dem neu befohlenen Kurs, den Äquator ungefähr gleichweit von Brasilien und Westafrika entfernt passieren würden. Gleich wurden die ersten Fragen gestellt. Sollte das Bestimmungsziel des Schiffes geändert werden? Nicht in London, sondern in den Vereinigten Staaten oder Kanada würden sie an Land gehen? Die an Bord befindlichen italienischen Gefangenen rechtfertigten natürlich diese Möglichkeit. Captain Sharp beruhigte die Männer, es sei sowieso unmöglich etwas Bestimmtes zu sagen. Sie wussten selbst, alles war möglich, oder auch nicht – keiner konnte in die Pläne der britischen Admiralität hineinschauen und sie würden sicher noch in nächster Zeit zusätzliche Anweisungen aus London erhalten. Zwar erörterte man noch einige Fragen, aber die Schiffsführung hatte sich bereits abgeregt, schließlich waren sie es gewöhnt, unerwartet Befehle zu erhalten. Gemäß dem Befehl änderte man am Abend des 11. September, um 22.00 Uhr den Kurs. Der Südpassat pfiff jetzt von hinten und trieb die „Laconia" voran, die daraufhin mühelos ihre 15 Knoten lief.

12. September 1942: Auch dieser Tag begann wie all die anderen Tage zuvor. Durch das anhaltende gute Wetter gingen die meisten Passagiere nach dem Frühstück an Deck. Wie gewöhnlich absolvierte die Besatzung ihren Dienst auf den ihnen zugewiesenen Stationen. Die Freiwächter lungerten herum, schliefen, spielten Poker oder Bridge, freiwillig zeigten sich einige an Deck, um das Wachpersonal zu unterstützen und suchten mit Ferngläsern das Wasser des Südatlantiks ab. Auch eine Rettungsübung wurde noch einmal abgehalten.

Die Gefangenen erhielten an diesem Tag ebenfalls die Erlaubnis, auf das Deck des Schiffes zu kommen, um sich die Beine zu vertreten und ihre Lungen mit der frischen Seeluft zu füllen.

Um 12.00 Uhr mittags war Wachwechsel, der wie auf den meisten Schiffen in einem Turnus von vier Stunden ablief. Wie an den Tagen zuvor gab es keine besonderen Vorkommnisse und um 16.00 Uhr schließlich wurde die Wachmannschaft erneut gewechselt. Mit Beginn der Dämmerung wurde noch einmal der Standort bestimmt und der Kurs daraufhin leicht korrigiert. Schließlich brach die Nacht – wie in den südlichen Breiten üblich – fast übergangslos herein. Wie immer traf man vorsorglich alle Maßnahmen, die Nacht ohne Zwischenfall zu überstehen. So wurden die Lampen an Bord abgedunkelt und auch die Gänge, die an Deck führten so abgeschottet, dass kein Lichtstrahl auf das Deck fallen konnte. Der II. Offizier, Staff-Captain Steel, der wie Captain Sharp im Zivilleben bei der Cunard Line angestellt war, machte seine Runde durch das Schiff. Dieser ehrenwerte Mann nahm sich vor allem der Passagiere an, um diesen das Leben an Bord so erträglich wie möglich zu gestalten. Er winkte noch einigen Damen zu, die sich auf den Weg in den Speisesaal und zum Abendessen machten und wünschte ihnen einen guten Appetit.

Es war 19.30 Uhr britischer Zeit, also 21.30 Uhr deutscher Zeit, als er wieder auf die Brücke des Schiffes zurückkehrte. Die „Laconia“ vibrierte leicht bei der hohen Fahrt, mit der das Schiff auf seinem Kurs lief. Am Horizont verlosch das letzte Licht der untergehenden Sonne und färbte ein letztes Mal das Meer in kupfergoldenes Licht. Die Menschen an Bord der „Laconia“ ahnten nicht, dass es die letzten Minuten waren, bevor die Katastrophe über sie hereinbrechen sollte.

Schicksalhafte Begegnung mit der „Laconia“

Während die zwei E-Torpedos ohne verräterische Blasenbahn ihren schnellen Weg durch den Atlantik zu ihrem Ziel nahmen, holten der Kommandant, der I. Wachoffizier und unten in der Zentrale der Obersteuermann ihre Stoppuhren hervor. Im Boot herrschte gespannte Stille. Eine Minute verging ...Die zweite Minute ebenfalls.

Die dritte näherte sich ihrem Ende, und dann, nach drei Minuten sechs Sekunden, erbebte U 156. Das Boot taumelte hin und her. „Treffer!“

Auf dem Turm des Bootes sahen sie in ihren Gläsern eine hell schimmernde Wassersäule steil in den Himmel schießen. Alle holten tief Luft. Im gleichen Moment dröhnte die Detonation des zweiten Torpedos herüber. Nochmals rissen sie auf der Brücke die Gläser vor die Augen. Aber der zweite Treffer war nicht auszumachen.

In diesem Augenblick fiel das Boot in ein Wellental. Eine breite Wasserwand baute sich vor U 156 auf. Als sie endlich wieder in sich zusammenfiel, konnte man erkennen, dass der Dampfer bereits gestoppt hatte und langsam vorlastig wurde.

Der I. Wachoffizier schüttelte den Kopf. „Den haben wir ganz schön unterschätzt, Herr Kapitän. Das ist ja ein halber Ozeanriese!“

Hartenstein nickte. „Schätze, dass er achtzehntausend Tonnen hat. Jetzt, wo er still liegt, lässt sich das erst richtig erkennen.“

„Da dürften unsere beiden Aale kaum genügen, Herr Kapitän.“

„Abwarten“, erwidert Hartenstein und fügte hinzu: „Ich denke, wir werden unsere Torpedos vor Kapstadt noch brauchen.“

Dann setzte er sein Glas ab, ließ das Boot mit halber Fahrt vom Gegner abziehen. Angestrengt beobachteten alle auf der Brücke, wie die Manöver auf dem sinkenden Schiff abliefen.

„Das muss ein Truppentransport sein“, überlegte der Kommandant.

„Wenn es einer ist, hoffentlich hat er keine Soldaten oder sogar Zivilisten an Bord. Arme Kerle!“

Der Kommandant manövrierte U 156 in die Leeseite des torpedierten Schiffes. In zweitausend Metern Entfernung wollte Hartenstein noch das Sinken abwarten.

15 Minuten waren inzwischen vergangen.

22.22 Uhr. Funkraum an Brücke: „Dampfer funkt auf der 600-Meter-Welle: SSS SSS 04 Grad 34 Minuten Süd / 11 Grad 25 Minuten West „Laconia“ torpediert!“

Kommandant an Funkraum: „Gegnerische Notmeldung stören!“

„Da, Herr Kapitän, sie setzen Rettungsboote aus“, meldete einer der zuständigen Sektorenposten.

„Ja, es sieht so aus, als würde er bald auf Tiefe gehen. Es wird Zeit, dass wir verschwinden!“

Durch das Turmluk vernahm man die sonore Stimme des Obersteuermanns Anton

Frühling: „Achtung, Zentrale an Brücke: Gegner ist die 1922 erbaute 19.685 BRT große ‚Laconia' von der Cunard-White Star. Findet seit Kriegsausbruch als Truppentransporter Verwendung. Kann bis zu 6000 Soldaten aufnehmen. Friedensmäßig sind 1580 Passagiere an Bord."

„Donnerwetter, Herr Kapitän", entfuhr es dem I. Wachoffizier Leopold Schuhmacher. „Das ist für Sie das Ritterkreuz!"

„Reden Sie kein Blech! Meinen Sie, ich hätte den Transporter gerne torpediert? Viel lieber wäre es mir, wir lägen jetzt in irgendeinem Auslandshafen und wären Gäste bei dem Kapitän dieses Riesenpottes."

22.26 Uhr. Funkraum an Brücke: „Dampfer gibt weiter Notruf."

Kommandant an Funkraum: „Weiter stören."

Das Boot hatte sich, um das Heck der sinkenden „Laconia" herumfahrend, inzwischen an die Luvseite des Dampfers manövriert.

„Herr Kapitän, sehen sie doch, da treiben welche im Wasser!", rief erregt ein Wachtposten.

Hartenstein richtete sein Glas in die angewiesene Richtung. In diesem Augenblick waren auch Rufe zu hören, viele Schreie der Angst und Not.

„Verstehen Sie was?", wandte sich Hartenstein an seinen I. Wachoffizier.

„Das ist kein Englisch, so viel steht fest. Hört sich wie Italienisch an", erwiderte Mannesmann, der II. WO, der mittlerweile auf die Brücke gekommen war.

„Ist Italienisch. Jetzt höre ich es auch genau", sagte Hartenstein.

„Sonderbar, wie kommen denn Italiener hierher?", fragte der I. Wachoffizier.

„Vielleicht sind es Kriegsgefangene?", rätselte der Kommandant.

„Das kann durchaus möglich sein, denn dann sind sie von der Afrika-Front. Aber was tun die auf einem nach England fahrenden Schiff?", meinte jetzt Mannesmann.

„Das weiß ich auch nicht", bekam er zu Antwort.

Dann schwiegen sie auf der Brücke. Jeder hatte sein Glas auf die verzweifelt um ihr Leben ringenden Schiffbrüchigen gerichtet. Die meisten von ihnen hatten keine Schwimmweste an. Und die paar zu Wasser gebrachten Rettungsboote waren hoffnungslos überfüllt. Einige drohten sogar zu kentern. Einer nach dem anderen auf der Brücke setzte sein Glas ab. Ihre Blicke wanderten zum Kommandanten, dessen Lippen zu einem schmalen Strich geworden waren.

„Sind das nicht Kinderstimmen? Da sind Frauen und Kinder dazwischen!" Tatsächlich, da schrien und weinten Frauen und Kinder.

„Wir müssen retten und helfen. Wenigstens die Frauen und Kinder, Herr Kapitän!" Fast flehend waren die Worte des I. Wachoffiziers an den Kommandanten gerichtet.

Werner Hartenstein rang mit einem schweren Entschluss, während er den Todeskampf des torpedierten Schiffes beobachtete.

„Wenn wir retten und helfen, gehen wir zum Schluss selbst vor die Hunde. Der britische Funker hat doch laufend die genaue Position durchgegeben", gab der

Kommandant zu bedenken. „Und wenn schon, Herr Kapitän. Die werden doch nicht angreifen, wenn wir Überlebende retten."

„Mann, da kennen Sie die aber schlecht."

Hartenstein hatte sich dicht an die Reling gepresst. Noch zögerte er. In dieser Situation Schiffbrüchige zu retten, würde bedeuten, einem direkten Befehl des BdU zuwiderhandeln.

Die Sachlage war doch klar: Der Gegner hat die Position gefunkt. Mehrmals auf der internationalen 600-Meter-Welle, mehrfach auf der 25-Meter-Welle. Die ganze Umgebung war alarmiert. Jeden Augenblick konnten Flugzeuge auftauchen oder in der Nähe stehende Über- und Unterwasserstreitkräfte erscheinen. Wie würde sich bei einer Rettungsaktion der Gegner verhalten? Würde er die Rettungsaktion eines deutschen U-Bootes anerkennen? Oder würde er, wie in diesem Falle, zum naheliegenden Schluss kommen, die Deutschen wollen lediglich ihre Verbündeten, die Italiener, retten?

„Glauben Sie ernsthaft, dass man uns bei so einem Rettungswerk angreifen wird?", wandte der I. Wachoffizier Leopold Schuhmacher ein.

„Es ist zu befürchten", gab Hartenstein ohne Zögern zurück.

Durch die Nacht gellten Verzweiflungsschreie. Hartenstein musste mit seinem Gewissen allein abmachen, was die Stunde von ihm forderte.

Aber er war bereit, sich später vor Dönitz zu verantworten und auch die Gefahr eines möglichen Selbstopfers auf sich zu nehmen. Dann handelte er.

„Maschinen langsame Fahrt voraus. Ruder 20 Dez, Backbord."

Auf der Brücke atmeten alle auf. Die Rettungsaktion lief an. U 156 drehte vorsichtig in die Pulks der in der Dünung auf und ab schwimmenden Schiffbrüchigen hinein.

„Alle Seeleute an Deck. Tauchretter mitbringen. Leinen klarmachen!"

Über die Eisenleiter stürmten die seemännischen Besatzungsmitglieder auf die Brücke. Sie schwangen sich durch die Reling des Wintergartens (Plattform auf der Brücke) hindurch und stürzten an Oberdeck.

Nacheinander zerrten sie in der Nähe schwimmende Überlebende aus der See heraus, während der Kommandant das Boot vorsichtig direkt an die Schiffbrüchigen heransteuerte.

Die Überlebenden waren völlig erschöpft, und den Schock der Versenkung der „Laconia" hatten sie noch nicht überwunden. Kräftige Arme zerrten die bebenden, stöhnenden Menschen, die wie leblose Bündel wirkten, auf das Deck hinauf.

Die Mehrzahl der Geretteten waren Italiener. Keiner von der deutschen U-Boot-Besatzung beherrschte ihre Sprache. Schließlich fand sich ein Italiener, der wenigstens ein paar Brocken Deutsch sprach. Von ihm erfuhr Werner Hartenstein, dass die „Laconia" italienische Kriegsgefangene von der Nordafrika-Front an Bord hatte. Er gab die Zahl von etwa 1500 an. Mittlerweile war es 23.23 Uhr geworden. Jetzt erst sank die 19.695 BRT messende „Laconia“, eine gute Stunde nach den Torpedotreffern.

Noch immer waren die Männer von U 156 damit beschäftigt, weitere Überlebende auf das Boot zu ziehen. Da zerrissen einige kurz aufeinander folgende Detonationen die Stille. Wie in einem Seebeben, in dessen Zentrum U 156 lag, wurden sie auf dem U-Boot durcheinandergeschüttelt. Retter oder Gerettete glitten vom Oberdeck des Bootes ab, fielen auf den Druckkörper oder stürzten in die See.

Hartenstein, sein I. Wachoffizier und die unablässig ihre Sektoren absuchenden Ausguckposten zuckten zusammen, wurden durch die Erschütterungen durcheinandergeschleudert, rappelten sich sofort wieder hoch und suchten mit ihren Gläsern den nachtschwarzen Himmel nach Flugzeugen ab. Doch nirgendwo war ein Schatten am Himmel auszumachen. Woher kamen aber diese Detonationen?

In der Zwischenzeit hörten alle auf der Brücke, wie Hartensteins Stimme in das Turmluk hinabrief: „Zentrale! Schäden melden!“

Es dauerte nur Sekunden, dann war die Stimme des LI Wilhelm Polchau zu vernehmen: „Keine Schäden, alles klar. Nur ein Manometerglas ist zersprungen.“

„Gut“, gab Hartenstein zurück.

Da hörte er die Stimme seines Backbord-Ausguckpostens: „Bitte Herrn Kapitän etwas melden zu dürfen!“

Der Seemann berichtete, er habe nach dem Sinken der „Laconia“ zusammen mit den Detonationen mehrere Wasserhügel über der Untergangsstelle gesehen.

„Vermutlich Kesselexplosionen“, meinte der neben dem Kommandanten stehende II. Wachoffizier.

„Nein, das glaube ich nicht. Das waren bestimmt Wasserbomben. Den Detonationen nach dürften es an die zwanzig gewesen sein“, korrigierte der Kommandant den II. WO.

Eine laute Stimme aus dem Bootsinneren unterbrach das Gespräch:

„Funkraum an Brücke: Ganz in der Nähe muss ein Dampfer stehen. Sein Kurzwellensender schlägt auf dem 25-Meter-Band durch alle Bänder!“

„Weiter beobachten“, gab Hartenstein zurück, und an seine Offiziere gewandt sagte er: „Hoffentlich taucht er bald auf, um die armen Kerle zu übernehmen. Mannesmann, lassen Sie feststellen, wie viele Überlebende wir bisher übernommen haben.“

„Jawohl.“ Gert Mannesmann schlüpfte durch die Reling des Wintergartens. Zehn Minuten später meldete er zusammen mit dem Bootsmann, dass man genau 90 Überlebende an Bord genommen habe.

„Gut, II. WO, schicken Sie mir einen Funker auf die Brücke“, gab Hartenstein zurück.

Der Funker war Sekunden später oben. Ihm diktierte der Kommandant den Funkspruch an den BdU in Paris. „Geben Sie den Funkspruch verschlüsselt auf der

Amerikaschaltung durch. Sofort!", befahl Hartenstein. Mittlerweile war der 13. September 1942 angebrochen. Um 01.25 Uhr jagte der Funkspruch durch den Äther. Der genaue Text lautete:

„Versenkt von Hartenstein Brite „Laconia". Marinequadrat FF 7721 310 Grad. Leider mit 1500 italienischen Kriegsgefangenen. Bisher 90 gefischt. 157 cbm. 19 Aale, Passat 3, erbitte Befehle."

Auf U 156 wurden inzwischen die ersten der an Bord genommenen Überlebenden versorgt. Ihre Berichte besagten, auf der „Laconia" seien nach dem ersten Torpedotreffer die Schotten zu den Gefangenenräumen geschlossen worden. Kriegsgefangene, die trotzdem noch an Deck gelangen konnten und versuchten, die Rettungsboote zu besteigen, wurden von dem polnischen Wachpersonal mit der blanken Waffe gehindert.

Hartenstein konnte den Berichten kaum Glauben schenken, doch sie deckten sich mit den anderen der Italiener, die es noch durch ihre beschwörenden Gesten bekräftigen.

„Haben Sie sich die Italiener einmal genauer angesehen, Herr Kapitän?", schaltete sich der I. WO Leopold Schuhmacher ein.

„Ja, so stelle ich mir Kriegsgefangene in Sibirien vor. So verhungert, heruntergekommen und ausgezehrt sehen die armen Kerle aus", gab der Kommandant zur Antwort.

Fast alle geretteten italienischen Kriegsgefangenen waren schlecht oder sogar nur dürftig bekleidet. Sie hatten eingefallene Gesichter, die Augen lagen in tiefen Höhlen. Es waren abgemagerte, ausgemergelte Gestalten. Warum? Die gefangenen Italiener hatten während ihrer Fahrt auf der „Laconia" von den polnischen Wächtern nur Brot, Wasser und Gemüsebrühe erhalten, was später auch von britischen Überlebenden ausgesagt und belegt wurde.

Um 03.45 Uhr ging ein Funkspruch des BdU ein:

„Gruppe Eisbär, Schacht (U 507), Würdemann (U 506) und Wilamowitz (U 459) sofort zu Hartenstein gehen. Marinequadrat FF 7721. Hohe Fahrt. Schacht und Würdemann Standort melden."

U 156 war jetzt ringsum von den Trümmern der „Laconia" umgeben. Planken, Lukendeckel, Verschalungen und dergleichen schwammen um das Boot, das bereits 193 Gerettete an Bord hatte. Der LI warnte den Kommandanten: „193 Mann sind die äußerste Grenze für längeres Tauchen."

„Ich glaube, wir werden vorerst einmal ablaufen", antwortete der Kommandant bedrückt.

Hartenstein konnte nichts mehr tun. Er hoffte, dass die anderen vom BdU alarmierten Boote bald an der Katastrophenstelle erscheinen würden, um die restlichen Überlebenden zu retten.

Mit dem Leitenden Ingenieur besprach er sich über den Bootszustand. Der Leitende

Ingenieur hatte bereits die Tauchwerte ausgerechnet. Nachdenklich schwieg er, dann sagte er zum Kommandanten:

„Wenn ich einen Vorschlag machen darf: Es wäre zweckmäßig, mit allen Überlebenden im Boot ein Probetauchen durchzuführen. Dann werden wir sehen, ob alles klargeht."

„Gut, LI", kam die knappe Antwort Hartensteins.

Die Geretteten wurden vom Oberdeck in das Boot gebracht. Sie mussten in der engen Röhre regelrecht eingepfercht werden. Der 50 Mann starken U-Boot-Besatzung blieb in dem mit Technik voll gestopften Bootsinneren schon unter normalen Umstanden kaum noch Platz, um die erforderlichen Tauchmanöver durchzuführen. Überall waren die Überlebenden mehr verstaut als untergebracht. Nur die lebenswichtige Zentrale und die Maschinenräume blieben ausgenommen. Für die Verwundeten unter den Geretteten hatten Offiziere und Unteroffiziere mit großer Selbstverständlichkeit ihre Kojen geräumt.

Hartenstein richtete einige mahnende Worte an die Überlebenden. Bei dem Tauchmanöver handele es sich lediglich um ein Probetauchen. Er erwartete aber, dass sich die Geretteten absolut ruhig verhalten und dass sie, was auch kommen möge, unbedingt an ihrem Platz verblieben. Im Ernstfall würde jedes laute Wort und jeder Schrei eine ernste Gefahr für das Boot und damit auch für sie bedeuten.

Kurze Befehle fielen. Die Zellen wurden entlüftet. Als die Luft pfeifend entwich und das Wasser rauschend in die Tauchzellen eindrang, als sich das Boot langsam, dann aber immer steiler nach vorne neigte, zogen die meisten Überlebenden die Köpfe ein, umarmten ihren Nachbarn oder klammerten sich an ihnen fest.

Das bisher so beruhigende Hämmern der Diesel erstarb. Den Antrieb für die Unterwasserfahrt besorgten jetzt die E-Maschinen. Sie arbeiten leise und kaum hörbar. Die nach dem Entlüften eingetretene Stille ließ den Überlebenden die weiteren Manöver des Bootes nur noch unheimlicher vorkommen.

Das Probetauchen klappte. In 150 Metern Tiefe wurde U 156 abgefangen. Das Boot fuhr auf ebenem Kiel, mal mit voller Kraft der E-Maschinen, mal mit Schleichfahrt.

„Ich denke, diese Probe genügt, Herr Kapitän", wandte sich der LI an Hartenstein, der neben ihm in der Zentrale stand.

„Ja! Auftauchen, LI!"

Das Boot durchbrach kurz darauf die Wasseroberfläche. Bei dem dabei entstandenen Druckausgleich wurden die Gefangenen blass. Die danach eindringende Frischluft belebte sie aber schnell wieder.

Hartenstein war bereits wieder auf die Brücke geklettert, da meldet der I. Wachoffizier:

„Herr Kapitän, es ist inzwischen festgestellt worden, dass sich unter den 193 Überlebenden 21 britische Seeleute und Soldaten befinden." „Ja, passen Sie auf, dass die Südländer keine Keilerei mit den Tommys anfangen", warnte Hartenstein seinen I. WO Leopold Schuhmacher.

Mittlerweile war der Funker neben den Kommandanten getreten:

„Funkspruch vom BdU, Herr Kapitän."

Hartenstein nahm das Papier entgegen und las den Inhalt:

„An Hartenstein. Sofort melden: Hat Schiff gefunkt, sind Schiffbrüchige überwiegend in Booten oder treibend? Nähere Umstände auf Versenkungsplatz berichten."

Hartenstein kletterte nach unten in die Zentrale, entwarf über den Kartentisch gebeugt in aller Eile den Antwortspruch und reichte ihn an den Funker weiter.

Der Spruch, durch den der BdU nähere Einzelheiten erfuhr, lautete:

„Schiff ist gesunken. Hat genauen Standort gefunkt. Habe an Bord 193 Mann, darunter 21 Briten. Hunderte von Schiffbrüchigen treiben nur mit Schwimmwesten. Vorschlage diplomatische Neutralisierung der Untergangsstelle. Nach Funkbeobachtung stand unbekannter Dampfer in Nähe."

Hartenstein hatte seine beiden Wachoffiziere und den Leitenden Ingenieur nach Abgabe des Funkspruchs in die Messe gebeten.

„Meine Herren, ich habe mir überlegt, ob es nicht ratsam wäre, einen offenen Funkspruch abzugeben mit dem Inhalt, auf welcher Position wir sind – und kein Schiff angreifen werden, das sich an der Rettungsaktion beteiligt."

Nach einer kurzen Debatte stimmten die Offiziere dem Vorschlag des Kommandanten zu. Der Funker wurde gerufen. Kurz darauf schob er sich an die kleine Back in der Messe. „Schreiben Sie und senden Sie dann in Klartext auf offener Welle!"

Um 06.00 Uhr morgens wurde der folgende offene Notruf zwei Mal hintereinander auf der 25-m-Welle gesendet:

„If any ship will assist the ship-wrecked ‚Laconia' crew, I will not attack providing I am not being attacked by ship or air forces. I picked up 193 men. 4° 53 South / 11° 26 West – German submarine."

Die Übersetzung dieses Funkspruches lautet:

„Falls ein Schiff den Schiffbrüchigen der ‚Laconia' zu Hilfe kommt, werde ich es nicht angreifen, sofern ich selbst weder aus der Luft noch von Schiffen angegriffen werde. Ich habe 193 Menschen aufgenommen. Standort: 04 Grad 53 Minuten Süd / 11 Grad 26 Minuten West. – Ein deutsches Unterseeboot."

In den frühen Morgenstunden wurde dieser offene Funkspruch noch zweimal auf der internationalen 600-Meter-Welle wiederholt.

Draußen dämmerte der Tag, dann ging die Sonne auf und plötzlich, fast übergangslos, wurde es hell. Um 07.20 Uhr ging ein Funkspruch des BdU ein:

„Hartenstein, in Nähe Untergangsstelle bleiben. Tauchklarheit sicherstellen. Abgeteilte Boote nur so viel übernehmen, dass Boote tauchklar bleiben. Weiteres bezüglich Neutralisierung folgt. – Dönitz."

Dieser Funkspruch wirkte wie ein Segen im Boot. Die ganze Besatzung war in aufgekratzter Stimmung. Auf der Brücke sagte Hartenstein indessen zu seinen Offizieren:

„Unsere Aktion ist nun offiziell und genehmigt. Jetzt können wir noch einen Schritt weitergehen: Wir werden uns um die treibenden Rettungsboote kümmern, soweit sie in der Nähe des Bootes schwimmen."

U 156 manövrierte sich vorsichtig an die Boote heran. Da in jedem Rettungsboot auch Engländer saßen, klappte die Verständigung ausgezeichnet. Die Boote wurden auf beiden Seiten von U 156 verteilt.

„Wenn Flugzeuge erscheinen sollten, dann werden die da oben wohl erkennen, dass wir uns um Überlebende kümmern", hörte man die besorgte Stimme des I. Wachoffiziers.

Hartenstein schwieg. Er überlegte. Zum Kommandanten blickend meinte der sich ebenfalls auf dem Turm befindliche LI Wilhelm Polchau: „Könnten wir denn bei der Gelegenheit nicht einige der an Bord befindlichen Überlebenden an die Rettungsboote abgeben?"

„Guter Gedanke, LI", nickte der Kommandant.

Einige der Briten und die Italiener wurden wenig später in die herandirigierten Rettungskutter verteilt, insgesamt 100 Mann. Dazu erhielten sie Verpflegung und Rauchwaren aus den U-Boot-Beständen mit. Zusätzlich fischte U 156 immer wieder Schiffbrüchige auf und gab sie an die Boote ab. In einem der Rettungsboote entdeckten sie drei Frauen. Hartenstein hielt es für selbstverständlich, sie sofort an Bord zu holen und ihnen freie Kojen zuzuteilen.

Nur eine der Frauen, etwa dreißig Jahre alt, sträubte sich dagegen, sich hinzulegen und auszuruhen. Sie bat Hartenstein, ihr doch zu gestatten, sich um die Verwundeten unter den Überlebenden zu kümmern. Sie habe einen Kurs in ärztlicher Hilfe absolviert. Die U-Boot-Männer waren erstaunt, und Hartenstein stimmte natürlich zu.

Für die Besatzung von U 156 sollte ein hektischer Tag anbrechen. Sie blieben den ganzen Tag auf den Beinen. Keiner hatte in der letzten Nacht geschlafen.

Am schlimmsten dran war der Koch. Mit großem Eifer hatte er schon in der Nacht zuvor, als das Drama begann, mit Kaffee geholfen. Kannenweise hatte er ihn in seiner engen Kombüse gekocht, und nun musste er zusätzlich die noch an Bord befindlichen Überlebenden versorgen. Ohne Unterschied auf Nationalität wurden die im Boot und in den Rettungsbooten Untergebrachten mit einer warmen Mahlzeit versorgt.

Inzwischen war ein neuer Funkspruch vom BdU eingetroffen:

„Gruppe Eisbär, Schacht und Würdemann: Italienisches U-Boot Cappellini geht ebenfalls zur Untergangsstelle Laconia, aus FE 10."

„Also Männer: Aufpassen, wenn ein italienischer U-Boot-Typ in Sicht kommt!", vergatterte Hartenstein seine Männer auf der Brücke.

Noch war keines der im Anmarsch befindlichen deutschen U-Boote zu sehen. Sie hatten sich in der Stunde der Katastrophenmeldung ja fast alle bis zu 1000 Seemeilen von U 156 entfernt befunden.

„Unheimlich", meinte Oberleutnant zur See Leopold Schuhmacher, „die Briten müssen doch unseren offenen Funkspruch mitbekommen haben. Bereiten die etwa eine Sauerei vor?"

„Ich habe auch ein ungutes Gefühl. Seltsam, es lässt sich auch kein Frachter sehen, obwohl sich doch einer in unmittelbarer Nähe der Untergangsstelle befand", erwiderte Hartenstein.

„Vielleicht fürchten sie eine Falle", fiel jetzt auch der II. Wachoffizier Gert Mannesmann in die Unterhaltung ein.

Hartenstein blieb die Antwort schuldig. Wieder legte sich die pechschwarze Nacht über den Ort des grausamen Geschehens. U 156 lag gestoppt in der Dünung.

Von der Brücke herab beobachteten die Männer die nahe am Boot befindlichen Rettungsboote. Anweisungen und Befehle durchdrangen die Dunkelheit, damit die Boote zusammenblieben. Ein weiterer Funkspruch des BdU ging ein:

„1. Hartenstein sämtliche Geretteten an erstes eintreffendes Boot, voraussichtlich Würdemann, abgeben. Dann Weitermarsch nach Süden.
2. Übernehmendes Boot auf Schacht bzw. Würdemann und italienisches U-Boot warten, Gerettete verteilen.
3. Abgabe aller Geretteten an französische Schiffe oder Häfen vorgesehen. Weiteres folgt."

Der Funkspruch war der Beweis für Hartenstein, dass Dönitz über die Seekriegsleitung und das Auswärtige Amt einen entscheidenden Schritt weitergekommen war.

Die Nacht verlief ohne Zwischenfälle und ohne Sichtung. Der 14. September war bereits angebrochen. U 156 hatte bis jetzt über 400 Überlebende aufgefischt. Viele waren aber abgetrieben worden. Etwa 200 der Geretteten verteilten die U-Boot-Männer auf die neben dem U-Boot beorderten Rettungsboote.

Vom BdU trafen jetzt laufend immer neue Funksprüche ein, die Folgendes besagten: Inzwischen sei mit der Vichy-Regierung ein Übereinkommen getroffen worden, worauf schnelle französische Kriegsschiffe aus Bingerville und Dakar ausgelaufen seien, die sich an der Rettungsaktion beteiligen würden. Über das Eintreffen dieser Einheiten sollten sie erst Näheres erfahren, sobald dem BdU selbst die genauen Details bekannt waren.

Dafür traf am Morgen ein weiterer Funkspruch ein:

„1. Eisbärboote einschließlich Wilamowitz (U 459), die noch keine Geretteten an Bord haben, sofort Südmarsch fortsetzen.
2. Falls Leute an Bord genommen: Anzahl melden, sonst bei Antritt Südmarsch Standort mit Kurzsignal melden.
3. Alle Boote, auch Hartenstein, nur so viele Leute ins Boot hineinnehmen, dass Boot getaucht voll verwendungsbereit.

4. Hartenstein, Schacht (U 507), Würdemann (U 506) sofort Marinequadrat FF 4485 ansteuern zur Abgabe der Geretteten.
5. Witte (U 159) sofort Standort mit Kurzsignal melden."

Die Stunden vergingen. Noch immer fischten die Männer Menschen aus dem Atlantik und übergaben sie den Rettungsbooten, zusammen mit Proviant, Wasser, Decken und anderen Rettungsmitteln.

Gegen Mittag ging der nächste Funkspruch des BdU ein:

„1. Hartenstein bei Untergangsstelle bleiben.
2. Würdemann, Schacht mit hoher Fahrt zur Untergangsstelle gehen. Eintreffen und Brennstoffbestand melden.
3. Franzosen und italienisches U-Boot zur Untergangsstelle befohlen.
4. Bisherige Befehle aufgehoben. Südmarsch übrige Eisbären bleibt bestehen. Weiteres folgt.
5. Witte, vorsorglich Kurs Südost, sparsame Marschfahrt."

Inzwischen hatte U 156 kehrtgemacht, um noch einmal die Untergangsstelle zu durchfurchen. Hartenstein, aber auch seine Offiziere waren der Meinung, dass bei der hohen Anzahl an Menschen an Bord der „Laconia" bestimmt noch Schiffbrüchige irgendwo in der Nähe des Versenkungsortes zu finden waren.

In der Zwischenzeit nahmen sie den nächsten Funkspruch vom BdU auf:

„1. Witte (U 159), Kurs Südost für etwaige Ablösung Hartenstein bei Gruppe Eisbär. Nicht zur Versenkungsstelle „Laconia" gehen.
2. Franzosen schicken möglicherweise Flottillenführer zum Versenkungsort."

Gerade war der Funkspruch auf U 156 bekannt geworden, als sie auf der Brücke drei weitere Rettungsboote entdeckten und passierten. Hastig rief Hartenstein ihnen die Richtung zu, in der sich das Gros der Boote befand.

Inzwischen verging auch der 14. September ohne jegliche Sichtung. Auf U 156 wurden sie langsam nervös. Schließlich befanden sie sich schon über zwei Tage in diesem Seegebiet zirka 600 Seemeilen südlich von Las Palmas. Was würde sein, wenn der Gegner kein Pardon kannte? In den frühen Morgenstunden des 15. Septembers bekam Hartenstein vom BdU erneut eine konkrete Nachricht, die besagte:

„An Laconia-Gruppe: Französische Kolonial-Avisos Dumont d'Urville und Annamite treffen voraussichtlich am 17.9. früh ein. Ein Kreuzer der Gloire-Klasse mit hoher Fahrt aus Dakar unterwegs. Schiffe haben Anweisung:

„1. Annäherung an Versenkungsstelle nur am Tage. Landesflagge als Toppflagge gesetzt. So früh wie möglich Erkennungssignal schießen und Scheinwerfer-Erkennungssignal.
2. Eine Stunde vor Erreichen des Platzes Abgabe eines Funkspruches auf 600-Meter-Welle, eingeleitet mit pp. Anschließend vier beliebige, fünfstellige Gruppen, dazwischen als 5. die Gruppe ‚NRCH'."

Nach der Standortbestimmung am Morgen ließ Hartenstein erneut die Versenkungsstelle ansteuern. Am späten Vormittag wurden in einem Abstand von etwa neun Seemeilen vier Boote unter Segel gesichtet.

Um 11.32 Uhr meldete der Ausguck im backbord-achterlichen Sektor:

„In vierzig Grad ein Fahrzeug!"

Hartenstein richtete sein Glas auf die gemeldete Stelle.

„Das muss ein U-Boot sein!"

Das fremde Fahrzeug wurde größer. Langsam trat es immer klarer über die Kimm hervor. Es war ein U-Boot. Jetzt lief es mit hoher Fahrt heran. Das Boot war U 506 unter dem Kommando von Kapitänleutnant Erich Würdemann.

U 506 ging längsseits. Es folgte eine kurze, freundschaftliche Begrüßung. Auf beiden Seiten trafen sich alte Freunde. Hartenstein berichtete dem Kommandanten des Kameradenbootes über die Vorgänge. Sofort begann Würdemann mit der Übernahme der Überlebenden. 132 Italiener wurden auf U 506 untergebracht. 131 Schiffbrüchige blieben noch an Bord von U 156.

Beide U-Boote suchten nunmehr gemeinsam die Übergangsstelle der „Laconia" in weitem Umkreis ab.

Hartenstein fand noch ein Rettungsboot, das bis zum Rand mit Wasser vollgeschlagen war und nur noch auf seinen Lufttanks trieb. Die Insassen, Italiener und Briten, waren völlig erschöpft.

Seit dem Untergang der „Laconia" hatten sie weder etwas gegessen noch getrunken. Ihre Gesichter und Hände waren vom Salzwasser verkrustet, wund und mit Blasen bedeckt.

Als U 156 längsseits ging, zeigte kaum einer der Überlebenden irgendeine Emotion. Schwach und willenlos ließen sie sich aufs U-Boot bringen. Im Sanitätsdienst ausgebildete Seeleute kümmerten sich um sie. Das Rettungsboot ließ Hartenstein ausschöpfen, mit Frischwasser und Proviant versorgen und dann in Schlepp nehmen. Alle im Boot waren betroffen. Warum unternahmen die Alliierten nichts, um wenigstens ihre Landsleute zu retten? Warum schicken sie keine Rettungsschiffe? Undenkbar, dass sie den Notruf des sinkenden Schiffes sowie die offenen Funksprüche von U 156 nicht aufgenommen hatten. Drei Tage und vier Nächte waren inzwischen verstrichen.

Schließlich wurden noch weitere Rettungsboote gesichtet, die in der Strömung inzwischen 15 Meilen nach Nordwesten abgetrieben waren. Auch diese erschöpften und willenlosen Gestalten versorgten die Männer von U 156 sofort mit Wasser und Lebensmitteln.

Das wieder seetüchtig gemachte und neu ausgerüstete Rettungsboot im Schlepp, dessen erschöpfte Insassen von U 156 übernommen worden waren, wurde mit Engländern und Italienern besetzt und losgeworfen. Ein anderes, nicht mehr voll seetüchtiges Rettungsboot wurde dafür in Schlepp genommen. Auf U 156 befanden sich jetzt noch 55 Italiener und 55 Briten, darunter fünf Frauen. Hartenstein steuerte auf den Sammelplatz zu. Um 20.20 Uhr ging der nächste Funkspruch vom BdU ein:

„1. Witte (U 159) tritt an die Stelle von Hartenstein zur U-Gruppe Eisbär. Erhält Abschrift Operationsbefehl von Wilamowitz (U 459) bei Ergänzung. Ergänzungsplatz und nähere Anweisung durch M-Offizier.
2. Ergänzung für Schacht (U 507), Würdemann (U 506). Für Hartenstein Proviant aus Schnoor (U 460), der später nach Süden entgegenläuft."

Um 21.50 Uhr sichtete U 156 ein weiteres mit Schiffbrüchigen besetztes Boot, nahm es in Schlepp und steuerte die Sammelstelle an, die jedoch in der Dunkelheit nicht gefunden wurde. Kurz vor Mitternacht ließ Hartenstein stoppen. Er wollte abwarten, bis es hell wurde.

16. September 1942: Nur wenige Sekunden nach Mitternacht ließ Hartenstein folgenden Funkspruch absetzen:

„1. Nach Überprüfung aller Bestecke Sinkstelle nicht 7721, sondern 7752. Boote jetzt weit verstreut von FE 9939 bis FF 7478 und nordwestlich davon. Treiben täglich 15 Seemeilen nach Nordwest.
2. Habe Würdemann abgegeben 132 Mann. Stehe FE 9933. Sammele Boote und bleibe in Nähe, 150 cbm.
3. Benötige Kopf für Stufe III Dieselverdichter."

Das bedeutete, dass Hartenstein sein ihm zugewiesenes Operationsgebiet vor Südafrika von der Ersatzteilbeschaffung abhängig machte.

Mittlerweile hatte Hartenstein Gelegenheit gehabt, sich mit einigen geretteten Offizieren der Royal Air Force zu unterhalten, die mit der „Laconia" in Urlaub fahren wollten. Die Unterhaltung, in kameradschaftlichem Ton geführt, brachte für Hartenstein einige wertvolle Mitteilungen.

Deshalb ließ er noch in der Nacht einen Offiziersfunkspruch an den BdU absetzen: „Von Hartenstein. Nach glaubhaften Angaben von Air-Force-Offizieren Militärluft nur in Freetown, vor vier Monaten in Takoradi nur Zivilluft. Auf Ascension keine Luftwaffe, auf St. Helena sehr unwahrscheinlich."

Eine Stunde später wurde erneut ein Funkspruch vom BdU aufgefangen:
„Hartenstein, Würdemann, Schacht:
1. Zur Abgabe an Franzosen am 17. in Marinequadrat FE 9695 stehen.
2. Abgabe des Erkennungsfunkspruchs auf 600-m durch Franzosen unterbleibt."

Gegen 08.00 Uhr nahm Hartenstein das Morgenbesteck, dabei wurden voraus die drei aufgesammelten Rettungsboote gesichtet. Der Kommandant ließ sie wieder in Schlepp nehmen und brachte sie zum Sammelplatz. Danach sichteten sie noch ein viertes Boot und holten es ebenfalls zum Sammelpunkt der Rettungsboote heran.

Aber was passierte in der Zwischenzeit bei U 506?

Nachdem das Boot von U 156 die 132 Italiener mit dem Schlauchboot übernommen hatte, befahl Würdemann, vor dem Beginn der weiteren Suche noch ein Prüfungstauchen durchzuführen, was zufriedenstellend verlief.

Am späten Nachmittag sah die Brückenwache vier Rettungsboote, aus denen im Verlaufe des Nachmittags zehn verwundete oder kranke Italiener mit einem Unterarzt sowie sechs Frauen und drei Kinder an Bord von U 506 genommen wurden. Da die Möglichkeit bestand, die Boote in der Nacht zu verlieren, nahm man die vier Boote vorsichtshalber in Schlepp.

Anschließend gab Würdemann folgenden Funkspruch an den BdU ab:

„Stehe im Marinequadrat FF 7477. Von Hartenstein 130 Italiener an Bord. In Schlepp vier Rettungsboote mit rund 250 Menschen. 55 cbm."

Am Morgen des 16. September 1942 wurden von U 506 die vier Rettungsboote losgeworfen und erneut Suchkurse gesteuert. Die Suche nach weiteren Schiffbrüchigen hatte für Würdemann äußerste Priorität, aber sie fanden keine Überlebenden mehr. Am Abend kehrte U 506 in die Nähe der Rettungsboote zurück.

Als der 17. September anbrach, hatte U 506 wieder seine vier Rettungsboote mit rund 250 Menschen im Schlepp. Unter den Überlebenden auf den Booten befanden sich auch neun Frauen und etliche Kinder.

Auch U 507, unter Korvettenkapitän Harro Schacht, war am Nachmittag des 15. Septembers an der Katastrophenstelle eingetroffen. Das Boot steuerte ebenfalls Suchkurse im Seeraum der Untergangsstelle der „Laconia". Noch am gleichen Tag war das Boot auf vier Rettungsboote der „Laconia" getroffen. Während die Engländer und Polen auf die Rettungsboote verteilt wurden, ließ Harro Schacht sämtliche Italiener der vier Boote an Bord von U 507 bringen. So hatte er bis zum Abend des 15. Septembers 153 Personen an Bord, davon 149 Italiener, zwei Frauen, einen Offizier der Royal Air Force (RAF) und den Navigations- und Artillerieoffizier der „Laconia". Die vier Rettungsboote, mit 86 Engländern und neun Polen, wurden in Schlepp genommen. Anschließend setzte das Boot die Suche nach Überlebenden an der Untergangsstelle der „Laconia" mit Suchkursen fort.

Um die Mittagszeit des 16. Septembers konnte die Brückenwache zwei weitere Rettungsboote ausmachen. Kurz danach sichteten sie die Silhouette eines U-Bootes, das sie rasch als deutsches identifizieren. Nach zehn Minuten kam es wieder außer Sicht.

Mittlerweile ging U 507 an einem der Rettungsboote längsseits. In diesem Boot befanden sich 80 Personen. Korvettenkapitän Schacht holte die zwölf Italiener, eine Frau, ein Kind und einige Engländer an Bord von U 507, gab ihnen Verpflegung und Wasser. Während die restlichen Engländer zusammen den vier bisher geschleppten Rettungsbooten auf dem bisherigen Standort gelassen wurden, steuerte U 507 dem zuvor gesichteten zweiten Rettungsboot entgegen. In diesem Boot saßen 81 Personen, alles Engländer und Polen. Nach der Versorgung der Schiffbrüchigen schleppten sie das Boot zum Sammelplatz der fünf anderen Rettungsboote. Dort ließ Schacht alle an Bord von U 507 befindlichen Engländer gleichmäßig auf alle Rettungsboote verteilen. Gegen 18.00 Uhr sichteten sie noch ein weiteres Rettungsboot und gingen kurze Zeit später längsseits. In dieses Boot hatten sich 84 Personen retten können.

Wiederum übernahm U 507 zwei Italiener, 16 Kinder, 12 Frauen und einige Männer. Anschließend wurde auch dieses Boot zum Sammelplatz geschleppt. Dort versorgten die U-Boot-Männer von U 507 der Reihe nach alle Schiffbrüchigen.

Da es unmöglich war, alle Italiener, Frauen, Kinder und englischen Offiziere an Bord unterzubringen, ließ Harro Schacht deshalb die englischen Offiziere in den Rettungsbooten und schiffte noch eine Anzahl der Italiener aus. Letztere kamen alle zusammen in ein Rettungsboot, dem sechs britische Seeleute dazugegeben wurden, da sich unter den Italienern kein Seemann befand. Die übrigen Engländer verteilten sie gleichmäßig auf die anderen Boote.

Zu dieser Zeit hatte Korvettenkapitän Harro Schacht vom Navigations- und Artillerieoffizier der „Laconia" Aussagen erhalten, die er im Kriegstagebuch von U 507 mit folgenden Worten festgehalten hat:

„Die ‚Laconia' hatte acht Geschütze, davon Flak und 2x15 cm-Geschütze, zudem ein Asdic-Gerät (Unterwasser-Ortungsgerät) und Wasserbomben. Die ‚Laconia' war im Juni (1942) mit 4000 Soldaten an Bord zusammen mit neun anderen Truppentransportern, darunter auch die ‚Viceroy of India' im Geleit der Schlachtschiffe ‚Nelson' und ‚Rodney' sowie des Kreuzers ‚van Heemskerck', aber ohne Zerstörerschutz, nach Südafrika gegangen. Die Durchschnittsgeschwindigkeit betrug 16 Seemeilen. In Mombasa kam es zur Teilung des Konvois nach Bombay und Suez.
Die ‚Laconia' fuhr über Suez nach Alexandria – und wieder zurück nach Mombasa. Dort wurden internierte Deutsche abgesetzt, dafür aber noch 800 Kriegsgefangene Italiener aus Nordafrika übernommen, hinzu kam eine Ladung von 2000 Tonnen Stückgut und 830 Tonnen Fracht (Häute und Sisal) an Bord. Danach ging die Fahrt über Durban nach Kapstadt. Anschließend war die Weiterfahrt über Freetown nach England beabsichtigt.
An Bord der ‚Laconia' befanden sich bei der Torpedierung etwa knapp 3000 Menschen, davon:
1800 italienische Kriegsgefangene
160 aus der Sowjetunion kommende Polen (ehemalige russische Kriegsgefangene) als Gefangenenwärter
463 Mann britische Schiffbesatzung
268 Mann britische Urlauber (hauptsächlich der Royal Air Force)
80 Frauen und Kinder."

Nach dem Krieg gaben die Briten die Besatzung der „Laconia" mit 692 Mann an. Weiter gab das Lloyd's Register die Zahl von 2562 Passagieren an, davon sollen 1793 italienische Kriegsgefangene gewesen sein. Auch bei den Geretteten gibt es zwei verschiedene Angaben: Nach britischen Angaben und dem Lloyd's Register waren 975 Mann gerettet worden, eine andere Zahl spricht von 1041 Geretteten.
Weiter berichtet das Kriegstagebuch von U 507, dass nach Angaben der Engländer

beide Torpedotreffer von U 156 je einen der acht Gefangenenräume getroffen haben. Abgesehen davon schienen aber trotzdem die meisten Italiener nicht in die Rettungsboote gekommen zu sein. Beim Kampf um die Rettungsboote waren nach Angaben der Italiener eine Anzahl ihrer Leute erschossen worden, und auch durch Schläge auf Kopf und Hände wurden viele der Kriegsgefangenen unschädlich gemacht.

Die Italiener gaben außerdem an, mehrfach von den Polen durch Bajonettstiche misshandelt worden zu sein. Auch sahen die Italiener ziemlich verhungert aus. Sie hatten in letzter Zeit nur Wasser und Brot bekommen – nach Angaben der Engländer als Strafe wegen Einbruchs im Postraum und der Fruchtlast und der Missachtung des Rauchverbots auf der „Laconia". Zudem war ihre Kleidung in sehr schlechtem Zustand. Hauptsächlich war es Gefangenenbekleidung, doch viele der Italiener waren nahezu unbekleidet oder sogar nackt. Die deutschen U-Boot-Männer waren über die englische Gefangenenbehandlung ziemlich entsetzt.

Nach dem letzten Funkspruch des BdU strebten nun die drei völlig überbesetzten deutschen U-Boote U 156, U 506 und U 507 mit den Rettungsbooten im Schlepp dem Treffpunkt entgegen, auf der sie die französischen Kriegsschiffe erwarten sollten.

Es ging auf die Mittagsstunde zu. Auf der Brücke stehend, zündete sich Korvettenkapitän Hartenstein seine zweite Zigarre des Tages an. Er rauchte sie sehr nervös und nahm sie auch nicht aus dem Mund, wenn er mit seinem Zeissglas in regelmäßigen Abständen den Horizont absuchte. Doch es fanden sich keine einzelnen Schiffbrüchigen mehr. Seit der Torpedierung der „Laconia" hatte er etwa 600 Menschen das Leben gerettet. Nun drängte es ihn, sie an die Franzosen abzugeben, damit er endlich wieder schlafen konnte. Seine Augen schmerzten, er musste sich Mühe geben, dass sie ihm nicht zufielen. Das Meer funkelte, der Himmel war unbedeckt.

Um 11.25 Uhr meldete ein Ausguck von U 156 Motorengeräusche. Alle Mann auf der Brücke richteten ihre Ferngläser in den Himmel.

„Da! In rechtweisend 70 Grad eine viermotorige Maschine", rief der I. WO Leopold Schuhmacher aufgeregt in die Richtung zeigend.

Hartenstein beobachtete das Flugzeug und machte es als einen viermotorigen Bomber, Typ „Liberator", mit amerikanischen Abzeichen aus. Das unbekannte Flugzeug kam ihnen bestimmt zu Hilfe, oder es würde zumindest die Anzahl der Rettungsboote ringsum feststellen wollen, um dann durch Funk alliierte Schiffe an die betreffende Stelle zu beordern.

Der Kommandant zog es vor, die Besatzung des Flugzeuges über seine Lage und seine friedlichen Absichten nicht im Zweifel zu lassen.

„Schnell die Rotkreuzflagge heraus, räumt das vordere Geschütz!", brüllte er seinen Männern zu.

Die Flagge, zwei mal zwei Meter groß, war auf Hartensteins Anweisung sofort nach Anlaufen der Rettungsaktion in der Zentrale bereitgelegt worden – und nun auf dem Turm gezeigt. Die Männer der Brückenbesatzung breiteten sie von der Achterkante Turm bis zur Achterkante Wintergarten aus. Sie hielten die Enden in den Händen und zerrten das Tuch so straff, dass es fest über der Mitte des U-Bootes lag. Es war unmöglich, das rote Kreuz auf dem weißen Tuch zu übersehen. Durch das Ausbreiten der Flagge wurden aber auch alle auf dem Wintergarten montierten Fla-Waffen an ihrem Einsatz behindert; ganz abgesehen davon, dass kein Mann der Brückenwache auch nur eine Waffe besetzte oder besetzen durfte.

Die Engländer, Italiener und Polen hinten in den Rettungsbooten hatten die Gesichter dem Flugzeug zugewandt und warteten. Die deutschen Seeleute befanden sich hinter dem Turm. Undenkbar, dass die oben im Flugzeug die Ansammlung von Rettungsbooten nicht sehen konnten.

Die Liberator drehte jetzt über dem Boot ihre Kreise. Der Flugzeugbeobachter musste doch sicher auch die anderen U-Boote sehen, die sich im Umkreis von einigen Meilen befanden.

Das Dröhnen der Motoren wurde immer lauter. Die Maschine überflog U 156 und kreiste dann wieder längere Zeit in der Nähe des Bootes.

Hartenstein ließ mit der Klappbuchs einen Morsespruch an den Bomber abgeben. Er fragte nach dem „Woher" des Flugzeuges und dann noch, ob man einen Dampfer in der Nähe gesehen habe, der die Schiffbrüchigen aufnehmen könnte. Doch das Warten auf eine Antwort blieb vergebens. Die da oben antworteten nicht. Die Maschine drehte nach Südwesten ab, tauchte unter die Kimm, kam aber nach etwa einer halben Stunde wieder zurück.

Plötzlich stand ein Engländer neben dem deutschen U-Boot-Kommandanten auf der Brücke. Ein Offizier der britischen Royal Air Force.

„Hello, Sir", sagte er und deutete auf den Handscheinwerfer, dann auf sich, zum Schluss auf das Flugzeug. „Ich könnte in unserer Sprache mit ihm reden, mit unseren Zeichen und unseren Abkürzungen."

Einen Augenblick zögerte Hartenstein, dann gab er den Befehl, die Lampe anzustellen.

„Gut! Sie sagen mir vorher aber immer, was Sie morsen wollen", wandte er sich an den Briten und gab dann die Lampe frei.

Es war wohl einer der seltsamsten und spannendsten Augenblicke des Seekrieges. Ein gefangener britischer Offizier morste von Bord eines deutschen U-Bootes den amerikanischen Bomber an, der Tod und Vernichtung bereithielt. Der Text lautete:

„Hier Offizier der RAF an Bord eines deutschen U-Bootes. Wir sind hier als Schiffbrüchige der Laconia, Soldaten, Zivilpersonen, Frauen und Kinder."

Dann versuchte er es mit Erkennungszeichen, aber die waren offenbar veraltet, denn der amerikanische Flieger reagierte nicht. Immer wieder flog er an, drehte seine Kreise von Neuem. Unverdrossen morste der Brite weiter. Keine Antwort. Erneut flog der Bomber ab. Jeder an Bord war überzeugt, dass der Amerikaner mit einem

Rettungsschiff zurückkommen würde. Warten! Geduld haben. Eine halbe Stunde verstrich, dann kam das Flugzeug wieder! War es dasselbe oder ein anderes gleichen Typs? Zweifellos würde es jetzt Lebensmittel und Medikamente abwerfen und eine beruhigende, hoffnungsvolle Nachricht durchgeben.

Es war genau 12.32 Uhr. Das Flugzeug flog jetzt auf etwa 80 Metern Höhe und stieß auf U 156 herunter. Hartenstein sah voller Schreck, dass sich die Klappen der Bombenkammern öffneten. Die Brückenbesatzung und die Überlebenden in den Rettungsbooten erkannten mit Entsetzen, wie sich zwei Bomben unter dem Rumpf des Amerikaners mit drei Sekunden Verzögerung lösten und torkelnd auf das U-Boot zuflogen. Man konnte die Maschine jetzt bequem mit den Maschinenwaffen abschießen, und damit war U 156 nicht zu knapp bestückt. Aber Hartenstein gab keinen Befehl dazu. Die Waffen blieben unbesetzt. Ein anderes Kommando folgte dafür: „Äußerste Kraft voraus! Dreimal AK!"

Die Überlebenden in den Booten sprangen auf. Ihre Angstschreie gellten über die See. Sie hielten die Hände schützend über die Köpfe. Einige suchten Deckung. Andere sprangen in das Wasser.

Die Bomben zischten dicht neben U 156 in die See und krepieren nach einigen Sekunden. Ihre Detonationen erstickten die Verzweiflungsschreie der Überlebenden und die wilden Flüche der Brückenbesatzung von U 156. Zwei mächtige Wassersäulen stürzten auf das Deck. U 156 wurde heftig durcheinandergeschüttelt, blieb aber einsatzklar. Durch die geistesgegenwärtigen Befehle von Hartenstein konnte das Boot rechtzeitig aus der Gefahrenzone herausgebracht werden. Als die Wasserfontänen in sich zusammengefallen waren, galt der erste Blick der Brückenwache den Rettungsbooten. Der Bomber kreiste über dem Verband. Er bereitete sich wahrscheinlich auf einen zweiten Angriff vor.

„Werft das Schlepptau der Boote los", rief Hartenstein. Zwei Matrosen, die schon bereitstanden, um diesen Befehl auszuführen, warfen die Leine los.

Während die achtere Schleppleine und damit die vier Rettungsboote losgeworfen wurden, drehte das Flugzeug erneut auf U 156 zu. Wieder löste sich eine Bombe unter dem Flugzeugrumpf.

„Schießen, Herr Kapitän, wir müssen schießen!", brüllte der I. Wachoffizier Leopold Schuhmacher.

„Nein! Kein Mann geht an die Waffen", fuhr Hartenstein dazwischen.

Er schien entschlossen zu sein, die Rettungsaktion bis zum bitteren Ende, ja bis zum eigenen Untergang durchzuführen und blieb hart. Jetzt schießen, hieße das ganze Rettungswerk zu gefährden.

Die dritte Bombe war mitten in den Pulk treibender Boote gefallen. Sie streifte einen Rettungskutter, durchschlug seine Backbordseite, tötete und verwundete die auf dieser Seite sitzenden Menschen. Als sie detonierte, kenterte ein weiteres Boot. Inzwischen hatte das Flugzeug die vierte Bombe gelöst, doch diese stürzte in einem

Abstand von 2000 bis 3000 Metern wirkungslos in die See. „Das war die letzte, seine Bombenschächte sind leer“, stieß Mannesmann aufatmend hervor.

„Das scheint nur so, II. WO. Der kommt schon wieder auf uns zu“, konterte Hartenstein.

Das Flugzeug änderte tatsächlich seinen Kurs und überflog das U-Boot erneut. Hartenstein brachte es fertig, sich eine Zigarre anzuzünden. Keine Nervosität ging von ihm aus.

„Nur nicht den Kopf verlieren, Männer!“, rief er seinen Leuten auf dem Turm zu. Wieder fielen zwei Bomben.

Jetzt warf Hartenstein die eben erst angezündete Zigarre doch über Bord. Er verfolgte den Flug der Bomben, gab daraufhin geistesgegenwärtig die Ruderbefehle. Zu spät?

Eine der Bomben fiel in der Höhe der Zentrale, dicht beim Boot, ins Wasser. Mit der Detonation verschwand der Turm in einer grünen Wassersäule. Das Boot drohte in der Mitte durchzubrechen. Hartenstein sah sich plötzlich einem wilden Wirbel von rotierenden Kreisen ausgesetzt. Alle körperliche Schwere schien gewichen. Sah so das Ende aus?

Auf einmal sah er wieder grelles Sonnenlicht. Hartenstein fühlte die feste Turmreling. Er blickte in die nassen Gesichter seiner Männer.

„Das Boot schwimmt, es schwimmt wirklich noch!“

Inzwischen war in den Rettungsbooten und im U-Boot die Hölle los. Unter den Überlebenden drohte eine Panik auszubrechen. Die Tauchklarheit des Bootes war gefährdet. Es kostete die U-Boot-Männer viel Mühe, die im Boot befindlichen Geretteten zu beruhigen. Einige von ihnen mussten mit Gewalt an ihre Plätze zurückgedrängt werden. Andere wollten durch das offene Kugelschott in die Zentrale eindringen, um den Turm zum Aussteigen zu erreichen. Der stämmige Zentralemaat stieß sie wieder zurück.

Hartenstein und seine Männer auf dem Turm hatten aschfahle Gesichter, doch der Kommandant schaltete schnell. Er war sich nicht sicher, ob das Boot die Detonationen wirklich überstanden hatte.

„Klar bei Tauchretter“, brüllte er in das Turmluk hinein.

Aus dem Turmluk erfolgten die ersten Schadensmeldungen.

„Wasser in der Zentrale.“

„Wassereinbruch im Bugraum“, lautete eine weitere Meldung. Der I. Wachoffizier war inzwischen nach unten gestiegen, zwängte sich durch die Schiffbrüchigen, um die Schäden im Boot zu inspizieren.

Oben auf der Brücke blickte Hartenstein der Liberator nach. Dieses Flugzeug, das in einer Höhe von achtzig Metern kreiste, hätte er abschießen müssen. Es wäre leicht gewesen, doch er hatte es nicht getan. Seine Leute fluchten und schauten ihn vorwurfsvoll an. Mit einem Ruck drehte sich Hartenstein um und bückte sich zum

Turmluk hin. „Alle Briten von Bord, raus mit den Engländern!“ Doch bevor die ersten in den Turm steigen konnten, meldete der LI aus der Zentrale: „Wasser ist in die Akkus eingedrungen und erzeugt Gase. Wir haben keine Tauchretter für die restlichen Geretteten, weder für die Briten noch für die Italiener, Herr Kapitän!“

Hartenstein betrachtete mit versteinertem Gesichtsausdruck den Himmel. Das Flugzeug war verschwunden.

„Öffnet die vorderen und hinteren Luken“, befahl er, sich dabei eine neue Zigarre ansteckend. „Räumt die Schiffbrüchigen vom Boot!“

Die Engländer blieben unbeeindruckt, auch die Frauen. Sie verließen wortlos das U-Boot. Die Italiener hingegen schrien dabei flehend und bittend. Keiner wollte das Boot verlassen, sie mussten mit sanfter Gewalt abtransportiert werden.

An Bord von U 156 befanden sich bald nur noch die Besatzung und ein italienischer Arzt, den der Kommandant vorerst noch an Bord behalten wollte. Hartenstein hatte sich mit dem Rücken an die innere vordere Turmverschalung gepresst. Beide Arme waren verschränkt. In seinen Augen war noch die Empörung über den Angriff des alliierten Bombers zu lesen.

Da wand sich der LI durch das Turmluk. Er lachte und hob die rechte Hand.

„Nicht ganz so schlimm, wie es anfangs aussah, Herr Kapitän. Boot hat kein Leck. Der Wassereinbruch ist gestoppt!“

„Prima, LI, dass das Boot diesen Detonationsstoß aushielt. Ich hätte keinen Pfennig mehr dafür gegeben.“

„Ich auch nicht! Das ist einen Eintrag im Kriegstagebuch wert, dieses Wunder deutscher Schiffsbauarbeit!“

„Unterschreibe ich voll und ganz“, sagte Hartenstein jetzt schon viel gelassener. „Die anderen Schäden, LI?“

„Einige, Herr Kapitän. Wir sind noch beim Überprüfen. Melde mich ab.“

„Gut, LI. Halten Sie mich weiterhin auf dem Laufenden. Wir werden gleich ein Probetauchen ansetzen müssen, wenn die letzten Schiffbrüchigen in den Booten sind.“

Der LI wartete, bis die letzten Italiener sich schnaufend und keuchend durch das enge Luk gewunden hatten. Dann rief er nach unten: „Achtung, ein Mann – Zentrale.“

Dann verschwand er wieder ins Innere des Bootes.

U 156 lief mit äußerster Kraft ab. Vorher gab Hartenstein den Schiffbrüchigen in den vier Rettungsbooten noch die genaue Position, bei der sie auf die französischen Rettungseinheiten treffen würden.

Mittlerweile hatte Hartenstein angeordnet, auf vier verschiedenen Wellen eine Kriegsnotmeldung abzugeben. Er ließ sie auf jeder Welle dreimal funken. Noch einmal versuchte er damit, alliierte Rettungsschiffe zu alarmieren. Es sollte sich später erweisen, dass es umsonst gewesen war. Im Bootsinneren arbeitete die Besatzung wie besessen an der Ausbesserung der Schäden. U 156 lief von der Sammelstelle der Rettungsboote ab.

Die Schäden wurden registriert und nacheinander dem Kommandanten gemeldet: „Luftsehrohr ausgefallen. Standsehrohr ließ sich nicht mehr schwenken. Sieben Batteriezellen waren ausgelaufen, weitere unsicher. Kühlwasserflansch am Diesel gerissen. Funkpeiler zerstört. Lot und Horchanlage unklar."

Um 13.45 Uhr schrieb Hartenstein in sein Bordbuch: „Sehr gute Arbeit des technischen Personals." Danach ordnete er einen Tauchversuch an. Um 16.00 Uhr befand sich das U-Boot in einer Tiefe von 60 Metern und hielt stand. Um 21.42 Uhr tauchte das Boot wieder auf.

Hartenstein und mit ihm die ganze Besatzung atmeten auf. Sie waren wieder allein. Mit Kurs West lief das Boot ab, ließ den Rettungsplatz hinter sich.

Um 23.04 Uhr war die Funkstation wieder in Ordnung. Es war Zeit, dem BdU über den Angriff der amerikanischen Maschine zu berichten:

„Von Hartenstein. Amerikanische Liberator beim Schleppen von vier vollen Booten trotz vier Quadratmeter großer Rotkreuzflagge auf Brücke bei guter Sicht im Tiefflug fünfmal gebombt. Beide Sehrohre vorläufig unklar. Breche Hilfe ab, alles von Bord, absetze nach West. Repariere."

Doch wie ging es mit der Rettung der Schiffbrüchigen der „Laconia" weiter?

Die Besatzung von U 507 war noch immer mit der Ausrüstung seiner sieben im Schlepp befindlichen Rettungsboote mit Proviant und Wasser beschäftigt. Durch die Herausnahme der Italiener aus den Rettungsbooten waren diese personell stark entlastet worden, so befanden sich im Schnitt in jedem Boot 47 Personen. Harro Schacht hatte sich noch kurzfristig entschlossen, die beiden englischen Offiziere wieder an Bord zurückzuholen. Damit hatte U 507 insgesamt 163 Italiener und zwei Engländer zusätzlich an Bord.

Um die Mittagszeit passierte U 507 vier Rettungsboote vor Treibanker mit am Mast gesetzter gelber Notflagge. Drei Stunden später kam der Gefechtsmast eines Kriegsschiffes in Sicht, das nur der bereits auf Treffpunkt liegende französische Kreuzer „Gloire" sein konnte.

Eine Viertelstunde später sichtete die Wache auf der Brücke erneut Mastspitzen, die sich schnell als Aviso „Annamite" der vichy-französischen Marine herausstellten. Vom Kreuzer „Gloire" kam die Auskunft, dass die Übergabe der Italiener an die „Annamite" vorgesehen sei.

Mittlerweile war auch U 506 am Übergabepunkt eingetroffen, aber zuerst gab U 507 zwischen 17.59 und 19.10 Uhr seine 163 Italiener an „Annamite" ab. Zugleich wurden an „Gloire" die Positionen der sieben Rettungsboote von U 507 und die der vier zuvor gesichteten weitergegeben.

Anschließend wurden von U 506 ein Torpedofüllschlauch und einige Verbrauchsstoffe übernommen, danach lief das Boot nach Norden ab. Auch U 506 steuerte dem

Ein U-Boot-Versorger vom Typ XIV – im Marinejargon „Milchkuh" genannt. U 459, ein Boot dieses Typs, war der U-Boot-Gruppe „Eisbär" zugeteilt und sollte wie U 156 vor Kapstadt operieren.

Korvettenkapitän zur Verwendung Georg von Wilamowitz-Moellendorf, auch der „wilde Moritz" genannt, war Kommandant des U-Boot-Versorgers U 459.

Korvettenkapitän Karl-Friedrich Merten war Kommandant des IX-C-Bootes U 68, das im Rahmen der Gruppe „Eisbär" vor Kapstadt operierte.

Kapitänleutnant Carl Emmermann war Kommandant des IX-C-Bootes U 172, das im Rahmen der Gruppe „Eisbär“ vor Kapstadt operierte.

Korvettenkapitän Fritz Poske war Kommandant des IX-C-Bootes U 504, das im Rahmen der Gruppe „Eisbär“ vor Kapstadt operierte.

Kapitänleutnant Helmut Witte war Kommandant des IX-C-Bootes U 159, das nach dem Ausfall von U 156 in die Gruppe „Eisbär“ eingereiht wurde.

Korvettenkapitän Ernst Sobe war Kommandant des IX-D2-Bootes U 179, das später ebenfalls in der Gruppe „Eisbär“ operierte.

Der britische Dampfer „Clan Macwirter“ wurde am 27. August 1942 von U 156 versenkt.

Der britische Dampfer „Clan Macwirter“ aus einer anderen Perspektive fotografiert, fiel den Torpedos von U 156 zum Opfer.

Admiral Karl Dönitz, der BdU, in seinem Stabsquartier in Paris. Links neben ihm steht Kapitänleutnant Adalbert Schnee, als Admiralstabsoffizier (A I op) im Stab des BdU für die Geleitzüge zuständig.

Die „Laconia“ wurde zu Beginn des Krieges zum Truppentransporter umgerüstet. Sie wurde bewaffnet mit zwei Schiffsgeschützen, etwa zwölf mittleren Flakgeschützen und sechs Bofors-Flakkanonen. Zwei Wasserbombenwerfer und eine Minenabwehr-Vorrichtung befanden sich ebenfalls an Bord.

Der britische Passagierdampfer „Laconia", Baujahr 1922. Länge 183 Meter, Breite 22,5 Meter, Höchstgeschwindigkeit 16,5 Seemeilen.

Kapitän Rudolph Sharp,
der Kommandant der „Laconia“.

Immer neue Rettungsboote legen an U 156 an,
um vom U-Boot versorgt zu werden.

Admiral Dönitz unterstützte als Befehlshaber der Unterseeboote die Rettungsaktion von U 156. Er beorderte U 506 und U 507 und veranlasste das italienische U-Boot „Cappellini“ zur Sinkstelle der „Laconia“. Zudem führte er Gespräche mit Vichy-Frankreich, damit die französischen Kriegsschiffe aus Dakar die Schiffbrüchigen der „Laconia“ aufnahmen.

Bereits am frühen Morgen des 13. Septembers 1942 war das Deck von U 156 mit Schiffbrüchigen der „Laconia" überfüllt.

Gerettete Engländer der „Laconia" an Bord von U 507.

Kapitänleutnant Erich Würdemann, Kommadant von U 506, wurde vom B.d.U. zur Untergangsstelle der „Laconia" befohlen. Er wurde am 14. März 1943 mit dem Ritterkreuz ausgezeichnet.

Korvettenkapitän Harro Schacht, Kommandant von U 507, war ebenfalls an der „Laconia"-Rettungsaktion beteiligt. Er erhielt das Ritterkreuz am 9. Januar 1943.

Kapitänleutnant Marco Revedin, Kommandant des italienischen U-Bootes „Cappellini", wurde ebenfalls zur Untergangsstelle der „Laconia" beordert.

U 506 nimmt die ersten Schiffbrüchigen, zumeist Engländer, an Bord.

Auch das Deck von U 507
füllt sich schnell mit Überlebenden der „Laconia“.

Eine US-amerikanische viermotorige Boing „B-24 Liberator".
Von einem Bomber diesen Typs wurde U 156 und am folgenden Tag U 506 angegriffen.

Ein nach einem Flugzeugangriff schwer getroffenes deutsches U-Boot.

Die Franzosen treffen ein, und die ersten Schiffbrüchigen der „Laconia" werden vom französischen Kreuzer „Gloire" übernommen.

Die Schiffbrüchigen werden an Bord des Kreuzers „Gloire" sofort neu eingekleidet.

Der britische Dampfer „Quebec City“ wurde am 19. September 1942 von U 156 torpediert und anschließend, nachdem die Besatzung des Frachters von Bord gegangen war, mit Artillerie versenkt.

Kapitänleutnant Erich Würdemann fand als Kommandant von U 506 den Tod, als dieses am 12. Juli 1943 durch eine „Liberator“ der US-Army-Squadron 1, im Nordatlantik westlich von Vigo versenkt wurde.

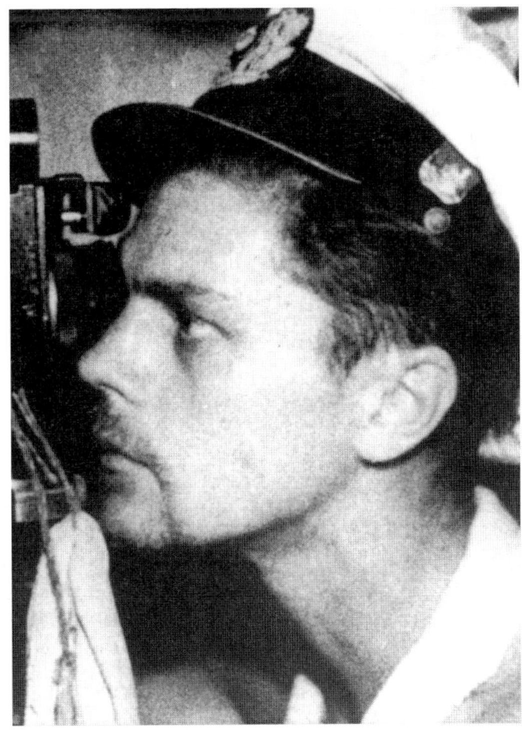

Kapitänleutnant Carl Emmermann am Sehrohr seines U-Bootes U 172.

Korvettenkapitän Werner Hartenstein wurde am 17. September 1942 mit dem Ritterkreuz des Eisernen Kreuzes ausgezeichnet.

Vorläufiges Besitzzeugnis

Der Führer
und Oberste Befehlshaber
der Wehrmacht

hat dem

Korvettenkapitän

Werner H a r t e n s t e i n

das Ritterkreuz
des Eisernen Kreuzes

am 17.September 1942verliehen.

Berlin, den 6. Oktober 1942.

Kapitän zur See
und Abt. Chef im MPA.
(Dienstgrad und Dienststellung)

Das vorläufige Besitzzeugnis
zur Verleihung des Ritterkreuzes an Werner Hartenstein.

Brief des Flottillenchef Viktor Schütze vom 21. Oktober 1942 an den Vater von Werner Hartenstein.

Chef
der Dienststelle M 25522

Im Westen , den 21. Oktober 1942

Sehr geehrter Herr Hartenstein !

Sicherlich werden Sie wieder seit langem mit bangem Herzen auf einen Brief Ihres Sohnes warten. Ich kann aufrichtig mitempfinden, was es für die Angehörigen bedeutet so viele Wochen die sehnsüchtig erwartete Post zu missen.

Die Operationen unserer U-Boote sind aber in so weit entfernten Gebieten, daß Sie verstehen müssen, so lange Zeit ohne Nachricht zu bleiben. Um Sie aber zu beruhigen kann ich Ihnen mitteilen, daß nach allen hier eingegangenen Meldungen an Bord alles gesund und munter ist.

Wie immer müssen Sie sich aber auch dieses Mal noch einige Zeit gedulden, bis das Boot Ihres Sohnes seinen Stützpunkt erreicht hat, denn es ist noch in sehr weiter Ferne.

Ich grüße Sie in herzlicher Verbundenheit mit

Heil Hitler!

Ihr

Schütze

Korvettenkapitän
u. Flottillenchef

Der Stapellauf eines U-Bootes vom Typ VII-C bei der Germaniawerft in Kiel.

Treffpunkt mit den französischen Seestreitkräften entgegen, wofür am Morgen das U-Boot seine Rettungsboote verlassen hatte.

Es war genau 20 Minuten nach 12.00 Uhr mittags, als eine schwere Seemaschine, vermutlich vom Typ „Sunderland“, U 506 anflog, das mit Alarmtauchen unter Wasser ging. Tatsächlich handelte es sich jedoch um den gleichen schweren viermotorigen Bomber „B-24 Liberator“, der am Tag zuvor U 156 angegriffen hatte. Schnell steuerte das Boot auf 100 Meter Tiefe, als drei Fliegerbomben über dem Boot detonierten, die aber, zu weit ab, keine Schäden anrichteten. Trotzdem ließ Würdemann erst wieder nach einer Stunde auftauchen. Kurz nach 17.00 Uhr erkannte die Brückenwache von U 506 Mastspitzen am Horizont und kurze Zeit darauf kam der Kreuzer „Gloire“ in Sicht, mit dem ein Erkennungssignal ausgetauscht wurde. Danach gab Kapitänleutnant Würdemann die Position der vier von U 506 betreuten Rettungsboote an den französischen Kreuzer weiter. Wenig später kam ein Kanonenboot in Sicht, dass sich schnell als Aviso „Annamite“ herausstellte. Neben, der „Annamite“ lag bereits U 507, das ja zuerst seine Schiffbrüchigen abzugeben hatte. Zwischen 19.10 und 20.30 Uhr übergab dann auch U 506 seine Überlebenden an „Annamite“. Anschließend lief U 506 nach einem kurzen Treffen mit U 507 nach Norden ab. Während U 507 sich ebenfalls nach Norden absetzte und den allmählichen Rückmarsch nach Lorient antrat, wo es am 12. Oktober festmachte, setzte U 506 die Feindfahrt im Seegebiet vor Freetown fort. Hier gelang es Erich Würdemann am 30. September, noch einen Dampfer mit 6637 Bruttoregistertonnen zu versenken. U 506 beendete diese Feindfahrt mit dem Einlaufen in Lorient, am 7. November 1942.

Im Kriegstagebuch von U 506 findet sich folgender Bericht des Kommandanten von U 506, Kapitänleutnant Erich Würdemann, über die Aufnahme und Versorgung der „Laconia“- Schiffbrüchigen:

Am 15. September 1942 traf U 506 auf U 156, von dem wir 132 italienische Kriegsgefangene der „Laconia“ übernahmen. Nach der Anbordnahme wurden sie auf die Bug-, Heck-, Diesel- und E-Maschinenräume verteilt und ein Tauchversuch unternommen, da das Boot alarmtauchklar bleiben musste.

Am Nachmittag desselben Tages wurden noch vier randvolle Rettungskutter mit etwa insgesamt 250 Schiffbrüchigen, davon 1/3 Italiener, gefunden, die während der Nacht in Schlepp genommen wurden.

Die Kutter befanden sich in einem guten Zustand und waren mit Segeln, Treibanker, Kompass und Proviant für mehrere Tage ausgerüstet. Aus diesen Booten wurden noch 11 Italiener (neun Verwundete oder Kranke, ein Arzt und ein Deutsch sprechender Italiener) sowie neun englische Frauen und Kinder an Bord genommen, sodass nun insgesamt 151 Schiffbrüchige an Bord waren. Die Frauen und Kinder wurden im Feldwebelraum untergebracht.

Am Morgen des 16. September wurden die Rettungsboote losgeworfen und bekamen den

Befehl, sich vor Treibanker zu legen und möglichst zusammen zu bleiben. Sie wurden im Laufe des Tages einmal mit Kaffee und Eintopfsuppe versorgt.
Die an Bord befindlichen Italiener wurden tags in zwei Törns an Oberdeck geführt, wo sie verpflegt und behandelt wurden. Die Verpflegung bestand aus einer kräftigen Hartbrotsuppe im Laufe des Vormittags und einem Eintopfessen gegen 17.00 Uhr. Der Gesundheitszustand der Gefangenen war befriedigend, wenn man von einer am ersten Tage auftretenden Erschöpfungsperiode absieht, da die meisten längere Zeit im Wasser geschwommen hatten bzw. seit dem Untergang der „Laconia" nicht oder sehr wenig zu Essen bekommen hatten. Schon am zweiten Tage waren die meisten wieder bei Kräften und fühlten sich bei der für sie guten Verpflegung sehr wohl. (Auf der „Laconia" erhielten sie nur Brot und Wasser bzw. Tee). Etwa 50 hatten mehr oder weniger schwere Hautabschürfungen. An Schwerkranken oder Verwundeten gab es 13 Fälle (eine Lungenentzündung, zwei Kugel- oder Bajonettverletzungen, zwei Haifischbisse, eine schwere Sonnenverbrennung, sieben Brandwunden und eine schwere Erkältung).
Die Behandlung wurde so gut wie möglich durchgeführt, unterstützt wurde das U-Bootpersonal dabei durch einen italienischen Arzt und zwei Sanitäter.
Die meisten Italiener kamen entweder ganz nackt oder nur mit einem Tuch oder Hemd bekleidet an Bord. Aus U-Bootsbeständen wurden Sporthosen und ältere Sachen verteilt, einige italienische Offiziere bekamen auch Schuhe.
Die Frauen und Kinder kamen aus Malta und Kairo und waren Angehörige von Kolonialbeamten und Soldaten. Sie fühlten sich an Bord sehr wohl, obwohl schon eine Frau beim Übersteigen ganz ängstlich gefragt hatte, ob sie nun getötet würde. Eine andere Frau sagte beim Abschied, sie wolle das hilfreiche Verhalten der deutschen U-Boote in Churchill-Kreisen, zu denen sie gute Beziehungen habe, besonders hervorheben.
Am 19. September wurden sämtliche Schiffbrüchige an das französische Kanonenboot „Annamite" abgegeben, nachdem sie sich bei einem Alarm mit anschließenden Fliebos (Fliegerbomben) ruhig verhalten hatten. Die „Annamite" schickte zur Übernahme der Schiffbrüchigen eine seetüchtige Jolle, der begleitende Wachoffizier kam an Bord und meldete sich beim Kommandanten, er war höflich, jedoch sehr zurückhaltend.
Von der Gefangenschaft und Reise berichten die Italiener folgendes: Sie waren in einem großen Gefangenenlager bei Alexandria, mit etwa weiteren 20.000 Italienern, die während der Kämpfe in Afrika in Gefangenschaft gerieten, untergebracht. In einem benachbarten Lager waren deutsche Kriegsgefangene des Afrikakorps untergebracht. Anfang Juni wurde ein großer Teil der Italiener nach Suez verlegt und später auf drei große Dampfer verteilt, wobei auf die „Laconia" etwa 1500 Mann kamen, die angeblich zum Arbeiten in Liverpool bestimmt waren. Der erste Dampfer lief am 28. Juli aus, die „Laconia" am 29. Juli und das dritte Schiff sollte Suez am 30. Juli verlassen. Während der ganzen Reise sind die anderen Dampfer nicht mehr gesehen worden.
Die weiteren Etappen waren Suez – Aden vom 29. Juli – 4. August: Im Roten Meer wurden drei Geleitzüge gesehen. Auf der Reede von Aden lagen sehr viele Dampfer.

Aden – Mombasa vom 4. August bis 19. August: Vor Mombasa gibt es eine Minensperre. Im Hafen ein Flugzeugträger, ein Kreuzer, mehrere Handelsschiffe. Viele neue Lebensmittelspeicher. Auf den Höhen um dem Hafen gibt es sehr viel Flak. Etwa 300 deutsche Gefangene arbeiten im Hafen. Zusätzlich Lebensmittel für England wurden übernommen.
Mombasa – Durban vom 19. August bis 24. August: Viele Geleitzüge und drei Kreuzer gesehen. Im Hafen sehr viele amerikanische Wasserflugzeuge, die wahrscheinlich nach Ägypten verschifft wurden. Zudem erneut Lebensmittel für England übernommen.
Durban – Kapstadt: Im Hafen drei U-Boote, einige Handelsschiffe, eins davon beschädigt. Für England Flakgeschütze und sehr viel Getreide übernommen.
Außerdem wurden von Suez bis Kapstadt viele alleinfahrende Tanker gesehen. Ab Kapstadt war kein Schiff mehr zu sehen, die „Laconia" fuhr stets allein.

Erich Würdemann
Kapitänleutnant und Kommandant

Soweit der Bericht von Erich Würdemann, Kommandant von U 506. Doch nun zurück zu U 156 und Korvettenkapitän Werner Hartenstein. Am 17. September gegen 01.45 Uhr wurde auf U 156 folgender Funkspruch vom BdU aufgefangen:

„An Hartenstein. Nicht mehr an Rettungsaktion beteiligen. Brennstoff, Torpedo, Proviantbestand, Einsatzbereitschaft sobald zu übersehen melden."

Ebenso teilte man Werner Hartenstein über Funk mit, dass ihm als 63. Soldaten der deutschen U-Boot-Waffe das Ritterkreuz zum Eisernen Kreuz verliehen worden sei. Natürlich war die Freude an Bord riesengroß. Der Kommandant ließ an jeden Mann der Besatzung eine Flasche Bier ausgeben. Danach gab es eine kleine Feier, bei der Hartenstein noch eine kurze Ansprache hielt, in der er besonders die Leistungen der Besatzung würdigte, für die er, wie er sagte, die Auszeichnung tragen würde.

Der nächste Tag verlief ereignislos. Die Besatzung war noch damit beschäftigt, kleinere Schäden zu beheben. Immer noch war die Stimmung gedrückt, denn sie wussten ja nicht, was mit den Schiffbrüchigen der „Laconia" passiert war. Waren sie von den Franzosen gerettet worden, oder trieben sie in ihren Nussschalen immer noch in den Weiten des Atlantiks?

19. September 1942: Das Boot stand 800 Seemeilen südlich von Freetown. Gegen 04.30 Uhr meldete der achtere Ausguck einen Schatten.

„Das muss ein Gegnerschiff sein", rief der wachhabende I. Wachoffizier dem auf den Turm heraufstürmenden Kommandanten entgegen. Ein Blick durch das Glas in die angegebene Richtung – schon hatte Hartenstein den Gegner aufgefangen.

„Alle Mann auf Gefechtsstationen!", erfolgte kurz darauf sein Befehl.

Innerhalb weniger Sekunden war U 156 gefechtsklar. Wegen der bereits bevorstehenden Dämmerung musste sich Hartenstein beeilen. Das Vorsetzmanöver lief an. Nach wenigen Minuten kam der Dampfer außer Sicht. Im Boot war der Gegnerkurs bereits errechnet. Der Kurs des Bootes war so angesetzt, dass es in einiger Entfernung den des Gegners kreuzen musste.

Um 08.55 Uhr ließ Hartenstein auf Gegenkurs steuern. Etwa eine Stunde später kam tatsächlich der Dampfer in rechtweisend 180 Grad wieder in Sicht.

Tauchen! U 156 lief zum Unterwasserangriff an den Frachter heran. Schon war er im Sehrohr auszumachen. Endlich war wieder die Stimme des Kommandanten zu hören:

„Rohr VI – los!"

Es zischte im Wasser. Der Torpedo raste mit hoher Geschwindigkeit auf sein Ziel zu. Unten im Boot blickten sie auf die Stoppuhr. Dann, nach nur 35 Sekunden Laufzeit, ein Knall.

„Treffer!", schrien die Männer im Boot aufgeregt, dabei die Fäuste ballend.

Hartenstein drückte jetzt das Okular des Sehrohrs noch fester an sein Auge.

„Treffer mittschiffs", hörten sie die vor Anspannung krächzende Stimme des Kommandanten.

„Dampfer hat ein 10,5 cm-Geschütz an Heck, darüber eine Flak-Kanone, und zwei Fla-Maschinenwaffen stehen auf der Brücke. Dampfer bekommt Steuerbordschlagseite und sackt mit geringer Achterlastigkeit tiefer, jetzt setzt er Rettungsboote aus", berichtete Hartenstein weiter.

„Auftauchen!"

Kaum hatte das Boot die Oberfläche durchdrungen, da warf der Kommandant den Lukendeckel auf und sprang auf die Brücke. Die Brückenwache hinterher.

„Wir steuern die Rettungsboote an, ich möchte den Namen des Dampfers herausfinden", gab Hartenstein dem neben ihm auf der Brücke stehenden I. WO Leopold Schuhmacher zu verstehen.

Die Boote wurden angelaufen. Verängstigt schauten die Schiffbrüchigen zur Brücke des U-Bootes, warteten auf das sich anbahnende Unheil. Doch als sie merkten, dass man auf dem U-Boot nur den Namen ihres Schiffes wissen wollte, tauten sie schnell auf und gaben bereitwillig Auskunft. Schon nach kurzer Zeit wusste die ganze Besatzung, dass sie den britischen Dampfer „Quebec City" mit 4745 BRT getroffen hatten. Er war mit Baumwolle von Kapstadt nach Freetown unterwegs.

Aber die „Quebec City" wollte noch nicht sinken.

„Ein zähes Schiff, wir werden unsere Artillerie einsetzen müssen", sagte Hartenstein. Nach kurzer Zeit feuerte die 3,7 cm-Kanone. Schuss auf Schuss blafften aus dem Rohr, Treffer auf Treffer jagte in das dem Untergang geweihte Schiff. Geschosse schlugen in die Wasserlinie und in die Luken auf Deck ein. Sofort brach ein leichter Brand aus, der sich dann doch rasch auf das ganze Schiff ausdehnte. Nach 58 Schuss aus der 3,7 cm ließ der Kommandant das Feuer einstellen. Das Schiff wollte aber immer noch nicht sinken. Hartenstein überlegte kurz, dann erfolgte kurz und bündig sein Befehl. „Feuererlaubnis für die 10,5 cm!"

„Jawohl, Herr Kapitän", erwiderte der II. Wachoffizier Gert Mannesmann in seiner Funktion als Artillerieoffizier.

Kurze Kommandos. Mit peitschendem Knall donnerte der erste Schuss aus dem Rohr. Drüben blitzte es mittschiffs direkt über der Wasserlinie auf. Dunkelschwarzer Rauch quoll aus dem Dampfer. Nach sieben Schuss in Höhe des Maschinenraums nahm die Schlagseite der „Quebec City" allmählich zu. Um 19.13 Uhr sank der Frachter langsam über den Achtersteven.

Dazu ein Bericht über die letzten Fahrten und die Versenkung der „Quebec City" vom Besatzungsmitglied William Clarke:

Ich, William Clarke, wurde am 19. November 1901 geboren. Von 1916 bis 1939, lange 23 Jahre, war ich als Seemann auf verschiedenen Handelsschiffen tätig. Bereits im Ersten Weltkrieg wurde ich am 30. Januar 1918 auf meinem ersten Schiff, der „Minnetonka", etwa 40 Seemeilen nordöstlich von Malta im Mittelmeer von einem deutschen U-Boot torpediert und versenkt.

Nach dem Krieg fuhr ich weiter als Seemann, auf guten Orient-Schiffen und auf der „Empress of Britain". 1939 heuerte ich bei der Handelsmarine ab und arbeitete an Land. Doch einige Zeit nach Ausbruch des Zweiten Weltkrieges wurde ich wieder einberufen, um meinen Dienst auf einem Handelsschiff anzutreten. Zwei Mal lehnte ich es ab, auf Schiffe zu gehen, deren Anblick mir schon nicht gefiel. Schließlich musste ich dann doch beim nächsten Schiff zusagen, denn zu dieser Zeit wurde man streng bestraft, wenn man seine Pflichten nicht wahrnahm oder sogar verweigerte.

So wurde ich Ende 1941 als Vollmatrose auf die „Quebec City " befohlen. Als ich das Schiff in Purfleet zum ersten Mal betrat, wollte ich zuerst gar nicht an Bord gehen. Das ganze Deck lag voll mit verkohlten Überresten, die erst von Bord gefegt werden mussten. Auch hatte das Schiff keine Kühlkammer und auch sonst keine Kühlmöglichkeit, was mich sogleich abschreckte.

Schließlich ging es los – wir mussten nach Southend-on-Sea an die Themsemündung, um dort einen Konvoi zu bilden. Anschließend sind wir dann mit einigen Schiffen die Ostküste hoch bis nach Schottland gefahren, um dort mit einem großen Konvoi nach Amerika zu gehen. Doch unser 1927 gebauter Frachter hatte unterwegs eine Panne und wir blieben hinter dem Geleitzug zurück. Der Konvoi-Kommodore kehrte zurück und fragte uns nach dem Grund unseres Zurückbleibens. Unser Kapitän gab an, er habe Probleme mit den Heizelementen, die versagten, weshalb der Konvoi-Kommodore unser Schiff zum Humber zurückschickte. Nach der Reparatur fuhren wir zurück nach Schottland. Dort warteten etwa fünfzig Handelsschiffe darauf, den Atlantik zu überqueren und auch die „Quebec City" reihte sich ein. Es herrschte schlechtes Wetter und miese Stimmung an Bord. Unser Schiff wurde hin und her geworfen, sodass wir erneut den Anschluss an den Konvoi verloren. Nach einiger Zeit fanden wir den Geleitzug wieder und schließlich erreichten wir sogar unser vorgesehenes Ziel, New York. Von hier aus versorgte unser Schiff eine Zeit lang die mittlere USA-Ostküste. Schließlich sollte Kapstadt in Südafrika unser nächstes Ziel werden. Als Frachtschiff hatten wir alle Arten von Vorräten und Proviant für die Britische Armee geladen. Oben an Deck waren „Kittyhawk"-Flugzeuge in Kisten verpackt und an Deck befestigt. Zum Schluss wurde die „Quebec City" mit allem beladen, was noch zu kriegen war. Die Fahrt gelang, und wir erreichten Kapstadt. Anschließend ging es die Ostküste Afrikas hoch. In Aden traf ich meinen Bruder und meinen Schwager, die auf einem Orient-Dampfer angeheuert hatten.

Wir verließen Aden, fuhren durch das Rote Meer in den Suezkanal bis nach Port Said, wo unsere Fracht ausgeladen wurde. Anschließend mussten wir ins Mittelmeer nach Alexandria fahren, doch zuvor bekam unser Schiff Fesselballons an Bord, zur Abwehr deutscher Sturzkampfflugzeuge.

Bald gelangten wir nach Alexandria und beluden unser Schiff mit 6600 Tonnen ägyptischer Baumwollsaat und Baumwollballen. Unter Deck war alles voll mit diesen Ballen, und als wir wieder in See standen, stellten wir fest, dass zwischen diesen Baumwollballen lauter Ratten nisteten, die sich eben „wie die Ratten" vermehrten.

Wir fuhren zurück nach Kapstadt in unseren letzten angelaufenen Hafen, wo wir noch einmal Landurlaub bekamen. Frische Früchte und Gemüse wurden übernommen. Am 6. September verließen wir Kapstadt und ankerten in der Table Bay. Von hier aus sollte es weiter über Freetown zurück nach England gehen.

Die britische Admiralität schickte ihre Handelschiffe vor der afrikanischen Westküste im Bereich der Küste entlang, damit das Risiko, von deutschen U-Booten angegriffen zu werden, gering gehalten wurde. Aber unser Kapitän bekam wegen verstärkter U-Boot-Tätigkeit Order, im östlichen Teil des Südatlantiks weiter auf das Meer hinaus zu fahren und westlich der Inseln St. Helena und Ascension zu steuern. Deshalb blieben wir nicht in Küstennähe. So liefen wir dem deutschen U-Boot direkt vor die Rohre, etwa 500 Meilen draußen auf See.

Es war Samstagnachmittag, am 19. September 1942. Gerade wollte ich meine Tagesarbeit beenden, leerte noch einige Kästen aus, als mich plötzlich der Schrei eines Wachpostens aufschreckte.

„Ein Torpedo – kommt direkt auf uns zu!"

Der Torpedo traf die „Quebec City", die schnell starke Schlagseite nach Steuerbord bekam, aber nicht sank. Ich rannte auf die andere Seite des Schiffes und kletterte die Jakobsleiter hinunter. Dabei sah ich einen älteren Araber, der an der Bordwand hing, starr vor Angst. Unglücklicherweise verlor er den Halt, stürzte mit dem Kopf gegen die Schiffswand und fiel dann bewusstlos ins Wasser. Ein Matrose sprang aus dem Rettungsboot und brachte ihn unter Aufwand aller Kraft zurück zum Rettungsboot, wo beide hineingezogen wurden. Aber alle Mühe war für umsonst, er war tot, vermutlich hat ihn der Schock getötet, weniger die Verletzung durch den Sturz. An Bord unseres Schiffes brach keine Panik aus. Meine schiffbrüchigen Kameraden zogen mich ins Rettungsboot, und als wir uns von unserem sinkenden Schiff entfernten, tauchte plötzlich das U-Boot auf und kam auf uns zu, nachdem es zuvor das Wrack der „Quebec City" umrundet hatte, dass immer noch auf seiner Baumwollladung schwamm. Als das U-Boot an uns herankam, fragte uns der Kommandant nach dem Namen unseres Schiffes – wo wir herkämen und was unser Zielhafen sei. Der Kommandant des U-Bootes war ein echter Gentleman: Er fragte, wie es mit unseren Wasservorräten und Proviant ausschaue.

„Wir haben genug", gaben wir ihm zur Antwort. Dann fragte er uns, ob wir wüssten, auf welcher Position wir uns befänden. Unser Kapitän William Thomas nannte die ihm zuletzt bekannte Position, doch der U-Boot-Kommandant widersprach, zeigte uns eine Seekarte und gab uns die genauen Koordinaten an.

Abschließend sagte er noch, dass wir nicht hierbleiben könnten, da er unser Schiff noch mit Artillerie versenken müsse. Schließlich erzählte uns der U-Boot-Kommandant, er könne nicht lange hierbleiben: Die letzten Schiffbrüchigen, denen er helfen wollte, seien von der amerikanischen Air Force angegriffen und bombardiert worden. Der Kommandant des U-Bootes war ein wirklicher Gentleman, der gerne etwas für uns tun wollte, aber er konnte nicht mehr für uns tun – und das tat ihm Leid, man konnte es seinem Gesicht ablesen. Es war eben Krieg und wir waren dankbar für das, was er für uns getan hatte. Am Ende waren wir uns selbst überlassen.

Das U-Boot setzte die „Quebec City" mit seinem Fla-Geschütz in Brand, danach versenkte er es mit einigen Schüssen aus der Artilleriekanone.

Für uns war es, als hätten wir unser Zuhause verloren. Alles war weg und wir ganz verlassen, so waren wir der Gnade der See ausgesetzt. Wir waren etwa 500 Seemeilen von der westafrikanischen Küste entfernt. Ich war im selben Rettungsboot wie der Kapitän Thomas, der uns immer wieder sagte, dass zu viele Leute in jedem der beiden Rettungsboote seien.

In beiden Rettungsbooten saßen je zwanzig Überlebende, ums Leben gekommen war nur der Araber – aber viele von den vierzig Schiffbrüchigen waren verletzt, vor allem beim Maschinenpersonal hatten viele Schnitt- und Brandwunden sowie Prellungen. In den Booten bekamen sie Erste Hilfe und wurden verarztet.

Das Schlimmste aber war, dass der Wasserinhalt einer unserer Tanks brackig war, sodass wir nur noch einen Tank hatten und das Wasser rationiert werden musste. Zu essen gab es viele Kekse, aber auch etwas Trockenfleisch. So weit war alles gut, wenn auch das Wasser immer knapper wurde. Zwölfeinhalb Tage saßen wir in dem Rettungsboot, dann sahen wir am Morgen, etwa um 05.00 Uhr, die Lichter eines Schiffes am Horizont. Es stellte sich als ein spanisches Schiff heraus, das hell erleuchtet war und uns zeigte, dass es neutral war. Die Spanier entdeckten uns und liefen auf unsere Boote zu. Sie halfen uns mit Wasser und Zigaretten, wegen ihrer Neutralität konnten sie uns aber nicht an Bord nehmen. Glücklicherweise trafen wir fast zur gleichen Zeit auf einen unserer Zerstörer, der in dem Gebiet auf Patrouillenfahrt war. Er hielt an und signalisierte uns heranzufahren. Als wir auf den Zerstörer stiegen, fühlten wir uns fast wie zu Hause. Wir durften unter Deck ein Bad nehmen und danach gab es Abendessen. Aber keiner von uns konnte was essen, schließlich hatten wir uns zwölf Tage von Keksen ernährt und brauchten alle zuerst ein Abführmittel.

Mit dem Zerstörer erreichten wir Freetown, dort wurden wir in ein großes Schulgebäude gebracht. Hier befanden sich bereits Hunderte von Menschen, die ebenfalls ihr Schiff verloren hatten, vielleicht waren unter ihnen auch Überlebende der „Laconia"? Hier trafen wir nach einiger Zeit auch die Überlebenden des zweiten Rettungsbootes der „Quebec City" wieder. Nachdem wir einige Zeit dort waren, traf ein Schiff namens „Nerellis" ein, um uns abzuholen. Begleitet von Flugzeugen und Zerstörern liefen wir am 29. Oktober im Clyde ein. Hier wurden die Überlebenden auf Fähren an der Greenock-Pier an Land gesetzt und mit Sonderzügen nach Glasgow gebracht. Anschließend fuhr ich von dort mit dem Zug zurück nach London.

Das zweite Rettungsboot der „Quebec City" hatte ein anderes Schicksal. Nach der Versenkung unseres Trampdampfers versuchten wir noch zusammenzubleiben, aber eines Nachts hatten wir das andere Boot verloren. Diesem gelang es aber, nach fünfzehn Tagen an einem abgelegenen Teil der westafrikanischen Küste bei Liberia an Land zu kommen. Mithilfe der Ureinwohner machten sie am Strand ein großes SOS-Zeichen aus Palmgrün, das wenig später von einen britischen „Hudson"-Flugzeug gesehen wurde. Dieses warf eine Nachricht ab, dass sie bald gerettet würden. Zwei Tage später, am 12. Oktober, wurden auch sie dann von H.M.S. „Spaniard", einem Minensucher, abgeholt und zusammen mit uns über Freetown zurück nach England gebracht.

Das war meine Fahrt mit der „Quebec City", die ich nie vergessen werde.

Vor allem das korrekte Verhalten des deutschen U-Boot-Kommandanten habe ich nie vergessen. Dieser Mann war kein fanatischer Nationalsozialist, sondern ein hoch qualifizierter Seemann. Er entsprach der großen Tradition der deutschen Marine – einer elitären Streitmacht, bei der der Grundsatz „hart" aber „menschlich" galt. Hartenstein half Schiffbrüchigen, wo er konnte, nur manchmal konnte er eben nicht mehr tun.

Ich habe den Ersten und den Zweiten Weltkrieg auf See miterlebt. Für mich war der Erste Weltkrieg viel härter und bösartiger als der Zweite, obwohl es da mehr Opfer auf See gab. Wahrscheinlich lag dies auch an der humanitären Einstellung des U-Boot-Kommandanten Werner Hartenstein.

Nun zurück zu U 156. Mit hoher Marschfahrt lief U 156 von der Untergangsstelle der „Quebec City" ab. Hartenstein wollte auf der Verkehrslinie La Plata – Freetown operieren. Als er bei Einbruch der Dunkelheit das Abendbesteck nehmen ließ, ging ein Funkspruch vom BdU ein:

„1. Hartenstein zur Abgabe von 35 cbm Brennstoff an Würdemann sofort Treffpunkt mit diesem vorschlagen.

2. Würdemann Eintreffmöglichkeit mit Kurzsignal „Ja" bestätigen und Durchführung melden.
3. Hartenstein und Würdemann anschließend freies Manöver im Seegebiet um Marinequadrat ET 3820 und südlich davon.
4. Hartenstein Ergänzung auf Rückmarsch vorgesehen, falls erforderlich auch für Würdemann."

Schnell war der Treffpunkt mit U 506 ausgemacht und der neue Kurs festgelegt. Bereits am 20. September lag das Boot auf dem Treffpunkt gestoppt. Als nach einigen Stunden das Kameradenboot nicht eintraf, wurde mit Marschfahrt weitergefahren.

Am Morgen des 21. Septembers 1942 ertönte der Ruf des wachhabenden I. Wachoffiziers Leopold Schuhmacher durch das Boot: „Deutsches U-Boot in rechtweisend 80 Grad!"

Die Ferngläser der Offiziere zeigten in die angegebene Richtung. Tatsächlich, sie waren auf U 506 gestoßen. Beide Boote liefen auf Rufweite heran. Nach einem kurzen Erfahrungsaustausch von Kommandant zu Kommandant wurden die Schläuche ausgelegt. Anschließend begannen beide U-Boote mit dem Antrieb ihrer E-Maschinen auf „zwei Mal kleine Fahrt" gegen die See zu laufen. Der kostbare Saft floss zu U 506 hinüber, insgesamt 35 Kubikmeter füllten die Tanks des Kameradenbootes. Drei Stunden nach Beginn der Treibölübernahme wurden die Ölleitungen eingeholt, beide Boote trennten sich nach einer kurzen Verabschiedung. Nach einem Prüfungstauchen schlug Hartenstein den alten Kurs auf der Linie Südamerika-Freetown wieder ein, da der Kommandant die Ansicht vertrat, dass auf dieser Verkehrslinie Schiffe zu finden seien.

Der U-Boot-Alltag mit seiner Eintönigkeit bestimmte die nächsten Tage. Am 24. September gab Hartenstein einen Funkspruch an den BdU ab:

„Von Hartenstein: Ölspur und Schäden behoben, bis auf Ju-Verdichter und Peiler. 17 Zellen überbrückt, erbitte Brücken von Folkers."

Der BdU reagierte schnell, schickte U 125 unter Kapitänleutnant Ulrich Folkers. Schon am 26. September, kurz vor Mitternacht, kam U 125 auf dem verabredeten Treffpunkt in Sicht. In den frühen Morgenstunden des 27. Septembers paddelte der Kommandant von U 125 mit dem Schlauchboot zu U 156, um an Bord des U-Bootes eine Lagebesprechung mit Hartenstein abzuhalten. Danach wurden die von U 156 benötigten fünf Kabelbrücken übernommen. Zwischendurch ging der italienische Arzt von U 156 zur Visite auf U 125. Zwei Stunden später trennten sich nach einer herzlichen Verabschiedung beide Boote wieder.

U 156 patrouillierte weiter im Seegebiet vor Freetown, doch die Tage vergingen ohne jegliche Sichtung eines Schiffes. Da weitere vier deutsche U-Boote vor Freetown angesetzt waren, entschloss sich Hartenstein, etwas abgesetzt südlich von Freetown zu operieren.

Am Nachmittag des 7. Oktobers 1942 stoppte der Kommandant das Boot. Die

Mündungsklappe des Torpedorohres II hatte sich losgeschlagen und stand quer in der See. Dadurch entstand ein starker Fahrtverlust für das U-Boot. Da die Klappe selbst durch Hebelwirkung undicht blieb, konnte der Torpedo nicht gezogen werden. Eine Reparatur war wegen des herrschenden Passats nicht möglich.

Am 9. Oktober entschied sich Hartenstein dafür, vor Ascension zu operieren. Am Vormittag des nächsten Tages entdeckte die Brückenwache eine schwere Seemaschine, vor der U 156 mit Alarmtauchen unter Wasser ging.

In den frühen Morgenstunden des 12. Oktobers befahl Hartenstein, zur Untersuchung der Mündungsklappen der Torpedorohre I und II zu stoppen, da mittlerweile auch die Klappenverkleidung von Rohr I losgerissen war. Doch sie hielt noch dicht, im Gegensatz zu Rohr II. Doch der immer noch vorherrschende Passat verhinderte eine Reparatur. Am Nachmittag mussten sie erneut vor einem Flugzeug wegtauchen.

13. Oktober 1942: Die Insel Ascension kam in Sicht. Zuerst war ein weißes Licht auszumachen.

Bei hereinbrechender Dämmerung steuerte das Boot die Küste an. Hartenstein und der II. Wachoffizier Gert Mannesmann standen an der Brüstung der Brücke. Ihre Nachtgläser vor den Augen suchten sie den Küstenstreifen der Insel ab, der sich im abendlichen Dunst als grüngrauer Strich über dem Wasser abhob.

Nach den bisherigen Berechnungen musste das Boot bereits die Reede des Hafens auf Ascension einsehen können. Der II. Wachoffizier begann zu sinnieren:

„Sonderbar, dass nichts von einem Schiffsverkehr zu sehen ist. Wir müssen doch eigentlich längst auf der Zufahrtsstraße stehen."

„Ja, in Friedenszeiten ist hier ein ständiges Kommen und Gehen, meist von kleineren Frachtschiffen, aber auch von Fahrgastschiffen, und jetzt liegt alles so ruhig da", antwortete der Kommandant nachdenklich.

Kaum ausgesprochen, ertönte plötzlich der Ruf: „Lichtschein voraus!"

Obersteuermann Anton Frühling, der am Sehrohrbock emporgeklettert war und in luftiger Höhe mit dem Glas den Horizont absuchte, hatte das Licht entdeckt. Wenig später sahen es auch die anderen auf der Brücke. Durch die Nacht geisterte der Scheinwerfer eines Autos.

„Dort muss der Hafen liegen", flüsterte der Obersteuermann dem Kommandanten zu. Hartenstein befahl sofort, auf Schleichfahrt zu gehen. Die Diesel verstummten, nur die E-Maschinen zogen U 156 jetzt seinem Ziel entgegen. Immer näher schob sich das Boot heran. Doch dann sah man auf der Brücke enttäuschte Gesichter. Der Hafen war leer. Auf der Reede lagen nur drei kleinere Motorboote, vermutlich Hafenwachboote.

„Ruhig abwarten", flüsterte der Kommandant. Minuten vergingen, nichts war zu erkennen, dann plötzlich richtete sich der II. Wachoffizier auf. „Sind das nicht Motorengeräusche?" „Ja, aber von Flugzeugen", antwortete der Kommandant erstaunt.

Jetzt erkannten sie auf der Brücke, wie über dem Südostteil der Insel lebhafter Flugbetrieb einsetzte.

„Diesen Flugplatz nehmen wir genauer unter die Lupe", erklärte Hartenstein.

Das Tauchmanöver wurde eingeleitet, das Boot auf Sehrohrtiefe eingesteuert. U 156 schlich sich im Unterwassermarsch an die Südostecke von Ascension heran. Durch das Sehrohr erkannte der Kommandant den Flugbetrieb. Zeitweise waren bis zu sieben Maschinen in der Luft. Einmal wurde sogar ein gleichzeitiger Start von fünf einmotorigen Landmaschinen beobachtet. Außerdem sichteten sie in der Nähe des Flugplatzes Sprengwolken, die wahrscheinlich von Gesteinssprengungen herrührten. Vermutlich dienten sie der Platzvergrößerung.

Nach Einsetzen der Helligkeit konnte eine Zeltstadt in Flugplatznähe ausgemacht werden. Der Platz selbst war nicht einzusehen.

In den frühen Morgenstunden ließ Hartenstein nochmals den Hafen ansteuern. Auf Sehrohrtiefe lief das Boot an den Hafen heran. Die Reede war nach Angaben und Bild im Seehandbuch unverändert. Auch war keine neue Pier auszumachen. Ölanlagen in Strandnähe waren nicht erkennbar. Missmutig befahl Hartenstein den Rückzug. Hier war nichts zu holen.

Mit 345 Grad lief das Boot langsam ab. Nach Einbruch der Dunkelheit tauchte sie auf und setzte den Marsch über Wasser mit hoher Fahrt fort. Gegen Mitternacht verlor sich Ascension in der Dunkelheit.

Am folgenden Tag versuchte Hartenstein nochmals, die Mündungsklappenverkleidungen zu entfernen. Dazu ließ er die achteren Tauchzellen fluten und alle vorderen ausblasen. U 156 lag nun achterlastig in der See und mit dem Bug hoch aus dem Wasser. Doch auch dieses Mal misslang die Arbeit, da der Bug nicht hoch genug herauskam und der Schneidbrenner durch den hohen Seegang immer wieder erlosch. Auch der Versuch am nächsten Tag musste infolge des hohen Seegangs abgebrochen werden.

Am 16. Oktober gab Hartenstein folgenden Funkspruch an den BdU ab:

„Vorstoß Raum Ascension erfolglos. Dort Flugplatz und starke Luft. 45 cbm. FE 57. Hinhaltender Rückmarsch. Hartenstein."

Das Boot stand in der Nacht zum 18. Oktober etwa 600 Seemeilen südwestlich von Freetown, Hartenstein, der unbedingt die Verkleidungen der Mündungsklappen loswerden wollte, legte U 156 so stark wie möglich achterlastig ins Wasser. Trimm- und Torpedowasser wurde nach achtern gepumpt, zusätzlich der Bunker 6 ausgeblasen. Schließlich gelang es Oberleutnant (Ing.) Schulze und Obermaschinist Kleinert in mühsamer Arbeit beide Verkleidungen durch Losschrauben und Losbrechen der Achse zu entfernen.

Gegen Mittag kam ein großes deutsches U-Boot des Typs IX D2 in Sicht. Nach einem kurzen Erkennungssignalaustausch fuhren beide Boote nebeneinander gegen die See. Es war U 177 unter dem Kommando von Kapitänleutnant Robert Gysae.

Sofort wurde mit dem Austausch einiger für beide Boote wichtiger Ersatzteile begonnen. Nach zwei Stunden trennten sich beide Boote wieder. Mit eingeschlagenem Kurs 320 Grad setzte U 156 den Rückmarsch fort.

Am nächsten Tag ging erneut ein Funkspruch vom BdU ein:

„An zu versorgende Boote vor Planquadrat ET 38 einschließlich Folkers (U 125) und Hartenstein. Versorgung aus Vowe (U 462) vorgesehen. Vowe führt erste Versorgung etwa 26. in Marinequadrat DG 30 durch, steuert dann mit 180 Grad EH 20 an. Entsprechend eigener Brennstofflage selbstständig aus Operationsgebiet abmarschieren mit Kollisionskurs auf Vowe."

Mit halber Marschfahrt ließ Hartenstein den vom BdU vorgeschlagenen Versorgungspunkt ansteuern.

Wieder begann der eintönige Alltag. Es war heiß, drückend heiß. Das Innere der mit Technik ausgefüllten Röhre glich einer Sauna, in der die Männer schwer atmend ihrem Dienst an der Maschine und in der Zentrale nachgingen. Wer Freiwache hatte, lag lang ausgestreckt in der Koje. Auf den Turm durfte nur das Brückenpersonal, ein paar Mann nur, die den Vorzug der frischen Luft und des kühlenden Fahrtwindes genießen konnten. Hin und wieder auch zwei oder drei Mann der restlichen Besatzung, um Sauerstoff in die ausgelaugten Lungen zu pumpen oder um eine Zigarettenpause zu genießen.

Während die Männer der drei Brückenwachen braungebrannt waren und so gesund aussahen, als kämen sie direkt aus einer Sommerfrische, machten die anderen Besatzungsangehörigen den Eindruck, als seien sie soeben Gräbern entstiegen. Ihre Haut war blass und hatte fast den gleichen grünlichen Schimmer wie die mit Grünspan besetzten Messingbeschläge im Innern des Bootes.

Es ging es auf die Mittagsstunde des 29. Oktobers 1942 zu. Die Wachablösung staute gerade ihren Schlag Essen. Drei Gänge hatte der Smut (Koch) heute auf die Backen (Tische) gezaubert. Denn einer Zauberei kam es in der Tat gleich, in der nur ein paar Quadratmeter großen Kombüse für 52 Mann zu kochen. Wie ein gelernter Jongleur hantierte er in der bei Überwassermarsch schwankenden feuchtheißen Röhre mit Töpfen und Pfannen.

Oben auf der Brücke riss der achtere Ausguck sein Glas von den Augen: „Mastspitzen in rechtweisend 345 Grad, Herr Kapitän." Die Gläser flogen in die angegebene Richtung. Nach wenigen Minuten erkannten sie einen Dampfer. Das stundenlange Vorsetzmanöver begann erneut. Der Dampfer lief mit Südkurs, ohne irgendeinen Zack einzulegen.

Gegen Nachmittag war es so weit. Hartenstein ließ zum Unterwasserangriff tauchen. Doch schon bald stellte sich der vermeintlich feindliche Frachter als Neutraler heraus. Durch das Sehrohr konnte Hartenstein den Namen lesen, der groß am Bug angebracht war: Vor dem deutschen U-Boot zog der spanische Dampfer „Eolo" mit 4424 BRT, aus Bilbao kommend, seine Bahn. Hartenstein wartete noch etwas und ließ erst nach einer Stunde wieder auftauchen. Mit langsamer Marschfahrt und Kurs 326 Grad steuerten sie jetzt den Versorgungspunkt mit U 462 an.

Am folgenden Tag stellte der Leitende Ingenieur Spritzgeräusche im Akkuraum I fest. Durch wechselnde Außerbetriebnahme der Lenz- und Druckwasserleitung konnte schnell geklärt werden, dass das Wasser von außen hereinströmte. Nach der Positionsbestimmung am Morgen ließ Hartenstein tauchen, um feststellen zu können, ob der Wasserstrahl bei zunehmender Tiefe stärker wurde, was er rasch bestätigt fand. Also hatten sie ein Leck im Druckkörper, an einer unzugänglichen Stelle. Durch ihr Gehör konnten sie feststellen, dass es irgendwo backbord vorn, unter dem Horchraum, liegen musste. Durch das Leck strömten bei der Unterwasserfahrt stündlich um die 150 Liter Wasser ins Boot. Auch die Ursache – ob ein Riss oder eine Anfressung – blieb unbekannt, und ein Abdichten ohne die Zerstörung der ohnehin schon schwachen Batterie, bei der 19 Zellen bereits ausgefallen waren, war nicht möglich.

Für den Kommandanten blieb nur eine Lösung übrig: der Rückmarsch. Aber er hatte nur noch 22 Kubikmeter Brennstoff in den Bunkern. Also lautete sein Fazit, den Vorsorgungstreffpunkt anzusteuern, um dann Brennstoff für den anschließenden sofortigen Rückmarsch zu bunkern.

3. November 1942: U 156 stand etwa 300 Seemeilen nordwestlich der Kap-Verde-Inseln und hatte etwa drei Stunden nach Mitternacht das Versorgungsquadrat erreicht. Die Stunden verstrichen. Gegen 08.45 Uhr meldete ein Ausguck in rechtweisend zehn Grad ein U-Boot in Sicht.

Sofort wurde es als Deutsches erkannt. U 156 lief dem Kameradenboot entgegen. Es war U 107, dessen Kommandant, Kapitänleutnant Harald Gelhaus, herzliche Grüße herüberschickte. Nach einem kurzen Erfahrungsaustausch der Kommandanten steuerten beide Boote die Mitte des Versorgungsquadrates an.

12.40 Uhr: Ein weiteres U-Boot kam in Sicht. Kurz darauf war zu erfahren, dass das auf dem Versorgungspunkt eingetroffene VII-C-U-Boot U 590, unter dem Kommando von Kapitänleutnant Heinrich Müller-Edzards, war. Nach kurzem Gruß wurde das kleinere Boot in die Mitte genommen.

14.32 Uhr: Jetzt traf der U-Tanker U 462 unter Kapitänleutnant Bruno Vowe auf den Versorgungsplatz ein. Schnell sammelte sich die U-Gruppe. Nach einer Lagebesprechung der Kommandanten begann die Treibölübernahme. U 156 war das erste Boot, das Brennstoff übernahm. Innerhalb zweieinhalb Stunden wurden von dem U-Tanker 55 cbm Treiböl und anschließend der Kopf eines Ju-Verdichters der Stufe III übernommen. Nach einem Prüfungstauchen und kurzer Verabschiedung von den Kameraden setzte U 156 den Rückmarsch fort.

6. November 1942: U 156 stand 550 Seemeilen südwestlich der Kanarischen Inseln. Bei gutem Wetter kam das Boot jeden Tag der Heimat näher.
Gerade als es anfing zu dämmern, meldete der II. Wachoffizier ziemlich aufgeregt:

„Mastspitzen in Sicht – rechtweisend 136 Grad." Kaum war die Meldung von seinen Lippen, da stand der Kommandant schon neben ihm und richtete sein Fernglas in die angegebene Richtung.

„Der setzt ja Lichter – scheint ein Neutraler zu sein", vernahm man Hartensteins sonore Stimme. „Den werden wir anhalten und überprüfen."

Sofort erfolgten Ruder- und Fahrtkommandos. Mit hoher Fahrt schlossen sie an den Frachter heran. Jetzt erkannten sie Abzeichen und Namen des Schiffes. Es war der Schwede „Finn" mit 1572 Bruttoregistertonnen, aus Stockholm. Er steuerte mit etwa 17 Grad in Richtung Cap Roque auf die Azoren zu.

„Schwedische Schiffe im Argentinien-Portugal-Verkehr sind auf Bannwaren zu überprüfen", meldete sich der I. Wachoffizier Leopold Schuhmacher zu Wort.

„Na, dann mal ran – fordern Sie ihn zum Stoppen auf, I. WO", antwortete Hartenstein.

Sekunden später wurde er mehrmals mit der Klappbuchs angemorst: Stoppen Sie! Umgehend führte man auf der „Finn" den Befehl des U-Bootes aus und stoppte. Anschließend ließen sie ein Boot zu Wasser, in dem der I. Offizier mit einigen Ruderern die Schiffs- und Ladepapiere zum U-Boot herüberbrachte. Die „Finn" kam von Buenos Aires und sollte über Punta Delgada (Azoren) zum Bunkern weiter nach Lissabon. Die Ladung bestand aus Kaffee, Tee, Glykose, Sonnenblumenöl und diversem Stückgut für verschiedene Schweizer Firmen. Der Frachter hatte keine Bannware geladen und fuhr regelmäßig im Portugal-Argentinien-Dienst. Hartenstein verabschiedete sich freundlich vom I. Offizier der „Finn" und wünschte dem Schiff und der Besatzung eine gute Weiterfahrt.

Hartenstein setzte den Rückmarsch nun beschleunigt fort. Bei stetig schönem Wetter kam das Boot gut voran. In den frühen Morgenstunden des 16. Novembers stand das U-Boot auf dem Einlaufweg „Kernleder" vor der 50-Meter-Linie auf und ab. Da das Funkgerät mitsamt Notsender ausgefallen war, erbat Hartenstein über die Landfunkstation „Pen Men" ein Geleit. Die Verbindung gelang, in sternklarer Nacht mit der Vartalampe auf einer Entfernung von fünf bis drei Seemeilen und trotz Erkennungssignal erst nach 80 Minuten. Schließlich, nach fast fünf Stunden des Wartens, traf ein Sperrbrecher ein. Ohne weitere Zwischenfälle lief U 156 am frühen Morgen des 16. Novembers 1942 im Geleit des Sperrbrechers in Lorient ein, wo das Boot an der Pier A 3 festmachte. U 156 hatte bei dieser Unternehmung 11.514 Seemeilen über Wasser und 373 Seemeilen unter Wasser zurückgelegt. Die Dauer der Unternehmung betrug 88 Tage, dabei wurden drei Schiffe mit insgesamt 30.381 Bruttoregistertonnen versenkt.

Die Stellungnahme des Befehlshabers der Unterseeboote (BdU) für die 4. Unternehmung von U 156 fiel wie folgt aus:

„Gut durchgeführte Unternehmung. Der Kommandant befand sich bei der Rettungsaktion der ‚Laconia-Schiffbrüchigen' in einer schwierigen Lage. Falsch war die Annahme des

‚Stillschweigenden Waffenstillstandes'. Sie hätte beinahe zum Verlust des Bootes geführt. Da es von der Führung aber unterlassen wurde, den Stand und Ablehnung der Neutralisation zu übermitteln, handelte er im besten Glauben. Der Vorfall ist ein erneuter Beweis, wie nachteilig sich menschliche Empfindungen gegenüber einem solchen Gegner auswirken können. Die Sicherheit des eigenen Bootes muss stets voll gewahrt bleiben.

Dieser Vorfall vom 16. September 1942, der amerikanischen Bombardierung von U 156, während dieses Schiffbrüchige rettete, führte zum Laconia-Befehl „Triton Null", den Admiral Dönitz an seine U-Boot-Kommandanten mit folgendem Inhalt weiterreichte:

„1. *Jeglicher Rettungsversuch von Angehörigen versenkter Schiffe, als auch das Auffischen von Schwimmenden und Anbordgabe auf Rettungsboote, das Aufrichten gekenterter Rettungsboote, Abgabe von Nahrungsmitteln und Wasser haben zu unterbleiben. Rettung widerspricht den primitivsten Forderungen der Kriegsführung nach Vernichtung feindlicher Schiffe und Besatzungen.*
2. *Befehle über Mitbringen Kapitäne und Chef-Ingenieure bleiben bestehen.*
3. *Schiffbrüchige nur retten, falls Aussagen für Boot von Wichtigkeit.*
4. *Hart sein. Daran denken, dass der Feind bei seinen Bombenangriffen auf deutsche Städte auf Frauen und Kinder keine Rücksicht nimmt.*"

Die 5. und letzte Feindfahrt: U 156 vor der brasilianischen Küste und in der Karibik und das Ende östlich von Barbados

Die Besatzung von U 156 durfte in mehreren Törns in Urlaub fahren. Auch Werner Hartenstein besuchte natürlich seine Eltern in seiner Heimatstadt Plauen. Noch einmal konnte er Weihnachten zu Hause zusammen mit seinen Eltern und Schwestern begehen. Die Plauener Bürger feierten ihren Ritterkreuzträger und so hatte Werner Hartenstein sehr viele Glückwünsche entgegenzunehmen und musste Dutzende von Händen schütteln.

Erst Anfang 1943 kehrte er mit der Eisenbahn nach Lorient zurück. Nach der längeren Werftliegezeit schien U 156 wieder in Ordnung zu sein, zumindest sah es wie neu aus. Doch bevor es wieder losging, erfolgten noch einige Abkommandierungen innerhalb der Besatzung. Der II. Wachoffizier Gert Mannesmann wurde abkommandiert. Er sollte nach bestandenem Kommandantenlehrgang bei der Deutschen Werft AG in Hamburg-Finkenwerder am 19. Mai 1943 U 545 in Dienst stellen.

Neuer II. Wachoffizier wurde der vormalige III. WO Leutnant zur See Max Fischer, dessen Posten als III. Wachoffizier Leutnant zur See Sylvester Peters einnahm. Auch der unter der Besatzung beliebte Leitende Ingenieur Kapitänleutnant (Ing.) Wilhelm Polchau ging von Bord.

Der bereits auf der vorigen Feindfahrt zur Einweisung an Bord gewesene Oberleutnant (Ing.) Erich Schulze wurde neuer Leitender Ingenieur auf U 156. Auch der Oberfähnrich und die beiden Fähnriche gingen von Bord. Sie wurden zu ihren jeweiligen Kursen kommandiert.

Das Auslaufen von U 156 war für den 16. Januar 1943 vorgesehen. Das Operationsziel des Bootes sollte wieder die Karibik werden. Vorher aber, in der Nacht des 13. Januars 1943, musste die Besatzung einen schweren Bombenangriff auf Lorient miterleben. Dem verheerenden Luftangriff fiel auch das Besatzungsmitglied Franz Notdurft von U 156 zum Opfer, der am nächsten Tag im Lazarett seinen schweren Verletzungen erlag. Mit ungutem Gefühl ging die Besatzung am 16. Januar an Bord, die kommende Unternehmung schien unter keinem guten Stern zu stehen. Würden sie wieder zurückkehren?

Von U 156 selbst liegt über die letzte Fahrt kein Kriegstagebuch vor. Doch wurde eine Abschrift über diese Feindfahrt durch die 2. Seekriegsleitung beim Befehlshaber der Unterseeboote – Operationsabteilung (BdUop) – anhand von Funksprüchen rekonstruiert. Dort ist detailgetreu nachzulesen:

16. November 1942 Lorient eingelaufen. Festgemacht an A 3.
bis 15. Januar 1943 Werftliegezeit

Korvettenkapitän Werner Hartenstein. Träger des Ritterkreuzes und des Deutschen Kreuzes in Gold.

An der Versenkungsstelle von U 156 am 8. März 1943. Die Aufnahmen wurden von Crew-Mitgliedern des „Catalina"- Flugbootes gemacht.

Im Ölteppich und den Trümmerresten tauchen die ersten Köpfe von Überlebenden von U 156 auf.

Im Wasser schwimmend sind fünf Überlebende von U 156 zu sehen, wobei zwei Besatzungsmitglieder sich in dem einzigen Schlauchboot zusammendrängen, das durch die amerikanischen Marineflieger abgeworfen wurde.

Deutlich sind Überlebende von U 156 im Schlauchboot zu sehen.
Letztendlich wird keiner der Besatzung den Untergang ihres U-Bootes überleben.

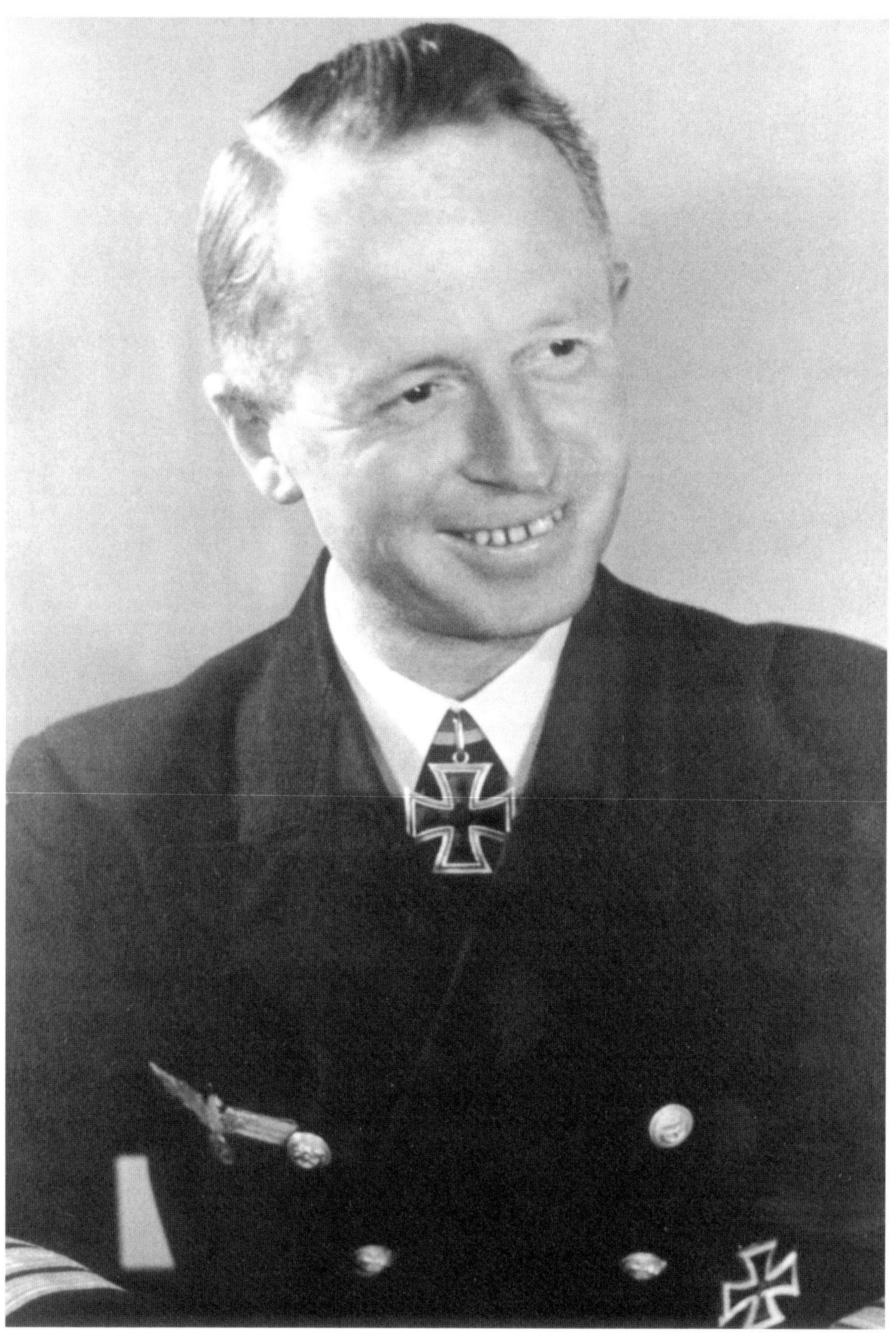

Korvettenkapitän Ernst Kals übernahm im Januar 1943 die 2. U-Flottille in Lorient, von Korvettenkapitän Viktor Schütze. Auf den folgenden Seiten folgen einige Briefe von ihm an den Vater von Werner Hartenstein.

Chef der
Dienststelle
Feldpostnummer M 25 522

Den 2. März 1943.

Freudige Mitteilung!

Sehr geehrter Herr Hartenstein!

Nachdem schon einige Wochen vergangen sind, seitdem Sie etwas von Ihrem lieben U-Bootsfahrer gehört haben, möchte ich Ihnen heute mit diesem Schreiben eine gute Zwischennachricht zukommen lassen. Wie aus den letzten Funksprüchen des Bootes ersichtlich, geht es allen Besatzungsangehörigen gesundheitlich gut. Sie sind wohlauf und freuen sich, mit in diesem grossen Freiheitskampfe an vorderster Front zu stehen.

Sie brauchen sich also keine Sorgen zu machen, auch wenn die Heimkehr des Bootes sich noch um einige Wochen verzägern sollte.

Ich hoffe, Ihnen mit dieser Mitteilung eine Freude gemacht zu haben und bin mit

Heil Hitler!

Ihr sehr ergebener

Ernst Kals

Korvettenkapitän
und Flottillenchef

Brief des Flottillenchefs Ernst Kals vom 2. März 1943 an den Vater von Werner Hartenstein. Man beachte das Datum – sechs Tage vor dem Verlust von U 156. Diese Meldung war die letzte freudige Nachricht für die Eltern von Werner Hartensteins.

den 23. April 1943.

Sehr geehrter Herr Hartenstein!

Nachdem ich Ihnen noch vor etwa zwei Monaten eine gute Zwischennachricht übermitteln konnte, erfülle ich mit diesem Schreiben an Sie eine Pflicht mit wirklich schwerem Herzen.

Ich muss Ihnen mit ehrlichem Bedauern mitteilen, dass nach einer Bekanntgabe des Befehlshabers der Unterseeboote das Boot unter Führung Ihres Sohnes, des Ritterkreuzträgers Korvettenkapitän Hartenstein, mit dem 12. März 1943 vermisst wird. Es war am 16. Januar aus einem westfranzösischen Stützpunkt ausgelaufen; die letzte Nachricht aus dem Gebiet östlich der Kleinen Antillen wurde am 7. März aufgenommen. Es ist möglich, dass es einem überraschenden Flugzeug-Bombenangriff erlegen ist. Da dieses jedoch vorerst nur eine Vermutung ist, wollen wir, sehr geehrter Herr Hartenstein, nicht die allerdings sehr geringe Hoffnung aufgeben,

Handschriftlicher Brief des Flottillenchefs, Korvettenkapitän Ernst Kals, vom 23. April 1943 an den Vater von Werner Hartenstein.

daß die Besatzung oder Teile von ihr gerettet und in Gefangenschaft geraten sind. Die Nachforschungen darüber werden von den vorgesetzten Dienststellen im Einvernehmen mit den internationalen Einrichtungen (Rotes Kreuz u.a.) eingehend betrieben. Da jedoch nach den bisherigen Erfahrungen der Gegner sein Wissen und die Namen etwaiger Geretteter absichtlich sehr lange Zeit zurückhält, möchte ich Sie herzlich bitten, bis zum Abschluss der Ermittlungen Geduld bewahren zu wollen. Bei Bekanntwerden günstiger Nachrichten werde ich Sie sofort telegrafisch benachrichtigen.

Ich fühle mit Ihnen, sehr geehrter Herr Hardenstein, die Sorge um Ihren Sohn, einen der besten U-Boots-Kommandanten, mit dem ich mich auch persönlich so verbunden fühle.

In aufrichtig warmem Mitempfinden bin ich mit

Heil Hitler

Ihr sehr ergebener

Ernst Kals

Korvettenkapitän und Flottillenchef.

Seite 2 des Briefes vom 23. April 1943.

Den 23. April 1943.

Sehr geehrter Herr Hartenstein!

Nachdem ich Ihnen noch vor etwa zwei Monaten eine gute Zwischennachricht übermitteln konnte, erfülle ich mit diesem Schreiben an Sie eine Pflicht mit wirklich schwerem Herzen.

Ich muss Ihnen mit ehrlichem Bedauern mitteilen, dass nach einer Bekanntgabe des Befehlshabers der Unterseeboote das Boot unter Führung Ihres Sohnes, des Ritterkreuzträgers Korvettenkapitän Hartenstein, mit dem 12. März 1943 vermisst wird. Es war am 16. Januar aus seinem westfranzösischen Stützpunkt ausgelaufen; die letzte Nachricht aus dem Gebiet östlich der Kleinen Antillen wurde am 7. März aufgenommen. Es ist möglich, dass es einem überraschenden Flugzeug-Bombenangriff erlegen ist. Da dieses jedoch vorerst nur eine Vermutung ist, wollen wir, sehr geehrter Herr Hartenstein, nicht die allerdings sehr geringe Hoffnung aufgeben, dass die Besatzung oder Teile von ihr gerettet und in Gefangenschaft geraten sind. Die Nachforschungen darüber werden von den vorgesetzten Dienststellen im Einvernehmen mit den internationalen Einrichtungen (Rotes Kreuz u.a.) eingehend betrieben. Da jedoch nach den bisherigen Erfahrungen der Gegner sein Wissen und die Namen etwaiger Geretteter absichtlich sehr lange Zeit zurückhält, möchte ich Sie herzlich bitten, bis zum Abschluss der Ermittlungen Geduld bewahren zu wollen. Bei Bekanntwerden günstiger Nachrichten werde ich Sie sofort telegrafisch benachrichtigen.

Ich fühle mit Ihnen, sehr geehrter Herr Hartenstein, die Sorge um Ihren Sohn, einen der besten U.Bootskommandanten, mit dem ich mich auch persönlich so verbunden fühle.

In aufrichtig warmem Mitempfinden bin ich mit

Heil Hitler

Ihr sehr ergebener

Ernst Kals

Korvettenkapitän
und Flotillenchef.

Übertragung des Briefes von Flottillenchef, Korvettenkapitän Ernst Kals, vom 23. April 1943, an den Vater von Werner Hartenstein, in Maschinenschrift.

Für
Führer, Volk und Vaterland
starb den Heldentod

am 12. März 1943

der Korvettenkapitän

Werner H a r t e n s t e i n

Im Auftrage
des Oberbefehlshabers der
Kriegsmarine ist darüber diese
Urkunde ausgestellt worden.

Im Westen, den 21. November 1943

Name

Fregattenkapitän und Flottillenchef
Dienstgrad, Dienststellung

Dienststempel

Die offizielle Sterbeurkunde
von Werner Hartenstein.

Für Führer und Reich starb getreu seinem Eide
unser Sohn, der
Korvettenkapitän
Werner Hartenstein
Kommandant eines Unterseebootes
Träger des Ritterkreuzes, und
des Deutschen Kreuzes in Gold,
anderer Kriegsauszeichnungen.
Er kehrte aus der Schlacht im Atlantik nicht zurück.

William Hartenstein und Frau Selma
geb. Schlingensiepen

Plauen, den ....
Leißnerstraße 18

Ritterkreuzträger Werner Hartenstein-Plauen gefallen

Im Kampf um Deutschlands Freiheit erlitt Ritterkreuzträger Korvettenkapitän Werner Hartenstein, Sohn des hier Leißnerstraße 18 wohnenden Kaufmanns William Hartenstein, den Heldentod. Die Nachricht löst in weiten Kreisen der Stadt schmerzliche Trauer aus, denn Stolz und Verehrung seiner Heimat würdigten auch die Verdienste dieses tapferen Soldaten, den der Führer für sein Heldentum mit hoher Auszeichnung geehrt hat.

Korvettenkapitän Hartenstein wurde am 27. Februar 1908 in Plauen geboren. Er besuchte das ehemalige Staatsgymnasium, die heutige Deutschritter-Schule. Er war in allen Fächern ein vorzüglicher Schüler und in allen Klassen Klassenerster. Als Primus omnium verließ er mit dem Abitur das Gymnasium und meldete sich sofort zur Seeoffizierslaufbahn. Schon von Kindheit an zog es ihn zur Marine, der er sich dann mit Leib und Seele verschrieb. Nach Ausbruch des neuen Weltkrieges führte Korvettenkapitän Hartenstein zunächst ein Torpedoboot, meldete sich dann aber zur U-Bootwaffe. Als vor dem Feind bewährter Torpedobootkommandant erhielt er im Februar 1942 das Deutsche Kreuz in Gold und im September 1942 wurde ihm für seine Heldentaten als Kommandant eines U-Bootes vom Führer das Ritterkreuz zum Eisernen Kreuz verliehen. Sein tapferer Einsatz, verbunden mit hohem seemännischen Können und überlegenem Handeln, brachten ihm besonders große Erfolge im U-Bootkrieg. Bei Verleihung des Ritterkreuzes hatte er bereits 21 Handelsschiffe mit 106 504 Tonnen versenkt. Mit seinen U-Bootmännern stand Korvettenkapitän Hartenstein in einem ganz besonders guten kameradschaftlichen Verhältnis. Davon konnte sich jeder überzeugen, der in den Juni-Tagen 1942, in denen er mit seiner U-Bootbesatzung als Gast in Plauen weilte, an den gemeinsamen Veranstaltungen zu Ehren der hier begeistert begrüßten und überaus herzlich aufgenommenen Gäste teilnahm. Auch Korvettenkapitän Werner Hartenstein wird im Herzen seiner Mitbürger weiterleben, wie ihm seine Vaterstadt ein treues ehrendes Gedenken bewahren wird.

Für Führer u. Reich starb, getreu seinem Eide, unser Sohn, der
Korvettenkapitän
Werner Hartenstein
Kommandant e. Unterseebootes, Träger des Ritterkreuzes, des Deutschen Kreuzes in Gold und anderer Kriegsauszeichnungen.
Er kehrte aus der Schlacht im Atlantik nicht zurück.
Plauen, Leißnerstr. 18, den 15. 1. 1944.
William Hartenstein und Frau Selma geb. Schlingensiepen.
Wir geben die von ihm eigenhändig aufgezeichnete Todesanzeige bekannt. — Wir beugen uns unter Gottes Willen u. legen dieses Gottesgeschenk in seine Hände zurück voll Dank für alles Glück u. alle Freude, die uns in diesem Jungen geschenkt wurden. — Freunde und Bekannte haben uns in den Monaten des Wartens auf seine Rückkehr ihre herzliche Teilnahme bekundet. Wir danken ihnen aufrichtig dafür und bitten, von weiteren Beileidsbezeigungen abzusehen.

Die von Werner Hartenstein selbst geschriebene Todesanzeige.

Großadmiral Karl Dönitz spricht vor seinen U-Boot-Soldaten.

Für Admiral Karl Dönitz war Korvettenkapitän Werner Hartenstein einer seiner besten und fähigsten U-Boot-Kommandanten.

Das Familiengrab der Hartensteins auf dem Friedhof 1 in Plauen kurz nach dem Kriege. Die Grabinschrift zu Werner Hartenstein entspricht dem Wortlaut seiner Todesanzeige, die er vor seinem Tode selbst verfasst hatte.

Das Elternhaus von Werner Hartenstein in Plauen, Leißnerstraße 18, Ecke Kaiserstraße. Das Foto wurde vor dem Krieg aufgenommen.

Die Trümmer des ehemals schönen Hauses der Hartensteins nach dem verheerenden Bombenangriff auf Plauen am 10. April 1945.

Deutsche Dienststelle
für die Benachrichtigung der nächsten
Angehörigen von Gefallenen
der ehemaligen Deutschen Wehrmacht
Abwicklungsstelle
Marine-Personal - Dokumenten-Zentrale
(24 a) HAMBURG 39, Postfach
Postscheck-Konten: Hamburg 138 36
Berlin 221 96
Hamburger Sparcasse v. 1827
Kto. Nr. 80/6408
Referat: V3/U 156

Hamburg, den 19. August 1948

Betr.: Korv.Kapt. Werner Hartenstein
Kommandant von "U 156"

Ihr Schreiben vom: Ev.Hilfswerk/Amberg.

Frau
Thea Schuppan

(10b) Cossengrün
üb.Reichenbach/Vgtld.

Sehr verehrte Frau Schuppan!

Nach den hier vorliegenden Unterlagen der ehemaligen deutschen Ubootführung gelten Boot und Besatzung von "U 156" seit dem 12.3.43 als verloren.
Von der Besatzung wurde niemand gerettet.
Der deutschen Ubootführung war während des Krieges der genaue Versenkungstag des Bootes nicht bekannt. Sie nahm daher das o.a. Datum als Todestag an.
Die nächsten Angehörigen wurden s.Zt. von der zuständigen Unterseebootsflottille benachrichtigt.
Nach dem Waffenstillstand ist uns durch amtliche englische und amerikanische Stellen über die Versenkung des Bootes folgendes bekannt geworden:

"U 156" wurde am 8.3.43 auf 12°38'N und 54°39'W durch amerikanische Luftstreitkräfte V 53 versenkt.

Nähere Einzelheiten über den Bootsverlust sind uns leider nicht bekannt.
Die "Marine-Personal-Dokumenten-Zentrale" ist die einzige amtliche Stelle, die in der Lage ist, Auskünfte über Personalverluste der ehem.deutschen Kriegsmarine zu geben. Es ist daher zwecklos, weitere Nachforschungen bei anderen Dienststellen einzuleiten.
Sollten Sie noch nicht im Besitz einer Sterbeurkunde sein, werden Sie gebeten, sich an folgende Dienststelle zu wenden:

"Abwicklungsstelle deutsche Dienststelle für die Benachrichtigung der nächsten Angehörigen von Gefallenen derehem.deutschen Wehrmacht"

(1) Berlin-Frohnau

Von dort aus kann Ihnen mitgeteilt werden, bei welchem Standesamt und unter welcher Registernummer der Tod des Gefallenen beurkundet worden ist.
Sie können dann von diesem Standesamt eine Sterbeurkunde anfordern.

Dienststellenleiter.

Brief der „Deutschen Dienststelle für die Benachrichtigung der nächsten Angehörigen von Gefallenen der ehemaligen Deutschen Wehrmacht" an Frau Thea Schuppan, der Schwester von Werner Hartenstein. Hierbei konnte das Versenkungs- bzw. Todesdatum korrekt festgestellt werden.

Die besondere Völkerverständigung

Zusammenkunft | Internationales Treffen des U-Boot-Freundeskreises U 156 in Plauen

Werner Schuppan (Zweiter von rechts) übergab beim internationalen Treffen des U-Boot-Freundeskreises (ISCP) das Bild von Werner Hartenstein an Wilfried Pönitz (Dritter von links), den neuen Geschäftsführer des ISCP. Der Plauener Hartenstein war Kommandant des U 156, eines U-Bootes der Kriegsmarine im zweiten Weltkrieg. Mit auf den Foto von rechts Michael Brooks, der Präsident des ISCP David C. Jones (Großbritannien), Helen Charles (Wales) und Stadtrat Hansgünter Fleischer. Foto: j.st.

Plauen – Der Plauener Wilfried Pönitz ist der neue Geschäftsführer der ISCP. Das ist ein internationaler U-Boot-Freundeskreis. Dieser besteht seit sechs Jahren und trifft sich jährlich einmal in Plauen. Kürzlich war dies im Hotel „Alexandra" wieder der Fall. Zuvor hatte er den Verein bereits etwa ein Jahr kommissarisch geführt. Großen Dank erhielt der bisherige Schatzmeister des Vereins, Wolfgang Wagner, der krankheitsbedingt aus diesen Amt ausschied und nun von Sabine Pönitz vertreten wird.

35 Mitglieder, die in den USA, Deutschland, Italien, Großbritannien, Australien und Belgien wohnen, zählt der ISCP derzeit. Dessen Präsident ist David C. Jones. Der Waliser, einst Marineangehöriger, und Wilfried Pönitz erinnerten in ihren Vorträgen an die Geschehnisse im Mittelatlantik im Februar 1942. Im Mittelpunkt steht dabei das deutsche U-Boot „U 156", das den Namen „Plauen" trug. Ein Sohn der Stadt, Werner Hartenstein, war dessen Kommandant. Hartenstein war es zu verdanken, dass über eintausend Menschen in diesem Gefecht gerettet wurden. Beide Redner bekräftigten, auch künftig einen Beitrag zur Völkerverständigung leisten zu wollen.

Etwa 50 Leute waren bei dem Treffen anwesend. Sie erlebten, wie der Schneeberger Werner Schuppan ein Bild seines Onkels, des Kommandanten Werner Hartenstein, für den Vereinsfundus an Pönitz übergab. Im Laufe des Abends erinnerte der Amerikaner Michael Brooks mit seinem Dia-Vortrag an das U-Boot U 156. Er sprach zu dessen Geschichte sowie Einsatz im 2. Weltkrieg und gab einen Einblick in die USA-Kriegsführung im Pazifik. j. st.

Treffen des Internationalen U-Boot-Freundeskreises U 156 Plauen e.V. (ISCP) im April 2008 in Plauen. Der Bericht mit Bild im Vogtland-Anzeiger vom 6. Mai 2008 trägt den Titel „Die besondere Völkerverständigung". Das Foto des Zeitungsberichtes zeigt u. a. Frau Helen Charles geborene Logan, die sich als drei Monate altes Baby im September 1942 an Bord der „Laconia" befand und zusammen mit ihrer Mutter von Werner Hartenstein gerettet wurde.

Übergabe eines Fotos von Werner Hartenstein an den Internationalen U-Boot-Freundeskreis U 156 Plauen e.V. (ISCP). Von links nach rechts: Edwina Jones, Dr. Gisela Lüttig (geb. Schuppan), Captain David Jones, Werner Schuppan.

„Für Führer und Reich starb, getreu seinem Eide, unser Sohn, der Korvettenkapitän Werner Hartenstein, Träger des Ritterkreuzes, des Deutschen Kreuzes in Gold und anderer Kriegsauszeichnungen. Er kehrte aus der Schlacht im Atlantik nicht zurück." Diese Todesanzeige wurde von Werner Hartenstein vor seinem Tode selbst verfasst.

Korvettenkapitän Werner Hartenstein. Geboren am 27. Februar 1908 in Plauen im Vogtland.
Gefallen am 8. März 1943 im Westatlantik östlich Barbados.

15. Januar 1943	Trimmversuch, Funkbeschickung, Kompensieren
16. Januar 1943	Lorient ausgelaufen zusammen mit U 510 (Neitzel) im Sperrbrechergeleit, mit Befehl, Marinequadrat CF 87 anzusteuern.
22. Januar 1943	U 156 gibt Passiermeldung aus Planquadrat CF 6152.
23. Januar 1943	Von BdU: Hartenstein – Neitzel (U 510) – Luis (U 504) Planquadrat DT 60 ansteuern.
26. Januar 1943	Von BdU: Zunächst im Gebiet DH 40 und 10 stehen bleiben. Mit Passieren Einzeldampfer ist zu rechnen.
28. Januar 1943	Von BdU: Hartenstein – Neitzel – Wissmann (U 518) Planquadrat EJ 70 ansteuern.
29. Januar 1943	Von BdU: Ab 30.1./08.00 Uhr Amerika II schalten.
3. Februar 1943	Von BdU: Hartenstein und Neitzel Planquadrat ED 90 über EG 30 ansteuern.
8. Februar 1943	U 156 übernahm im Marinequadrat EG 2737 um 14.30 Uhr von U 510 Medikamente.
10. Februar 1943	Von BdU: Erinnerung an den Verkehr genehmigter französischer Handelsschiffe, die nicht angemeldet sind.
12. Februar 1943	Von BdU: Mitteilung der letzten Erfahrungen im Angriffsgebiet. U 156 soll EO 50 und 20 nach Westen bis Haupthafen besetzen. Schwerpunkt Küstennähe. Zu nächsten Neumondperiode freies Manöver nach Westen bis in das Gebiet ED-Süddrittel. Verhalten: Grundsätzlich über Wasser bleiben, auch am Tage.
16. Februar 1943	Mitteilung der Erfahrungen von U 124.
23. Februar 1943	Von BdU: Aus ED 40 liegen U-Boot-Angriffsmeldungen vor. Falls Hartenstein, Lage melden.
25. Februar 1943	156 traf sich im Marinequadrat EO 6254 um 21.30 Uhr mit U 510 zum Erfahrungsaustausch. Bis zu diesem Zeitpunkt hatte U 156 außer einem Neutralen nichts gesehen. Das Boot wurde im Marinequadrat EO 66 drei Mal durch Luftangriffe unter Wasser gedrückt.
27. Februar 1943	Von BdU: Aufforderung zur Lagemeldung.
28. Februar 1943	Von U 156: Kein Verkehr. Verlege mein Operationsgebiet nach ED.
7. März 1943	Von U 156 aus Planquadrat EE 45: Vor Haupthafen bis Grenada stärkste Dauerluft (feindliche Flugzeuge im Einsatzgebiet). Neuartige Ortung (Radar) Metox nutzlos. Genauste Angriffe ohne Scheinwerfer. Geleit von und nach Testigos operieren unmöglich. Abgesetzt. Alle Aale – 112 cbm, Absicht 99, vermute aus Luftkursen dort Ost-West-Verkehr.
8. März 1943	Von BdU: Nach Lage Meldungen über Geleit U 510 anfordern.

12. März 1943 Von BdU: Melden, ob Einbauanweisung für „magisches Auge“ verständlich und ob Einbau durchgeführt.
16. März 1943 Von BdU: Kurze Verkehrslage melden.
17. März 1943 Von BdU: Lage oder Standort melden.
18. März 1943 Von BdU: Standort melden.
19. März 1943 Von BdU: Sofort Standort mit Kurzsignal melden.
24. März 1943 Von BdU: Ansteuerung Planquadrat DG 50.

Auf Anforderung Standort und Brennstoffmeldung am 27. und 28. März 43 ging ebenfalls keine Antwort mehr ein. Über die Verlustursache gibt es keinen Anhalt. U 156 wurde mit Wirkung vom 12. März 1943 am 18. April 1943 für vermisst ein Stern, am 16. November 1943 für vermisst zwei Sterne erklärt. Totalverlust ist anzunehmen. Für den Befehlshaber der Unterseeboote – Der Chef der Operationsabteilung.

In den Tagesmeldungen des BdU wurde das Boot unter Punkt 3 noch einmal am 30. März 1943 aufgeführt: Hier steht, dass U 156 sich zuletzt am 7. März 1943 aus Marinequadrat EE 45 meldete. Mehrfache Aufforderungen zur Lage beziehungsweise Standortmeldungen wurden vom Boot nicht beantwortet. Am 8. März 1943 wurde im Marinequadrat EE 91 ein U-Boot von einem Flugzeug angegriffen. Nach Koppelung kann dort nur U 156 gestanden haben. Verlust muss angenommen werden.

So weit die Meldungen der Operationsabteilung des Befehlshabers der Unterseeboote. Der tatsächliche Verlust von U 156 konnte erst nach Ende des Krieges festgestellt werden.

Am 16. Januar 1943 lief U 156 gemeinsam mit U 510 von Lorient zu seiner 5. Unternehmung aus. Als Operationsgebiet war wieder einmal die Karibik vorgesehen, wo sich die Einsatzbedingungen in der Zwischenzeit allerdings erheblich verändert hatten. Die amerikanische U-Boot-Abwehr zur See, besonders aber in der Luft, hatte viel dazugelernt. Sie erwarteten bereits die neue Angriffswelle deutscher U-Boote.

Während der Fahrt ins Einsatzgebiet bekam Hartenstein einen Erfahrungsbericht von U 124 mitgeteilt. Dieses Boot unter dem Kommando des Eichenlaubträgers Johann Mohr operierte von Ende 1942 bis Mitte Januar 1943 ebenfalls in der Karibik. Mohr meldete, dass von Trinidad aus regelmäßige Luftaufklärung am Tag geflogen wurde. Dabei würden die amerikanischen Aufklärermaschinen eine Eindringtiefe bis zu 400 Seemeilen erreichen. Weiter meldete U 124, dass es von einem Flugboot angegriffen worden sei, ohne dass vorher Ortungssignale aufgefangen wurden. Der Angriff des Flugbootes blieb erfolglos.

Bis Anfang Februar 1943 hatte U 156 den Atlantik ohne Feindberührung überquert. Doch blieben die verschiedenen Suchkurse ohne jegliche Schiffssichtungen. Auch Operationsansätze vor der brasilianischen Küste blieben erfolglos. Schließlich wurde U 156 und U 510 das Seegebiet nördlich von Trinidad als Operationsgebiet zugewiesen, obwohl es von Seiten der Operationsabteilung des BdU wegen der absoluten Luftüberwachung als gefährlich angesehen wurde.

Wie bereits bekannt, meldete U 156 am 28. Februar 1943 das völlige Ausbleiben jeglichen Schiffsverkehrs. Im Anschluss marschierte das Boot ins Seegebiet der Antillen. Dort kam es am 2. März zur Sichtung eines Geleitzuges. Während der Verfolgung dieses Konvois wurde das Boot mehrmals von Flugzeugen unvermittelt angegriffen. Zudem versuchte Hartenstein am nächsten Tag, einen Zerstörer und einen weiteren Geleitzug anzugreifen. Beide Angriffe schlugen fehl. Anschließend folgte eine schwere Wasserbombenverfolgung, die U 156 mit leichten Schäden überstand. Allerdings zog das Boot danach eine Ölspur hinterher. Die mit Radar ausgerüsteten Überwasserschiffe und Flugzeuge jagten, ja sie hetzten die deutschen U-Boote laufend und zwangen sie unter Wasser.

Auch Hartenstein berichtete in seinem Funkspruch vom 7. März 1943 an den BdU von diesen Ereignissen. Da er das Operieren in diesem Seegebiet und anhand der gemeldeten Umstände nicht mehr für möglich hielt, setzte sich Hartenstein ins Gebiet der Kleinen Antillen ab. Hier wollte er nach neuen Angriffszielen suchen. Noch während des Wechsels in das neue Operationsgebiet erfolgte am 8. März der überraschende Angriff eines „Catalina“-Flugbootes.

Das Flugboot der US-Navy, mit der Bezeichnung „PSP 53-P-1“ mit den Piloten Oberleutnant Dryden und Oberleutnant Beal flog auf einer U-Boot-Abwehrpatrouille, als sie um 13.10 Uhr ein aufgetaucht fahrendes U-Boot, in vier Meilen Entfernung, entdeckten. Die Wolkendecke ausnutzend, um nicht gesehen zu werden, pirschte sich das Flugboot heran. Etwa 500 Meter vom U-Boot entfernt tauchte die Catalina aus der Wolkendecke heraus und ging Sekunden später aus einer Höhe von 365 Metern in einen Sturzflug über. Die Sonne stand direkt über der Catalina, sodass sie vom U-Boot aus kaum erkannt werden konnte. Beim Endanflug erreichte das Flugboot die höchste Geschwindigkeit. Während des Stürzens eröffneten sie aus drei Maschinengewehren das Feuer aus einer Entfernung von 275 Metern. Dabei sahen sie einen Mann der U-Boot-Besatzung auf der achteren Plattform des U-Bootturmes, der wahrscheinlich ein Sonnenbad nahm. Er versuchte noch aufzustehen, bevor er von einer MG-Garbe getroffen wurde. Ein zweiter Mann hielt sich in der Nähe des Geschützes auf. Als er das Flugboot erkannte, rannte er nach vorn und warf die Arme in die Höhe, wahrscheinlich durch das MG-Feuer niedergestreckt. Die restlichen Feuerstöße gingen in die offene U-Boot-Brücke.

Um 13.15 Uhr fielen vier in Salve abgeworfene Mark-44-Torpex-Wasserbomben aus einer Höhe von 23 bis 30 Metern, genau in dem Augenblick, als das Flugboot hochzog. Die Wasserbombensalve gabelte das U-Boot ein, so detonierten zwei der Bomben an Steuerbord achtern drei bis fünf Meter vom Turm des U-Bootes entfernt. Nur Sekunden später beobachteten sie, wie sich das U-Boot aus dem Wasser hob und in zwei Teile auseinanderbrach. Fast gleichzeitig ereignete sich eine starke Explosion, die Wrackteile und Wasser in einer riesigen Wolke von 10 bis 12 Metern emporschleuderte. Danach waren die beiden Teile des U-Bootes von der Wasseroberfläche verschwunden. Unter den vielen Trümmern im Wasser fiel den Männern im Flugboot ein langer röhrenförmiger Gegenstand auf.

Nach der letzten Explosion war die Versenkungsstelle auf einer Fläche im Durchmesser von 60 Metern schaumbedeckt. Anschließend verfärbte sich das Wasser hellgrün. Als der Schaum sich aufgelöst hatte, waren an der Sinkstelle dunkelbraune Ölteppiche zu erkennen, die ständig größer wurden. In diesen Ölflecken befanden sich Trümmer und Überlebende. Rasch zählten sie im Flugboot elf Überlebende, die im Öl schwammen oder sich an Wrackteilen festklammerten. Zwei hielten sich an einem aufrecht treibenden bojenähnlichen schwarzen Gegenstand fest. Drei weitere schwammen im Wasser, vier weitere klammerten sich an einem zylindrischen Gegenstand fest. Etwa 90 Meter weiter nördlich beobachteten sie zwei Männer, die sich an einem torpedoähnlichen, silberglänzenden Gegenstand festhielten, sie verschwanden mit dem Zylinder etwa 10 bis 15 Minuten nach der Versenkung ihres Bootes. Wenig später waren auch die vier Männer, die sich an dem schwarzen zylindrischen Gegenstand festgehalten hatten, verschwunden. Schließlich waren nur noch fünf Überlebende wahrzunehmen. Die drei im Wasser schwimmenden Männer hatten inzwischen einen ebenfalls bojenähnlichen Gegenstand finden können und hielten sich daran fest.

Gleich nach der zweiten Umkreisung der Sinkstelle wurde ein Zweimann-Schlauchboot abgeworfen, das ganz in der Nähe der Überlebenden aufschlug. Wenig später sahen sie fünf Männer am Schlauchboot. Drei saßen im Boot und zwei hielten sich außen fest. Etwa zehn Minuten darauf warfen sie ein zweites, größeres Schlauchboot ab. Dieses füllte sich aber nicht mit Luft und wurde deswegen von den Überlebenden auch nicht gesehen. Bevor das Flugboot den Ort der Katastrophe verließ, warf es noch ein Paket mit Notverpflegung ab, eingepackt in zwei Schwimmwesten. Vom Flugboot aus konnten sie noch beobachten, wie die Überlebenden zu dem Paket paddelten, ob sie es noch erreichten, konnten sie nicht mehr erkennen.

Nur zwei Stunden zuvor wurden der spanische Frachter „Aldecoa Espana“ und der spanische Tanker „Gobeo“ im Seegebiet der Untergangsstelle von U 156 gesichtet. Aber selbst wenn die Spanier die Suche nach den Überlebenden aufgenommen hätten, wäre die Chance, die fünf Männer, in dem kleinen Schlauchboot zu entdecken, selbst bei guten Wetterbedingungen, äußerst gering gewesen. Am Nachmittag des 8. März lief der US-Zerstörer „Barney“ aus dem Marinestützpunkt Trinidad aus, um die Überlebenden zu suchen. Er traf am 11. März auf ein torpediertes Handelsschiff, das von seiner Besatzung verlassen worden war. Der Zerstörer nahm zwar vorübergehend wieder die Suche auf, doch am 12. März musste die „Barney“ die Suchaktion zugunsten der Sicherung des beschädigten Frachters – ein vermutlich von U 510 torpediertes Schiff – aufgeben. Erst am 10. Mai 1943 gaben die Amerikaner die Versenkungsmeldung bekannt. Danach war U 156 um 13.15 Uhr im westlichen Mittelatlantik östlich von Barbados durch Fliegerbomben des „Catalina P-1"-Flugbootes (Oberleutnant Dryden) der US-Navy-Squadron VP-53 versenkt worden.

Die Versenkungsposition lag auf 12 Grad 38 Minuten nördlicher Breite und 54 Grad 39 Minuten westlicher Länge, was das Marinequadrat EE 9157 ist.

Mit U 156 geriet die gesamte Besatzung von 53 Mann in Verlust. Es gab keine Überlebenden.

Diese Pressemeldung fand am folgenden Tag ihre Bekanntmachung in den geheimen Auslandspresseberichten der deutschen Abwehr. Vermutlich wurde der Bericht an den Stab des BdU weitergeleitet, da die Nachlässe sowie die Seesäcke der Vermissten von U 156 noch im Mai vereinnahmt wurden, um im Laufe des Juni 1943 den Angehörigen zugestellt zu werden. Trotzdem erweckte der Flottillenchef der 2. U-Flottille, Fregattenkapitän Ernst Kals, in seinen Briefen an die Angehörigen noch eine gewisse Hoffnung. Erst nach weiteren Monaten quälenden Wartens wurde zur Gewissheit, dass keiner der Besatzung von U 156 gerettet und in Gefangenschaft geraten ist. Sie alle hatten ihr Leben verloren.

Am 15. Januar 1944, zehn Monate nach dem Untergang von U 156, wurde in Plauen eine Gedenkfeier für den Ritterkreuzträger Werner Hartenstein abgehalten. Seine Eltern William Karl Adolf und Selma Emma, seine Schwestern und andere Familienmitglieder sowie viele Bekannte, außerdem der Oberbürgermeister mit Stadträten und eine Abordnung der Marinekameradschaft Plauen nahmen daran teil. Eine Pressenotiz dazu lautete: „Seine Eltern haben akzeptiert, dass ihr geliebter Sohn nicht zurückkehren wird und in Frieden bei Gott ruht."

Anlagen

Der Fall „Laconia"

Bei der Versenkung des britischen 19.675-BRT-Truppentransporters „Laconia" zeigten sich, wie bei solchen Katastrophen üblich, Heldentaten des Einzelnen, aber auch Taten der Barbarei.

In den Morgenstunden des 12. Septembers 1942 – zwei Monate vor der alliierten Landung in Nordafrika – zog U 156 mit brummenden Dieseln durch die tiefblaue See des Mittelatlantiks. Der Wind hatte etwas aufgefrischt, das Boot lief gegen eine leichte Dünung an. Das Blau des Himmels wurde hier und dort von ein paar weißen, schimmernden Wattewölkchen unterbrochen. Das schöne Wetter gestattete den Brückenposten im Turm des Bootes eine praktisch unbegrenzte Sicht. Als um 11.37 Uhr der Brückenmaat eine Rauchwolke in 230 Grad meldete, stand U 156 etwa 600 Seemeilen von Cap Palmas entfernt. Der Wachoffizier gab die Meldung nach unten ins Boot an den Kommandanten weiter. Der 34-jährige U-Boot-Kommandant Korvettenkapitän Werner Hartenstein begab sich sofort auf die Brücke. Er richtete sein starkes Doppelglas auf die mit bloßem Auge kaum wahrnehmbare Rauchfahne in dem angegebenen Sektor. Minutenlang beobachtete er konzentriert in die Richtung, dann wusste er, dass es sich beim Gegner um einen schnellen Einzelfahrer handeln musste. Bald schälten sich die ersten Details heraus. Hartenstein sah ein kurzes Promenadendeck. Also dürfte das fremde Schiff, das mit weiten Schlägen um einen Generalkurs Westnordwest zackte, halb Fracht- und halbPassagierdampfer sein. Die Größe schätzte er auf 7000 bis 8000 Tonnen, die Geschwindigkeit auf 14 Knoten. Er rechnete damit, dass sie nach Einbruch der Dunkelheit nahe genug heran sein würden, um zum Torpedoschuss zu kommen. Hartenstein ließ beide Diesel volle Kraft laufen. Mit hoher Fahrt preschte das Boot an der Grenze der Sichtweite neben dem feindlichen Schiff einher, um sich zum Angriff vorzusetzen. Gegen 21.00 Uhr steuerte U 156 auf Angriffsposition heran. Kommandant und Steuermann erkoppelten die Schussunterlagen. Die Torpedorohre wurden bewässert und um 22.07 Uhr verließ ein Fächer von zwei Torpedos die Rohre I und III. Bei der geschätzten Entfernung von 1800 Metern bis zum Ziel müsste der Aufschlag in zwei Minuten erfolgen. Als nach zwei Minuten und dreißig Sekunden noch keine Detonation zu hören war, wurde Hartenstein unruhig. Sollten sie auf diese Entfernung vorbeigeschossen haben? Er setzte das Glas ab und blickte ärgerlich auf seine Uhr. Drei Minuten sechs Sekunden waren bereits vergangen.

In diesem Moment zuckte drüben ein Blitz mittschiffs auf. Die Aufbauten des Schiffes waren für Sekundenbruchteile in grelles Licht getaucht, und die bizarr geformte Sprengsäule der Torpedo-Detonation stieg bis über die Mastspitzen des Schiffes hinaus in den nachtschwarzen Himmel. Dann rumste es ein zweites Mal, ohne dass eine Detonationssäule zu sehen war.

Rasch war Hartenstein klar, dass sie sich bei der Entfernung gehörig verschätzt hatten. Das Schiff musste erheblich größer sein, als sie dachten. Der Dampfer wurde bereits langsamer, stoppte und setzte Boote aus, während er mit dem Bug bereits tiefer sackte. Kurze Zeit später meldete der Funker von U 156: „Dampfer funkt auf 600 Meter Welle SSS SSS 04.34 S / 11.25 W – ‚Laconia' torpedoed."

In der Zentrale des U-Bootes wälzten sie bereits im Schiffsregister. Die „Laconia" der Cunard-White Star Line in Liverpool hatte 19.675 BRT. Vorsichtig manövrierte Hartenstein sein Boot etwas näher an sein sinkendes Opfer heran, das bereits starke Schlagseite bekam.

Und in diesem Augenblick nahmen die Schwierigkeiten ihren Anfang. Die Nacht war klar, die See leicht bewegt, die bisher dunkle Silhouette des Dampfers war von unzähligen Lichtern beleuchtet. Es waren Sternlampen, die die Davits, an denen die Rettungsboote hingen, anleuchteten. Türen, die sich öffneten und schlossen oder die im Takt mit dem Schlingern des Schiffes auf- und zuschlugen, wurden beobachtet. Immer noch schienen Menschen das Schiff zu verlassen, als dieses bereits über dem Bug sank. Trauben von Menschen fielen ins Wasser. Nicht genug damit – um das Drama zu erhöhen, erfolgten im Augenblick des Sinkens mehrere furchtbare Explosionen.

Hartenstein betrachtete am Anfang dieses Inferno noch in völliger Ruhe. War das nicht der übliche Ablauf einer Versenkung? Allerdings: Auf diesem Schiff schienen viele Hunderte, ja vielleicht Tausende Menschen zu sein – und das beunruhigte ihn dann doch allmählich. Er ließ den Kurs leicht ändern, um näher an die Schiffbrüchigen heranzukommen. Plötzlich trug die aufkommende Brise ihm und den Männern auf der Brücke die Geräusche einer unbeschreiblichen Panik zu. In der Nähe der Rettungsboote schrien Menschen um ihr Leben. Die See war bedeckt mit schwarzen Köpfen, verschmiert mit Heizöl, die von Schwimmwesten getragen, grotesk aus dem Wasser ragten und mit ihren Armen ruderten. Dann plötzlich hörten sie die Hilferufe genauer.

„Amico! Amico!"

War das Italienisch? Wie sollten Italiener an Bord eines englischen Schiffes kommen? Oder hatten sie sogar ein italienisches Schiff versenkt? Unmöglich! Das Schiff hatte sich doch mit Namen gemeldet.

Also mussten sie einige Schiffbrüchige an Bord nehmen, um zu erfahren, was hier ablief. Aber das war verboten – nur Kapitäne und Chefingenieure durften an Bord genommen werden. Aber außergewöhnliche Umstände erfordern außergewöhnliche Maßnahmen. Als sie die ersten Schiffbrüchigen an Oberdeck des Bootes gezogen hatten, löste sich das Rätsel. Hartenstein verstand genug Italienisch, um die Erklärung des Geheimnisses zu erfassen. Die „Laconia" hatte in ihren Räumen etwa 1500 Italiener an Bord, die in Nordafrika bei den Kämpfen um El Alamein in Gefangenschaft geraten waren. Dazu kamen noch 463 Mann Besatzung, 160 polnische Bewacher, 268 britische Urlauber sowie 80 Frauen und Kinder.

Nun erfuhr Hartenstein auch, welche Szenen, ja welch entsetzliches Drama sich auf der „Laconia" abgespielt hatte. Nach den beiden Torpedotreffern, so die Angaben der Italiener, hatte das polnische Wachpersonal die Gefangenenräume nicht geöffnet und somit die Eingeschlossenen gnadenlos dem Ertrinkungstod preisgegeben. In ihrer Verzweiflung versuchten die Gefangenen, sich durch die Bullaugen zu zwängen. Teilweise gelang es dann doch der wimmelnden Masse der Italiener, die Wachen zu überwältigen – und so kamen noch viele an Deck und konnten zu den Booten vordringen. Dort seien mehrere niedergeschossen worden. Es entwickelte sich an Bord der „Laconia" ein Kampf, ja ein verzweifelter Kampf ums Überleben. Und man konnte sich leicht die überschäumende Wut der entfesselten Menge vorstellen. Viele der Italiener waren verwundet und alle waren erschöpft.

Jetzt war keine Zeit des Bedauerns, es musste sofort gehandelt werden. Hartenstein hatte ein tapferes Herz, und er war ein guter Mensch – und das sollte er noch reichlich beweisen. Die Menschlichkeit, die Waffenbrüderschaft hatten für ihn offensichtlich den Vorrang vor allen anderen Überlegungen. Er machte sich sofort an die Rettung möglichst vieler dieser Unglücklichen.

Es war ein anständiger, wenn auch ein wenig unüberlegter Entschluss, denn es waren mehr als tausend Menschen, die da im Wasser schwammen. Im besten Falle konnte er nur 200 von ihnen an Bord nehmen. Aber, was sollte er anderes tun? Da waren überall Menschen um ihn herum, flehend, erschöpft. Die U-Boot-Männer zogen immer mehr Schiffbrüchige aus dem Wasser, Engländer, Italiener, Polen, Frauen und Kinder. Bald herrschte auf dem schmalen Oberdeck des U-Bootes ein dichtes Gedränge. Wenigstens neunzig Schiffbrüchige hatte das Boot aufgenommen – und einige hundert schwammen noch im Wasser. 22 Rettungsboote zählten seine Leute, teilweise überfüllt, manche aber auch unterbesetzt. Hartenstein sah schnell ein, dass er diesen Unglücklichen nicht mehr als einen äußerst fragwürdigen Aufschub gewähren konnte. Er erkannte, dass hier die Führung entscheiden musste und befahl, folgenden Funkspruch an den BdU abzugeben, der am 13. September 1942 um 01.23 Uhr abging:

„Versenkt von Hartenstein Brite „Laconia". Marinequadrat FF 7721 310 Grad. Leider mit 1500 italienischen Kriegsgefangenen. Bisher 90 gefischt. 157 cbm. 19 Aale, Passat 3, erbitte Befehle."

Bei Dönitz muss dieser Funkspruch wie eine Bombe eingeschlagen haben, als der wachhabende Admiralstabsoffizier der Befehlsstelle in Paris nach einigem Zögern, ob diese Angelegenheit es auch rechtfertigte, den Admiral zu dieser Stunde zu wecken, ihm die Meldung überreichte.

Nach der ersten Überraschung folgte die Bestürzung. Zuerst fragte er sich: Warum hat

Hartenstein nicht beide Augen zugedrückt und ist vom Ort des Geschehens abgelaufen? Einige Minuten lang lief er in seinem Zimmer auf und ab, überlegte, dann trat er an die große Karte und studierte die Lage. Etwa 500 Seemeilen, fast 950 Kilometer südlich der afrikanischen Elfenbeinküste, trieben zu diesem Zeitpunkt vielleicht 2000 Menschen hilflos im Wasser oder saßen dicht gedrängt in den Rettungsbooten. Unter ihnen waren 1500 kriegsgefangene Italiener, Soldaten des Achsenpartners Italien. Dönitz zögerte immer noch, überlegte, doch dann erfolgte seine Entscheidung. Was geschehen war, war geschehen. Hartenstein, ob einem das nun passte oder nicht, hatte sich auf diese hoffnungslose Rettungsaktion eingelassen. Er hatte dies aus Ritterlichkeit, aus reinem Ehrgefühl getan. Er wollte den Waffenbrüdern helfen. Dafür konnte er ihm keinen Vorwurf machen. Also musste man ihm helfen. Der Admiral, der die Unvorsichtigkeit seines Handelns erkannte, setzte unter Abwägen jeden Wortes den Funkspruch auf, der die Antwort auf die Meldung Hartensteins bedeutete. Um 03.45 Uhr jagte er diesen durch den Äther und die in der Nähe der Versenkungsstelle befindlichen U-Boote erhielten ihre Befehle:

„Gruppe Eisbär, Schacht (U 507), Würdemann (U 506) und Wilamowitz (U 459) sofort zu Hartenstein gehen. Marinequadrat FF 7721. Hohe Fahrt. Schacht und Würdemann Standort melden."

Mit dieser Entscheidung zog Dönitz sechs große U-Boote aus einer Erfolg versprechenden Operation und stellte das Kriegsinteresse hintenan, um Schiffbrüchige zu retten. Dies war eine Entscheidung, die in der Seekriegsgeschichte ihresgleichen suchte.

Unterdessen stand U 156 allein inmitten eines Trümmerfeldes. Wohin Hartenstein auch blickte, sah er die See bedeckt mit Schiffbrüchigen und treibenden Wrackteilen. Fast die ganze Nacht kreuzte er umher, um zu retten, was zu retten war. Unermüdlich zogen seine Männer erschöpfte Menschen aus der See, ohne Rücksicht auf deren Nationalität. In der Zwischenzeit war der nächste Funkspruch vom BdU eingegangen: „An Hartenstein. Sofort melden: Hat Schiff gefunkt, sind Schiffbrüchige überwiegend in Booten oder treibend? Nähere Umstände auf Versenkungsplatz berichten."

Trotz seiner Hochachtung für den BdU ärgerte sich Hartenstein über alle diese Fragen – und so setzte er folgenden Funkspruch ab.

„Schiff ist gesunken. Hat genauen Standort gefunkt. Habe an Bord 193 Mann, darunter 21 Briten. Hunderte von Schiffbrüchigen treiben nur mit Schwimmwesten. Vorschlage diplomatische Neutralisierung der Untergangsstelle. Nach Funkbeobachtung stand unbekannter Frachter in Nähe."

Hartenstein, der jetzt 193 Menschen zusätzlich an Bord hatte, lief zunächst einmal ab. Mehr konnte er in der Enge des Bootes, das kaum den fünfzig Besatzungsmitgliedern Platz bot, beim besten Willen nicht unterbringen. Zudem war das Boot ein Kampfinstrument und musste somit jederzeit tauchklar bleiben. Nachdem Hartenstein ein Prüfungstauchen durchgeführt und der Leitende Ingenieur sich überzeugt hatte, dass die Trimmlage des Bootes in Ordnung war, tauchte man wieder auf. Ab 05.23 Uhr suchten Hartenstein und seine Ausgucks voller Erwartung die Kimm ab, auf der Suche nach dem Dampfer, dessen Funksprüche sie ganz in der Nähe aufgefangen hatten. Aber es war vergeblich, nicht die kleinste Rauchwolke kam in Sicht. Auch der BdU gab auf seine Vorschläge keine Antwort und angesichts der Tragödie, die sich um Hartenstein herum abspielte, rang er sich zu einer heroischen Lösung durch. In Klartext setzte Hartenstein einen Funkspruch in englischer Sprache auf den internationalen 25- und 600-Meter-Wellen ab:

„Falls ein Schiff den Schiffbrüchigen der ‚Laconia' zu Hilfe kommt, werde ich es nicht angreifen, sofern ich selbst weder aus der Luft noch von Schiffen angegriffen werde. Ich habe 193 Menschen aufgenommen. Standort: 04 Grad 53 Minuten Süd / 11 Grad 26 Minuten West. – Ein deutsches Unterseeboot."

Dieser Ruf sollte leider unbeantwortet verhallen und Hartenstein allein bleiben. Dönitz, der klarer sah als sein Untergebener, rief ihn mit folgendem Funkspruch zur Vorsicht auf:

„Hartenstein, in Nähe Untergangsstelle bleiben. Tauchklarheit sicherstellen. Abgeteilte Boote nur so viel übernehmen, dass Boote tauchklar bleiben. Weiteres bezüglich Neutralisierung folgt. – Dönitz."

Eine halbe Stunde später ging der nächste Funkspruch des BdU ein, der alle an Bord von U 156 ein bisschen aufatmen ließ.

„Gruppe Eisbär, Schacht und Würdemann: Italienisches U-Boot Cappellini geht ebenfalls zur Untergangsstelle Laconia, aus FE 10."

Also hieß es warten, weiter warten, inmitten der Unglücklichen, die flehten und von denen manche schon mit dem Tode kämpften. Die armen Leute waren erschöpft, verdurstet, manche waren verwundet und zwischen ihnen Frauen und Kinder. Aber Hartenstein ging ganz in seinem Rettungswerk auf. Den ganzen Tag hielt sich U 156 in der wimmelnden Masse der Menschen auf, die Männer fischten Schiffbrüchige heraus, versorgten sie und ließen sie, soweit möglich, neu einkleiden. Anschließend wurden sie, so gut es ging, auf die Rettungsboote und Flöße verteilt.

Hatte Dönitz den Seelenzustand seines Untergebenen erfasst? Wahrscheinlich, denn er entschloss sich, Hartenstein so schnell wie möglich zu helfen. Jetzt, da er die Lage bei den einzelnen Booten klar sah, funkte er:

„1. Hartenstein sämtliche Geretteten an erstes eintreffendes Boot, voraussichtlich Würdemann, abgeben. Dann Weitermarsch nach Süden.
2. Übernehmendes Boot auf Schacht bzw. Würdemann und italienisches U-Boot warten, Gerettete verteilen.
3. Abgabe aller Geretteten an französische Schiffe oder Häfen vorgesehen. Weiteres folgt."

Dieser letzte Satz brachte den Rettern endlich eine gewisse Erleichterung, und diese Neuigkeit verbreitete sich binnen kurzer Zeit auch unter den Schiffbrüchigen. Im fernen Europa liefen inzwischen auf der diplomatischen Ebene die Drähte heiß. Dönitz hatte inzwischen seine Maßnahmen der Seekriegsleitung nach Berlin gemeldet, die seine bisherigen Befehle billigten und nun ihrerseits mit der Regierung des Marschalls Pétain Kontakt aufnahmen. Auch für die Franzosen war es eine heikle Situation, aber Pétain und die französischen Dienststellen verweigerten die Hilfeleistung nicht. Umgehend setzte Admiral Collinet, der französische Marinebefehlshaber in Französisch Äquatorial Afrika, von Dakar aus den Kreuzer „Gloire" in Marsch und die beiden Aviso „Dumont d'Urville" und „Annamite" erhielten in See stehend den Befehl zur Kursänderung zur Untergangsstelle der „Laconia".

Doch inzwischen hatte sich auch das Führerhauptquartier eingeschaltet: Die Operation der U-Boot-Gruppe „Eisbär" durfte auf keinen Fall hinter der Rettungsaktion zurückstehen!

Diese U-Boote sollten die Truppentransporte bekämpfen, die um das Kap der Guten Hoffnung herum fuhren und die britischen Nordafrikafront gegen Rommel verstärken sollten. In den frühen Morgenstunden des 14. Septembers 1942 gingen neue Anweisungen an die Boote hinaus. So erhielten die Eisbärboote U 68, U 172 und U 504 den Befehl, ihren Marsch nach Süden fortzusetzen. Nur noch U 506 (Würdemann) und U 507 (Schacht) sowie „Cappellini" sollten weiter zu Hartenstein stoßen und sich an der Rettungsaktion beteiligen.

Als ob die Natur auch noch helfen wollte, spielte immer noch das Wetter mit. Aus Südosten wehte ein leichter Passat, der Himmel war bedeckt und es lief eine sanfte Dünung. Auf U 156 waren sie unermüdlich damit beschäftigt, die Schiffbrüchigen zu verpflegen, Wunden zu verbinden und sie auf die Rettungsboote zu verteilen. Endlich, am späten Vormittag des 15. Septembers, kam das erste U-Boot in Sicht. Es war U 506, das sofort längsseits kam und von Hartenstein 132 Italiener übernahm. Anschließend machten sich beide Boote daran, die von Wind und See weit auseinandergetriebenen Rettungsboote der „Laconia" wieder einzusammeln. Den ganzen Tag kreuzten beide U-Boote umher, nahmen die Boote in Schlepp und brachten sie zu einem Sammelpunkt, wo sie mit Trinkwasser und Proviant versorgt wurden, danach ging die Suche weiter.

U 507 stand ebenfalls schon in der Nähe. Korvettenkapitän Harro Schacht war bereits gegen Mittag des 15. Septembers auf zwei abgetriebene Rettungsboote gestoßen. Noch während die 114 Insassen der beiden Boote an Bord von U 507 versorgt wurden, kamen ein drittes und kurz darauf ein viertes Rettungsboot in Sicht. Wieder 134 Schiffbrüchige, die ebenfalls, so gut es eben ging, von den U-Boot-Männern versorgt wurden. 149 Italiener und vier Engländer, darunter zwei Frauen sowie einen Offizier der Royal Air Force und den Navigationsoffizier der „Laconia" nahm Harro Schacht an Bord. Die restlichen Schiffbrüchigen, zumeist Engländer und Polen, verteilte er auf die vier Rettungsboote, nahm sie in Schlepp und steuerte dem Treffpunkt mit Hartenstein und Würdemann entgegen. So vergingen ein weiterer Tag und eine weitere Nacht. Die deutschen U-Boote warteten auf die französischen Schiffe, die ihnen die Geretteten abnehmen sollten.

Am 16. September 1942 nahte das Unheil in Gestalt eines amerikanischen Bombers. Während der Nacht waren durch das Reißen der Schleppleine Boote auseinandergetrieben, die wieder eingesammelt wurden. Dabei wurde ein weiteres Boot mit 55 Italienern und 35 Engländern, darunter fünf Frauen, aufgenommen und versorgt. Es war 11.25 Uhr, als Hartenstein von einem Brückenausguck ein Flugzeug gemeldet wurde. Von Nordosten her näherte sich eine viermotorige B-24 „Liberator" mit amerikanischen Hoheitsabzeichen. Hartenstein ließ sich aus dem Boot eine für alle Fälle angefertigte Rotkreuz-Flagge heraufreichen. Die zwei mal zwei Meter große Flagge wurde von sechs Männern über der hinteren Plattform (Wintergarten) nach der Brücke ausgebreitet, um der Besatzung des Bombers die friedliche Absicht des U-Bootes zu erkennen zu geben. Sicherheitshalber ließ Hartenstein sein Boot alarmtauchklar machen, und zwei Mann beorderte er an die Schleppleine der Rettungsboote, um sie notfalls loswerfen zu können.

Der Bomber kam näher, überflog U 156, flog eine Schleife und kam wieder. Mit dem Handscheinwerfer ging ein Morsespruch in Englisch zu dem Flugzeugführer hoch:

„Deutsches U-Boot mit Schiffbrüchigen an Bord. Haben Sie Schiffe in der Nähe gesehen?"

Von oben erfolgte keine Reaktion. Ein britischer Fliegeroffizier kam auf die Brücke, bat um den Handscheinwerfer, um einen Spruch zu dem Flugzeug abzusetzen. Er morste:

„RAF-Offizier von deutschem Unterseeboot. Überlebende der ‚Laconia' an Bord." Wieder erfolgte keine Reaktion. Die Liberator flog noch eine Schleife und kam dann mit südwestlichem Kurs außer Sicht. Auf U 156 atmeten sie auf, doch um 12.32 Uhr war der Bomber wieder da. Die Maschine ging tiefer – und mit Entsetzen sahen die U-Boot-Männer und die Schiffbrüchigen, wie sich die Bombenklappen öffneten und der schwere Bomber mit donnernden Motoren in nur 80 Metern Höhe heranjagte. Und dann fielen die Bomben. Zwei dunkle Körper, die sich von der Maschine lösten und pfeifend herunterstürzten. Kurz vor dem Boot schlugen sie auf. Wasserkaskaden schugen über dem U-Boot zusammen. Einige Splitter klatschten klirrend gegen den Turm, ohne aber jemanden zu verletzen.

Hartenstein ließ sofort die Schleppleine von den vier Rettungsbooten loswerfen, doch da flog der Bomber schon wieder an, warf eine dritte Bombe, die mitten unter die Rettungsboote fiel. Eines wurde getroffen, ein anderes kenterte sofort, dabei wurden zahlreiche Schiffbrüchige getötet. Ein sinnloser Tod Dutzender von Italienern und Engländern. Eine vierte Bombe torkelte aus dem Bombenschacht, die aber schlecht gezielt in 2000 bis 3000 Metern Entfernung detonierte, ohne Schaden anzurichten. Auf der Brücke von U 156 konnten sie den leeren Bombenschacht sehen. Dann flog die Liberator wieder heran, warf zwei weitere Bomben, die dicht neben dem U-Boot ins Wasser fielen und direkt in Höhe der U-Boot-Zentrale detonierten. U 156 wurde förmlich aus dem Wasser gehoben und fiel zurück, der Turm war für Sekunden hinter einem dunklen Wasservorhang verschwunden. Diesmal war es gefährlich. U 156 schwamm zwar noch und machte sogar Fahrt, aber der Bugraum und die Zentrale meldeten Wassereinbruch.

Hartenstein gab sofort den Befehl: „Klar bei Schwimmwesten – alle Briten von Bord – wir müssen tauchen!" Ohne zu murren gingen die Engländer in aller Eile von Bord. Sie ergaben sich einfach ihrem Schicksal. Vielleicht waren sie sogar froh, diesem schwimmenden Sarg entronnen zu sein.

Die Schadensmeldungen von den verschiedenen Stationen trafen ein. Beide Sehrohre waren ausgefallen, Funkpeiler gerissen, Lot- und Horchanlage unklar, Kühlwasserflansch beim Diesel gerissen. Aber das Schlimmste war: Aus den Batterien kam beißender Qualm, also entwickelten die Akkus Chlorgas!

Jetzt gab es kein Zögern mehr – die Italiener mussten auch von Bord. Schließlich waren nur Tauchretter für die Besatzung vorhanden. Aber dieses „von Bord" war für die Unglücklichen kaum verlockend. Eine unruhige See schlug über Leichen und zerstreute die Rettungsboote. Für die Italiener, die man aufgenommen, aufgewärmt, für die man gesorgt und sie neu eingekleidet hatte, war dieser Sprung ins Unglück die grausamste Prüfung. Sie hatten ja nichts getan. Dieses Herauswerfen aus dem U-Boot erschien ihnen unmenschlich, ungerecht, ja unerklärlich. War es ihre Schuld, dass sie von dem Amerikaner gebombt worden waren? Sie flehten Hartenstein an, sie baten ihn um Gnade. Aber dieses Mal hörte Hartenstein nicht. Er wusste, was er tun hatte, als laufend die schlimmen Meldungen aus dem Innern des Bootes kamen. An Deck waren einige seiner Männer damit beschäftigt, die Italiener von Bord zu bringen. Einige leisteten noch immer Widerstand und mussten mit sanfter Gewalt dazu gezwungen werden. Inzwischen wurde aber die Meldung über den Wassereinbruch widerrufen. Gott sei Dank, sie hatten kein Leck!

Um 13.43 Uhr am 16. September 1942 tauchte U 156. Unter Wasser versuchten sie die Schäden, soweit wie möglich zu reparieren. Erst nach Einbruch der Dunkelheit kurz vor 23.00 Uhr befahl Hartenstein wieder aufzutauchen – und nun, fast neun Stunden später, machte er Meldung über die Geschehnisse am Mittag.

Noch in der Nacht nahm man im Stab des BdU Hartensteins Lagebericht verbittert zur Kenntnis. Mit Dönitz' Geduld war es jetzt vorbei.

Admiral Dönitz' Besorgnisse über seine U-Boote wurden noch weit übertroffen. Er musste etwas veranlassen. Zuerst gab er Hartenstein den Befehl, sich an keiner Rettungsaktion mehr zu beteiligen und erinnerte die beiden anderen U-Boote (U 506 und U 507) an die elementarsten Vorsichtsmaßregeln:

„An ‚Laconia' Gruppe: Sicherheit des Bootes darf unter keinen Umständen gefährdet werden. Alle Maßnahmen, auch Abbrechen jeder Bergungstätigkeit entsprechend rücksichtslos ergreifen. Annahme irgendwelcher Schonung der U-Boote durch den Gegner ist völlig abwegig. Schacht und Würdemann Lage melden.“

Beide antworteten, zuerst U 507 unter Korvettenkapitän Harro Schacht:

„129 Italiener, einen englischen Offizier, 16 Kinder und 15 Frauen an Bord. Sieben Boote mit rund 350 Überlebenden im Schlepp, darunter 35 Italiener – Schacht.“

Und Erich Würdemann, der Kommandant von U 506, meldete:

„Habe vier Boote mit zirka 250 Überlebenden im Schlepp. An Bord 143 Italiener, neun Frauen und Kinder. Nichts in Sicht – Würdemann.“

Dönitz schüttelte mit dem Kopf. Bei beiden Kommandanten hatte das Beispiel des Bombenangriffs auf Hartensteins Boot nichts genutzt. Ohne mit der Wimper zu zucken, führten Schacht und Würdemann ihr menschenfreundliches Unterfangen weiter durch. Gingen sie mit der Rettungsaktion zu weit? Aber Dönitz wollte nicht abbrechen. Beunruhigt trat er in sein Lagezimmer. Hier wurde heftig diskutiert. Einige der Stabsoffiziere waren der Meinung, das Rettungswerk sofort abzubrechen. Dagegen gab es lebhafte Proteste. Die Argumente wurden hin und her geworfen. Schließlich beendete Dönitz diese Debatte mit den Worten:

„Ich kann die Leute nicht ins Wasser werfen. Wir machen weiter.“

Trotzdem bereitete Dönitz einen Befehl vor, der als sogenannter „Laconia“-Befehl für die Weisung an die U-Boote erarbeitet worden war und der so lange hinausgeschoben werden sollte, bis die Franzosen die Schiffbrüchigen der „Laconia“ übernommen hatten.

Die Nacht verging. In der Morgendämmerung des 17. Septembers trafen die Franzosen am Unglücksort ein. Am Mittag ging in Paris im Stab des BdU eine neue Hiobsbotschaft ein: U 506 war von einem schweren amerikanischen Flugboot bombardiert worden, hatte aber keine Schäden davongetragen und konnte sich weiterhin an der Rettungsaktion beteiligen. Noch am selben Tag konnten beide U-Boote die „Laconia“-Überlebenden an die französischen Kriegsschiffe abgeben. Eines der größten Rettungswerke zur See im Zweiten Weltkrieg war damit abgeschlossen. Die deutschen U-Boote, die daran beteiligt waren, führten ihre Kriegsfahrten fort. Doch keiner dieser drei deutschen U-Boot-Kommandanten sollte den Zweiten Weltkrieg überleben.

Während des Nürnberger Militärtribunals wurde Dönitz beschuldigt, den „Laconia“-Fall zum Vorwand genommen zu haben, um an alle U-Boote diesen Befehl zu geben, mit dem er sich schon lange getragen hätte und der die Vernichtung von Schiffbrüchigen zum Ziele hätte. Dönitz lächelte, während er antwortete:

„Es ist ganz klar, dass ich auf eine derartige Beschuldigung keine Antwort geben kann. Für mich gab es nur zwei Möglichkeiten: Die Schiffbrüchigen aufzunehmen oder nicht. Nun beweist alles, was vor diesem Befehl geschehen ist, dass wir in aufopferungsvoller Weise alles für die Rettung getan haben, und dass wir dabei mit Bomben angegriffen wurden. Ebenso ist es eine Tatsache, dass die Kommandanten und ich selbst uns vor sehr schwere Entschlüsse gestellt sahen, und dass ich vom militärischen Standpunkt aus zu tadeln war, als ich die menschliche Lösung wählte. Ich finde, dass angesichts dieses Beweises jede Diskussion überflüssig ist."

Besseres hätte Dönitz mit knappen Worten nicht sagen können.

Auch für die Franzosen war diese Situation nicht einfach. Als am 13. September 1942 der Admiral Collinet durch einen Funkspruch der französischen Admiralität den Befehl erhielt, Maßnahmen zur Rettung der „Laconia"-Schiffbrüchigen zu veranlassen, wobei er jeden Zusammenstoß mit westalliierten Seestreitkräften vermeiden und die Übernahme der Schiffbrüchigen auf jeden Fall außerhalb der französischen Hoheitsgewässer stattfinden sollte, dürfte er nicht erfreut gewesen sein.

Dieser Befehl war aufgrund eines Hilfsersuchens ergangen, das das Oberkommando der deutschen Kriegsmarine auf die Meldung von Hartenstein hin bei der Vichy-Regierung gestellt hatte.

Der französische Admiral beorderte darauf die Avisos „Dumont d'Urville" und „Annamite", die sich im Geleitdienst auf See befanden, an die Versenkungsstelle und später auf Bitten der italienischen Regierung noch den Kreuzer „Gloire" aus Dakar. Sehr sorgfältig wurden die Erkennungssignale festgelegt.

Früh am 17. September 1942 nahm die „Gloire" die ersten Geretteten aus den Rettungsbooten an Bord und traf dann mit der „Annamite" zusammen, die noch nichts gesichtet hatte. Gegen Mittag traf die „Gloire" auf U 507 (Schacht), der seine Geretteten an „Annamite" abgab und Angaben über die Rettungsboote machte, die er gegen 16.00 Uhr gesichtet hatte. Im Laufe des Abends und der Nacht wurden weitere Überlebende von Rettungsbooten übernommen, zudem die Geretteten von U 506. Schließlich hatten beide Kriegsschiffe zusammen 1041 Überlebende an Bord, die dann alle von der „Gloire" übernommen wurden. Die „Dumont d'Urville" traf nicht mit den beiden anderen französischen Schiffen zusammen, übernahm aber später von dem italienischen U-Boot „Cappellini" 42 Italiener, die dann auf die „Annamite" abgegeben wurden.

Eine in den Annalen der Seekriegsgeschichte einzigartige Rettungsaktion war beendet, und die Schiffbrüchigen wurden am 21. September 1942 wohlbehalten in Casablanca an Land gesetzt.

Der Fall „Laconia" aus Sicht der U.S. Army Air Force

Die Versenkung der „Laconia" durch U 156 unter Korvettenkapitän Werner Hartenstein aus deutscher Sicht wurde durch zahlreiche Veröffentlichungen bekannt und dokumentiert. Wie aber verhielt sich die Geschichte aus amerikanischer Sicht? Warum bombardierte ein US-Flugzeug das deutsche U-Boot, obwohl es mit der Bergung von Überlebenden des von ihm versenkten britischen Schiffes beschäftigt war und eine deutlich aus der Luft wahrnehmbare Rotkreuz-Flagge auf Deck angebracht hatte, die weithin sichtbar war? Dazu ein kurzer Rückblick!

Am 20. August 1942 war U 156 von Lorient aus in See gegangen. Ziel des U-Bootes war Kapstadt an der südafrikanischen Küste. Zusammen mit U 504 (Poske), U 172 (Emmermann), U 68 (Merten) und dem U-Boot-Tanker U 459 (Wilamowitz-Moellendorf) sollte U 156 die U-Boot-Gruppe „Eisbär" bilden. Bereits am 27. August 1942 versenkte U 156 in der Nähe der Azoren den britischen Dampfer „Clan Macwhirter" mit 5941 Bruttoregistertonnen.

Schließlich, am Sonnabend des 12. Septembers 1942 stand U 156 etwa 900 Seemeilen südlich von Freetown und 250 Seemeilen nordöstlich von Ascension, als Hartenstein und seine Brückencrew die „Laconia" sichteten, einen ehemaligen Passagierdampfer der Cunard White Star Line, den die Briten offiziell seit Anfang 1941 als Truppentransporter verwendeten.

Um 22.07 Uhr schoss Hartenstein zwei Torpedos, die nach drei Minuten sechs Sekunden und drei Minuten zehn Sekunden am Ziel detonierten. Bevor das Schiff sank setzte es noch zwei Funksprüche ab. Den ersten um 22.22 Uhr (deutscher Zeit) auf der internationalen 600 Meter-Welle, den zweiten vier Minuten später auf dem 25 Meter-Band. Die „Laconia" meldete, dass sie auf 04°34'Süd / 11°25'West torpediert worden sei.

Korvettenkapitän Hartenstein, der von der Brückenwache über italienische Hilferufe informiert worden war, holte einige der Überlebenden der „Laconia" auf sein Boot. Von ihnen erfuhr er, dass der britische Truppentransporter zirka 1500- bis 1800 italienische Kriegsgefangene an Bord hatte, die nach Kanada gebracht werden sollten. Erst später, nach der Vernehmung des britischen Navigationsoffiziers der „Laconia" stellte sich heraus, dass außer den Italienern und einer Besatzung von 692 Mann (einschließlich der Geschützbedienungen), noch weitere 769 Mann britisches Militärpersonal und Passagiere, darunter 80 Frauen und Kinder sowie 103 Polen (andere Quellen sprechen von 160 Polen), die als Wachpersonal für die italienischen Kriegsgefangenen fungierten, an Bord waren. Beim Verhör des Briten stellte sich außerdem heraus, dass die beiden Torpedos, die U 156 auf die „Laconia" abgefeuert hatte, eben die Abteilungen getroffen hatte, in denen die Italiener untergebracht waren, weshalb auch viele der Gefangenen mit dem Schiff untergingen. Aufgrund der Zeugenaussagen der an Bord genommenen Schiffbrüchigen, begann Hartenstein sofort mit der Rettung der Schiffbrüchigen und meldete seinen Vorgesetzten die schreckliche Lage über Funk.

Bisher hatte Admiral Dönitz seinen U-Booten erlaubt, nur so viele Überlebende an Bord zu nehmen, dass die Tauch- und Manövriereigenschaften eines U-Bootes nicht eingeschränkt sein durften. Zudem gab es den ausdrücklichen Befehl, dass die Sicherheit der eigenen U-Boote durch Rettungsaktionen nicht gefährdet werden sollten. Als Hartenstein Dönitz über die Lage informierte, hatte er bereits gegen diese Regeln verstoßen, denn er hatte zu diesem Zeitpunkt bereits 193 Menschen aufgefischt und an Bord genommen, darunter auch 21 Briten. Da weitere hunderte Schiffbrüchige noch im Wasser schwammen, regte Hartenstein in seinem Funkspruch an Dönitz an, auf diplomatischem Weg eine Neutralisierung dieses Seegebietes zu erreichen. Um 4.00 Uhr morgens sandte er auf dem 25 Meter- und dem 600 Meter-Band je einen unverschlüsselten Funkspruch in englischer Sprache. Hierin erklärte er, dass er ein Schiff, das den Schiffbrüchigen der „Laconia" zu Hilfe eilen wollte, nicht angreifen werde, sofern er nicht selbst von Kriegsschiffen und Flugzeugen angegriffen würde. Mittlerweile hatte Dönitz der Gruppe „Eisbär", sowie U 506 (Würdemann) und U 507 (Schacht), den Befehl erteilt, in das Versenkungsgebiet der „Laconia" zu laufen, um U 156 bei der Rettung der Schiffbrüchigen zu unterstützen. Ebenso bat er beim italienischen U-Boot-Kommando in Bordeaux um Unterstützung, die ihm in Gestalt des italienischen U-Bootes „Cappellini" zugesagt wurde. Zu guter Letzt ersuchte Dönitz bei der Vichy-Regierung um das Auslaufen französischer Kriegsschiffe aus Dakar, um die von den U-Booten aufgenommenen Schiffbrüchigen zu übernehmen. Am darauffolgenden Tag, Sonntag dem 13. September, war U 156 und seine Besatzung weiter damit beschäftigt, Menschen aus dem Wasser zu fischen, um diese dann in die Rettungsboote zu setzen. Als am 14. September die Franzosen ihre Hilfe zusagten und Kriegsschiffe an den Unglücksort entsandten, gab Dönitz den Booten der Gruppe „Eisbär" den Befehl, den Marsch ins vorgesehene Operationsgebiet bei Kapstadt fortzusetzen. Für den Ausfall von U 156, ordnete er U 179 (Sobe) und U 159 (Witte) zur Gruppe „Eisbär".

Am 15. September schließlich trafen dann U 506 und U 507 am Unglücksort ein, und auch das italienische U-Boot „Cappellini" sollte bald am vereinbarten Treffpunkt auftauchen. Inzwischen hatte U 156 den Funkverkehr eines unbekannten Dampfers aufgefangen. Hartenstein nahm natürlich an, dass dieser Dampfer seinen Funkspruch empfangen und sich an der Rettung der Schiffbrüchigen beteiligen wollte.

Durch die Aussage eines britischen Royal-Air-Force-Offiziers hatte Hartenstein erfahren, dass auf der britischen Insel Ascension keine Flugzeuge stationiert und der nächste Stützpunkt der alliierten Luftwaffe in Freetown sei. War auch die Rettung der Schiffbrüchigen bisher ohne alliierte Hilfe erfolgt, so waren doch die deutschen Rettungsbemühungen ohne Zwischenfälle verlaufen und nicht von alliierter Seite gestört worden. Dies schien die Aussage des britischen Offiziers zu bestätigen.

Mittwoch, der 16. September 1942: Seit dem Morgen sammelten die deutschen U-Boote die Rettungsboote und Flöße, um sie zu dem Treffpunkt zu schleppen, wo man in den nächsten Tagen die französischen Kriegsschiffe erwartete. U 156 hatte immer noch 110 Schiffbrüchige an Bord. Es waren 55 Italiener und 55 Engländer, einschließlich fünf Frauen. Ein Teil der Überlebenden war im Boot, viele befanden sich jedoch auch an Deck, andere wiederum saßen in den Rettungsbooten, die U 156 in Schlepp genommen hatte.

Um 11.25 Uhr war man auf U 156 gerade dabei ein weiteres Rettungsboot in Schlepp zu nehmen, als Hartenstein und seine Brückenwache ein viermotoriges Flugzeug mit amerikanischen Hoheitszeichen erblickte, dass auf U 156 zuhielt. Umgehend befahl Hartenstein, eine vorbereitete große Rotkreuz-Flagge an Deck zu bringen und auf dem „Wintergarten" (hinterer Turmansatz) zu befestigen, sodass sie von oben gut zu sehen war und die friedlichen Absichten des U-Bootes unterstrich.

Außerdem sorgte er dafür, dass sich alle Personen von dem vorderen 10,5 cm-Geschütz entfernten, um zu signalisieren, dass das U-Boot nicht die Absicht habe, seine Waffen einzusetzen. Während das Flugzeug über U 156 kreiste, versuchte der U-Boot-Kommandant Werner Hartenstein mit Scheinwerfersignalen aus der Klappbuchs nachzufragen, woher das Flugzeug komme und ob es in der Nähe einen Dampfer gesehen hätte. Aber alle Versuche mit dem Flugzeug in Kontakt zu treten, schlugen fehl. Auch ein Offizier der Royal Air Force morste an die Amerikaner, dass sich das deutsche U-Boot um die Schiffbrüchigen der „Laconia" kümmere und das auch Frauen und Kinder an Bord seien. Der Brite versuchte es mit weiteren Erkennungszeichen, die aber offenbar veraltet waren, da der amerikanische Flieger nicht reagierte, obwohl er U 156 mehrmals überflog.

Endlich, so schien es, drehte das Flugzeug nach Südwesten ab, kehrte jedoch um 12.32 Uhr zurück und versuchte, mit Bomben das deutsche U-Boot zu versenken.

US-Stützpunkt Ascension

Da nach dem Ende des II. Weltkriegs Dokumente und Berichte, wie zum Beispiel die Kriegstagebücher von U-Booten oder Flugzeugstaffeln unter Verschluss gerieten, herrschte großer Mangel an Informationen, so auch über die Versenkung der „Laconia" und die daraufhin sich entwickelnden Ereignisse, was natürlich Anlass zu Spekulationen gab. Marinehistoriker aus Amerika, England, Frankreich und Deutschland versuchten Licht ins Dunkel zu bringen, aber der tatsächliche Grund des Angriffes des amerikanischen Bombers auf U 156 konnte nicht ermittelt werden.

Erst als am 4. August 1963 die Londoner Zeitung „Express" den US-Brigadegeneral Robert C. Richardson zitierte, der der Zeitung gegenüber erklärt hatte, dass er den Befehl als Hauptmann und Standortkommandant des Flugplatzes auf Ascension für den Angriff auf U 156 an diesem 16. September 1942 erteilt habe, kam der

Stein ins Rollen. Der damalige Hauptmann Richardson traf am 17. August 1942 zusammen mit dem ständig auf der Insel verbleibenden Militärpersonal der Garnison und der Flugbasis auf Ascension ein, während die US Air Force immer noch an der Flugbasis baute. Die Einrichtung eines Flugplatzes war bereits 1941 von dem Ferrying-Command der US Army Air Force empfohlen worden.

Als dann die Vereinigten Staaten im Dezember 1941 in den Krieg eintraten, ging alles recht schnell vonstatten. Die Briten erlaubten umgehend die Nutzung der Insel und den Aufbau eines Flugfeldes, dem die entsprechenden Pläne folgten. Bereits Ende März 1942 trafen zwei US-Army-Transportschiffe begleitet von zwei Kreuzern und vier Zerstörern auf Ascension ein. Außer den Männern für den Bau des Flugplatzes wurde auch das benötigte Material für den Bau des Flugfeldes und die dafür benötigte Ausrüstung ausgeladen. Bereits am 13. April 1942 konnte mit dem Bau der Basis begonnen werden. Für die Amerikaner war Ascension als Landeplatz für Zwischenlandungen besonders wichtig. Hier sollten die Militärflugzeuge, die auf der südlichen Überfluglinie von den USA über Brasilien und den Südatlantik nach Afrika und in den Mittleren Osten flogen, auftanken.

Die Arbeit schritt schnell voran. So mussten Straßen und Unterkünfte für die Soldaten gebaut werden, zusätzlich folgten ein Lazarett, Wasser- und Stromerzeugungsanlagen sowie getarnte Benzintanks. Dazu kamen noch die erforderlichen Flakstellungen, Munitionslager und die Funkstation, später sollte noch eine Radarstation hinzukommen.

Natürlich wurden die Planung und der Betrieb der Flugbasis geheim gehalten, obwohl die amerikanische Armee befürchtete, dass durch die nunmehr zunehmenden Aktivitäten in der Luft, die Deutschen den Luftstützpunkt auf der Insel bemerken würden.

Durch die Abhängigkeit von den dringend benötigten Schiffstransporten, die weiterhin Baumaterial, Flugbenzin, Proviant und Nachschub aller Art heranbringen mussten, schien es den Amerikanern, dass ihre Basis auf Ascension verwundbar sei. Schließlich patrouillierten deutsche U-Boote und Hilfskreuzer erfolgreich im Südatlantik. Große Kopfschmerzen bereiteten den Amerikanern die Kriegsschiffe der französischen Vichy-Regierung in Dakar, die angeblich unter der Kontrolle französischer Offiziere standen, die der deutschen Regierung nahe standen. Die Amerikaner waren der Überzeugung, dass U-Boote oder Überwasserschiffe durch die Versenkung von Transportschiffen und Tankern die amerikanische Basis auf Ascension lahm legen könnten. Auch die Möglichkeit der Beschießung von Tankanlagen, des Flugfeldes oder weiterer wichtiger Einrichtungen, wie zum Beispiel der Anlagen zur Gewinnung von Trinkwasser aus Salzwasser, durch U-Boote und Hilfskreuzer wurde angenommen.

Die amerikanischen Soldaten der Garnison auf Ascension wussten, dass sie bei einem deutschen Angriff mit keiner Hilfe aus den Vereinigten Staaten oder England rechnen konnten, da nicht genügend Kriegsschiffe zur Verfügung standen, um eine ständige Überwachung der Seeverbindungen zu garantieren oder eine Beschießung der Insel unterbinden zu können.

Die Amerikaner hielten es auch für realistisch, dass die Deutschen die Möglichkeit besäßen, in Zusammenarbeit mit der französischen Vichy-Regierung Flugzeuge von afrikanischen Flugfeldern nach Ascension zu entsenden, um die Insel zu bombardieren. Auch eine Anlandung von deutschen Truppen, um die militärischen Einrichtungen zu zerstören, oder sogar die Insel zu erobern, wurde in Erwägung gezogen. Die amerikanischen Befürchtungen gingen soweit, dass sie detaillierte Pläne für die Verteidigung der Inselbasis entwarfen.

So wurden bei den Bauarbeiten US-Pioniere herangezogen, die nicht nur die Luftbasis bauten, sondern auch Bunker und Kampfstände. Zugleich verfügten sie über Waffen und konnten damit die Garnison verstärken und zur Verteidigung der Insel beitragen. Zusätzlich wurde eine Flakbatterie nach Ascension verlegt, die am 15. Juli 1942 in Aktion trat und den Befehl hatte, auf jedes nicht angekündigte Flugzeug, das in Reichweite kam, zu schießen.

Nur wenige Tage zuvor war die Notlandebahn fertig gestellt worden, als sich ein einzelner Doppeldecker näherte. Die Batterie eröffnete sofort das Feuer auf die Maschine, die über dem Flugfeld schwebte. Dabei erzielten sie drei Treffer, während die Pioniere sogleich Maschinen und Fahrzeuge auf die Landepiste stellten, um eine Landung zu verhindern. Schließlich wurde das Flugzeug als ein britisches erkannt und die Hindernisse umgehend wieder entfernt. Nach der Landung stellte sich heraus, dass es sich um eine „Swordfish" des Flugzeugträgers H.M.S. „Archer" handelte. Der Pilot hatte den Auftrag gehabt, eine Meldung bei der britischen Kabelstation auf Ascension abzuwerfen, als er aber die Landebahn sah, hatte er sich zur Landung entschlossen. Die Maschine hatte drei Treffer im Rumpf erhalten, die den Piloten jedoch nicht davon abhielten, nach zwei Stunden wieder zu starten, um zu seinem Träger zurückzukehren.

Inzwischen war das Gros der Einheiten, die als ständige Besatzung für die US-Garnison auf der Insel Ascension vorgesehen waren, in den verschiedenen Stützpunkten der USA zusammengestellt worden. Die US-Einheiten gingen in Charleston an Bord des Transportschiffes „James Parker", die am 26. Juli in See stach und am 14. August 1942 in Ascension eintraf. Drei Tage später landete auch Captain Richardson von den USA kommend, mit einer Staffel zweimotoriger „B-25 Mitchell"-Bomber auf der Insel, die dort stationiert werden sollten.

Ab Ende Juli 1942 benutzten dann die ersten Flugzeuge der Südatlantik-Route Ascension zum Auftanken. Bald hatte die US-Army etwa 1700 Soldaten und Offiziere, die unter dem Kommando von Oberst Ross O. Baldwin standen, auf der Insel versammelt. Zirka ein Drittel der Männer wurden der „USAAF-Composite-Force 8012" zugeteilt und von dem Air-Force-Oberst James A. Ronin kommandiert. Dabei war die größte dieser „USAAF"-Einheiten, die 1st. Composite-Squadron, die unter der

Führung von Captain Richardson stand. Das Personal dieser Squadron bestand aus 30 Offizieren und 219 Mannschaftsdienstgraden. Zu ihr gehörten zwei Staffeln mit insgesamt 18 Jagdflugzeugen vom Typ „P-39 D Airacobra" sowie eine Staffel mittlerer Bomber bestehend aus fünf „B-25 Mitchell". Zu der Einheit von Oberst Ronin gehörten auch Spezialisten für den Betrieb der Funk- und Radaranlagen, sowie das Bodenpersonal für die Flugbasis sowie des Wetter- und Nachrichtendienstes.

Die größte Einheit dieser Task Force war das 3. Bataillon des 91. US-Infanterieregiments. Den Erdkampftruppen wurden zudem zwei Batterien Artillerie, ein Scheinwerferzug und das Personal für den Versorgungs- und Sanitätsdienst sowie der Wachdienste zugeführt. Bereits im August 1942 besaßen die Bodentruppen außer Gewehren, Revolvern und sonstigen Handfeuerwaffen etwa 200 Maschinenpistolen (MPi), 28 leichte Maschinengewehre, 12 schwere Maschinengewehre, vier 3,5 cm-Panzerabwehrkanonen, vier 8,1 cm-Granatwerfer, vier 15,5 cm-Geschütze und vier 4 cm-Flakgeschütze. Hinzu kamen noch zwei ältere 14 cm-Marinekanonen, die von den abgewanderten Briten übernommen worden waren. Obwohl die US-Navy erst sehr viel später ihre Aufklärungsflugzeuge nach Ascension entsandten, bildeten 29 Mann der Army-Task-Force eine Art Marinesondereinheit, die kleine Motorboote für den Seenotdienstes und zum Hafenschutz bereitstellten und bemannten.

Der Nachrichtenoffizier von Oberst Baldwin, Major Walther Buethe, nahm inzwischen an, dass den Deutschen, etwa gegen Mitte September 1942 die Anwesenheit der amerikanischen Streitkräfte auf Ascension bekannt sein müsste. Doch an einen Luftangriff glaubte er wegen der Entfernung der deutschen und italienischen Luftbasen nicht und auch die Beschießung der Insel durch deutsche Hilfskreuzer konnte er sich, nach der Installierung der 15,5 cm-Geschütze nicht richtig vorstellen und hielt es für unwahrscheinlich.

Für ihn ging die größte Gefahr von den U-Booten aus, die überraschend die Insel beschießen, oder Sabotagetrupps anlanden konnten, um wichtige Anlagen und Einrichtungen zu zerstören.

Auch Captain Richardson stimmte der Lagebeurteilung des Majors zu. Er machte sich wegen feindlicher Flugzeuge keine Sorgen, hielt aber einen Angriff von See her für möglich. Deshalb sah er seine Hauptaufgabe darin, mit seiner Squadron das Seegebiet um die Insel genau zu überwachen, um deutsche U-Boote und Hilfskreuzer früh genug zu entdecken und vernichten zu können. Zugleich vertrat er die Meinung, dass durch diese Maßnahme die alliierten Schifffahrtsrouten um Ascension sicherer und vom Gegner unbehelligt bleiben würden. Seine Squadron war zwar mit Bomben und Wasserbomben zur U-Boot-Bekämpfung ausgerüstet, aber seine Männer hatten bisher noch keine spezielle Ausbildung für die U-Boot-Jagd erhalten.

Dennoch war die „1st Composite-Squadron" seit dem 20. August 1942 einsatzbereit. Täglich wurden Aufklärungsflüge durchgeführt und einige Maschinen auf dem Flugfeld ständig in Alarmbereitschaft gehalten. Die Basis selbst erhielt den Namen

Wideawake-Field nach einer Seeschwalbenart, von der es große Bestände auf der Insel gab. Bereits nach wenigen Tagen zeigte sich, dass eine in Bereitschaft liegende „P-39“ in weniger als drei Minuten starten konnte, die „B-25“ war nach zehn Minuten einsatzbereit.

Bis zum 12. September, dem Tag als die „Laconia“ torpediert wurde, flog die 1st Composite-Squadron 64 Einsätze mit einer Reichweite von 250 Seemeilen um die Insel, allerdings ohne ein feindliches Ziel zu sichten.

Dennoch kam es am 3. September zu einem ersten Zwischenfall. Die Soldaten der an der Südwestbucht stationierten A-Batterie gaben an, U-Boot-Motoren gehört und ein tauchendes U-Boot gesehen zu haben, und sie eröffneten sofort das Feuer. Das Ziel jedoch stellte sich wenig später als eine „P-39“ heraus, die auf dem Rückflug von einer Routinepatrouille, wegen einer defekten Benzinleitung Notwassern musste. Der Pilot kam unverwundet aus der Maschine und konnte sich mit seiner Schwimmweste solange über Wasser halten, bis er von einem Rettungsboot aufgefischt werden konnte. Für den Piloten war es gut, dass die amerikanischen Kanoniere schlechte Schützen waren, sonst hätte er vermutlich diesen Zwischenfall nicht überlebt.

Der Luftangriff auf U 156 – die amerikanische Version

Die Aufklärungs- und Patrouilleneinsätze um Ascension standen ausnahmslos unter der Kontrolle des US-Army-Air-Force-Personals. So war immer, wenn ein Flugzeug in der Luft war, wenigsten einer der höheren US-Army-Air-Force-Offiziere, wie Oberst Ronin, sein Operationsoffizier Captain Wilson oder Captain Richardson auf der Basis verfügbar. Im Kontrollturm konnten sie zu jeder Zeit über Funk, mit den jeweiligen Piloten, die im Einsatz waren, Verbindung aufnehmen. Zwischendurch erhielt die Army-Funkstation immer wieder Meldungen über U-Boot-Sichtungen von alliierten Schiffen die den Südatlantik durchfuhren. Da aber noch nicht alle amerikanischen Funkgeräte installiert waren und noch keine Verbindung mit Südamerika oder Afrika hergestellt werden konnte, benutzte die amerikanische Task Force auf Ascension vorerst noch die britische Kabelstation für ihre Verbindung mit Südamerika und den Vereinigten Staaten sowie die britische Funkstation auf der Insel für ihre Verbindung nach Freetown. In Freetown wurden von der Royal Navy alle Nachrichten über U-Boot-Sichtungen gesammelt und ausgewertet und von dort aus wurden die Bewegungen der alliierten Schifffahrt im Südatlantik gesteuert. So gab ein britischer Verbindungsoffizier, der der US-Task Force zugeteilt wurde, die Meldungen über U-Boot-Sichtungen und natürlich auch andere wichtige Nachrichten und Ereignisse, die er über Funk von Freetown erhielt, an die Amerikaner weiter.

Aber weder die britische Kabelstation noch die britische Funkstation auf Ascension fingen am Samstag, den 12. September 1942 die Notsignale der „Laconia“ oder am folgenden Morgen die Funksprüche Hartensteins auf, als er die in der Nähe der

Versenkungsstelle befindlichen Handelsschiffe aufforderte, zur Rettung von Schiffbrüchigen seine Position anzusteuern.

Aus heutiger Sicht scheint es realistisch, dass keine britische Station oder Schiff die Notsignale der „Laconia" empfangen hatte. Jedoch wurde nach Freetown die von Hartenstein in englischer Sprache gefunkte Nachricht und die darin genannte Position von mindestens einem Handelsschiff, dass diese Nachricht empfangen hatte, weitergeleitet, doch hegten die Briten den Verdacht, dass das deutsche U-Boot eine Falle für die Handelsschiffe stellen wollte und gaben die Nachricht daher nicht weiter. Somit ist sicher, dass die Amerikaner auf Ascension zu diesem Zeitpunkt nichts von der Versenkung der „Laconia" wussten.

Am Dienstag, dem 15. September 1942 herrschte auf Wideawake-Field hektische Betriebsamkeit. Bereits um 9.00 Uhr starteten vier zweimotorige „A-20-Boston"-Bomber und eine große Transportmaschine vom Typ Boing C-75 „Stratoliner" nach Accra. An Bord der Transportmaschine befand sich ein britischer Admiral mit seinem kompletten Stab. Nach einiger Zeit sichtete eine „Boston" zwei U-Boote auf Position 04° 40' Süd / 11° 00' West. Die „A-20" kreiste und ging etwas tiefer herunter, um eine bessere Sicht zu erhalten, wurde aber daraufhin von dem U-Boot beschossen aber nicht getroffen. Die „Boston" zog wieder hoch und gab die Meldung über die U-Boot-Sichtungen weiter. Der in der Nähe über den Wolken befindliche „Stratoliner", fing die Meldung der „Boston" auf und leitete sie nach Ascension weiter. Dort wurde schnell gehandelt und innerhalb von zehn Minuten hatte die „1st Composite-Squadron" zwei „B-25 Mitchell" in der Luft, die das gemeldete Gebiet ansteuerten. Zwei Stunden nach diesem Vorfall, es war 14.10 Uhr, überbrachte der britische Verbindungsoffizier den Amerikanern einen Funkspruch mit dem Inhalt, dass die „Laconia" erst vor wenigen Minuten, um 11.45 Uhr, am 15. September 1942 in 05° 05' Süd / 11° 30' West torpediert worden sei. Somit befand sich die gemeldete Position in erheblicher Entfernung von der Position, die der britische Dampfer am 13. September nach dem Eingang des Funkspruchs von U 156 nach Freetown gemeldet hatte. Des weiterem besagte der Funkspruch, dass die „Laconia" 700 Passagiere an Bord hatte. Dieser fehlerhafte und unvollständige Funkspruch lässt die Vermutungen zu, dass er entweder nur verstümmelt empfangen werden konnte, die Informationen in Freetown äußerst ungenau waren oder aber bewusst Informationen verschwiegen wurden, denn bei dem Funkspruch fehlte eine wichtige Tatsache, nämlich dass deutsche U-Boote mit Rettungsarbeiten beschäftigt seien. Auch der Hilferuf Hartensteins nach alliierten Schiffen zur Unterstützung der Rettung der Schiffbrüchigen blieb unerwähnt.

Als beide „Mitchells" auf dem Punkt eintrafen, wo die „Boston" beschossen worden war, konnte kein feindliches U-Boot gesichtet werden. Auch alle anderen an diesem Tag eingesetzten Aufklärungsflüge blieben erfolglos. In der Nacht gegen 24.00 Uhr ging ein weiterer Funkspruch der Briten auf Ascension ein, in dem sie die

Amerikaner um Unterstützung bei den Rettungsarbeiten baten, die mittlerweile von Freetown aus angelaufen waren. Nun befanden sich aber nur wenige Schiffe in diesem Teil des Südatlantiks, da zu der Zeit alle Kriegs- und Handelsschiffe für die geplante Invasion der Alliierten in Algerien und Marokko bereitgestellt wurden. Zudem waren die Schifffahrtsrouten weiter nach Westen verlegt worden, um der drohenden U-Boot-Gefahr vor der afrikanischen Küste zu entgehen. So konnten für die Rettung der Schiffbrüchigen der „Laconia" nur das Handelsschiff „Empire Haven" und der Hilfskreuzer H.M.S. „Corinthian", der zu diesem Zeitpunkt in Takoradi lag, für diese Rettungsaktion aufgeboten werden. Die „1st Composite-Squadron" sollte für diese Operation die Luftaufklärung übernehmen.

Aber die Position an der die „Laconia" versenkt worden war, lag so weit von Ascension entfernt, dass eine „Mitchell" auf Grund ihrer begrenzten Reichweite nicht einmal eine halbe Stunde in diesem Gebiet hätte patrouillieren können. So musste also eine viermotorige Maschine mit größerer Reichweite her und wie der Zufall es wollte, befand sich ein solches Flugzeug in Wideawake-Field. Eine „B-24 Liberator" war in der Nacht vom 15. September 1942 auf Ascension gelandet. Sie gehörte zur 343. Bomber-Group, die über den Südatlantik in den Mittleren Osten zum Einsatz gegen das deutsche Afrika-Korps verlegt worden war. Diese einzelne Maschine war wegen eines mechanischen Problems zurückgeblieben und in Wideawake-Field gelandet, wo sie umgehend repariert worden war.

Kurzerhand wurde die „B-24" der „1st Composite-Squadron" unterstellt. Sie sollte die Luftaufklärung in diesem Gebiet übernehmen.

Am Morgen des 16. Septembers, einem Mittwoch, um 9.00 Uhr, startete die „Liberator" und flog in Richtung Nordosten davon. Der Pilot der Maschine war Oberleutnant James C. Harden, der mit seiner Besatzung überhaupt noch keinen Kampfeinsatz geflogen hatte. Als Co-Pilot war ihm Oberleutnant Raymond J. Ford von Captain Richardson „1st Composite-Squadron" zugeteilt worden.

Um 11.30 Uhr sichtete Oberleutnant James C. Harden ein U-Boot – welches U 156 war – das zwei Rettungsboote in Schlepp hatte und sich zwei weiteren, in Position 05° 00' Süd / 11° 40' West, näherte. Als die „Liberator" über dem U-Boot kreiste, sah die Flugzeugbesatzung, dass das U-Boot die beiden anderen Rettungsboote aufnahm und seinen Marsch fortsetzte. Ebenso konnten sie beobachten, dass über einem Teil des U-Boot-Turmes eine weiße Flagge mit einem Roten Kreuz ausgebreitet lag. Im Flugzeug verstand man auch die Morsesignale, die vom U-Boot mit einer Signallampe heraufblitzten. Das U-Boot forderte die „B-24" auf, seine Nationalität bekannt zu geben, was von diesem aber nicht beantwortet wurde. Weitere Signale konnten nicht klar gelesen werden und wurden als „German Sir" gedeutet. Nach 40 Minuten gab Harden den Versuch auf, mit dem U-Boot in Verbindung zu treten und flog nach Süden ab. Mittlerweile war es dem Funker der „Liberator" gelungen, eine Verbindung mit Wideawake-Field auf Ascension herzustellen. Er meldete ein

U-Boot mit vier Rettungsbooten im Schlepp gesichtet zu haben und fragte an, was sie tun sollten. Oberst Ronin und Captain Richardson standen nur zwei Alternativen zur Verfügung. Entweder sie holten das Flugzeug zur Basis zurück oder sie erteilten den Befehl zum Angriff. Es gab auch keine Meldungen über eigene U-Boote, die in diesem Teil des Atlantiks patrouillierten. Und noch weniger hatten die Amerikaner Kenntnis davon erhalten, dass sich deutsche U-Boote mit der Rettung von Schiffbrüchigen der versenkten „Laconia" aufhielten. Captain Richardson, dem die Verantwortung oblag, beratschlagte sich mit Oberst Ronin. Was sollten sie tun? Schließlich hatte die „1st Composite-Squadron" die Aufgabe, für die Luftsicherung der britischen Schiffe, der anlaufenden Rettungsaktion zu sorgen. Würde er die „Liberator" zurückrufen, war die Sicherheit der alliierten Schiffe nicht zu gewährleisten, denn damit boten diese ein ideales Ziel für deutsche U-Boote. Andererseits würde aber ein Befehl zum Angriff auf das U-Boot das Leben der Überlebenden gefährden. Auch brauchte man umgehend eine Entscheidung, da die „B-24" unter Oberleutnant Harden nicht viel länger in diesem Gebiet bleiben konnte, um mit dem noch verbliebenen Treibstoff das Flugfeld in Ascension erreichen zu können. So kam es zu dem verhängnisvollen Befehl Captain Richardson an Harden, das U-Boot zu versenken.

Sofort nach Erhalt des Befehls drehte die „Liberator" nach Norden und hatte nach kurzer Flugzeit das U-Boot wieder im Blick. Nachfolgend die kurze Schilderung des Angriffs der „B-24" auf U 156, aus der Sicht des amerikanischen Piloten Oberleutnant James C. Harden:

„Bei Rückkehr zur Position hatten sich die Rettungsboote vom U-Boot entfernt. Bei einem Anflug wurden drei Wasserbomben geworfen, eine explodierte zehn Fuß achteraus, zwei etwa 100 und 200 Yards vom U-Boot entfernt. Es wurden drei weitere Anflüge ausgeführt, aber die restlichen Bomben lösten sich nicht. Nachdem der Fehler repariert war, wurde ein letzter Anflug in 400 Fuß Höhe unternommen. Zwei Bomben wurden geworfen, die auf beiden Seiten, nicht mehr als 15 bis 20 Fuß vom U-Boot entfernt einschlugen. Das U-Boot rollte über und wurde zuletzt mit dem Boden nach oben gesehen. Die Besatzung verließ das U-Boot und wurde von den Rettungsbooten rings herum aufgenommen."

Das Kriegstagebuch von U 156 berichtet über den Luftangriff mit folgenden Worten:

„Anflug von Maschine gleichen Typs. Passiert in 80 Meter Höhe kurz vor dem Bug. Wirft zwei Bomben mit etwa drei Sekunden Verzögerung. Während die Schleppleine mit vier Booten losgeworfen wird, wirft das Flugzeug eine Bombe mitten in die Boote. Ein Boot gekentert. Flugzeug kreist in der Nähe und wirft nach einiger Zeit eine vierte Bombe, die 2000- bis 3000 Meter weit ab detoniert. Erkenne Bombenschacht leer. Erneuter Anflug, zwei Bomben. Eine detoniert mit Sekundenverzögerung direkt unter der Zentrale. Turm verschwindet in schwarzer Wasserglocke. Zentrale und Bugraum melden Wassereinbruch. Klar bei Schwimmwesten. Befehl: Alle Briten von Bord! Danach Batteriebilge gast. Italiener gleichfalls von Bord (habe keine Tauchretter für sie)."

Die Schiffbrüchigen in den Rettungsbooten sahen den Angriff natürlich aus einer ganz anderen Perspektive. Eines der Rettungsboote, dass nach dem amerikanischen Flugzeugangriff rasch abtrieb und so von den deutschen U-Booten und noch weniger von den Kriegsschiffen der französischen Marine gesehen werden konnte, erreichte am 10. Oktober 1942 die Liberische Küste, zirka vier Wochen nachdem die „Laconia" versenkt worden war. An Bord dieses Rettungsbootes befanden sich 68 Personen, von denen 52 den Tod fanden. Nur 16 Menschen, 15 Briten und ein Pole überlebten das Drama, waren aber furchtbar mitgenommen. So war es hinsichtlich ihrer Aussagen nicht verwunderlich, dass sie die Reihenfolge der Ereignisse etwas durcheinanderbrachten. So berichteten sie dem amerikanischen Geschäftsträger in Monrovia folgendes:

„Etwa um 4.00 Uhr an diesem Nachmittag (Sonntag, dem 13. September laut diesen Berichts) traf ein amerikanischer „Liberator"-Bomber ein und obgleich das U-Boot eine Rotkreuz-Flagge zeigte, warf der Bomber sieben Wasserbomben, von denen eine nahe bei einem Rettungsboot einschlug, es vollständig zerstörte und sämtliche Passagiere, alles italienische Gefangene, tötete. Zwei weitere fielen etwa drei Yards auf jeder Seite des U-Bootes ins Wasser. Die Explosion hob es aus dem Wasser heraus und verursachte offensichtlich Schäden. Das U-Boot fuhr weiter an der Oberfläche für etwa eine Meile und tauchte dann, wobei alle Überlebenden von Deck ins Wasser gestoßen wurden. Viele von ihnen wurden durch den Sog unter Wasser gezogen, die übriggebliebenen Rettungsboote konnten den Rest der Menschen aufnehmen."

Nach dem Luftangriff auf U 156

U 156 war nicht gesunken, wie Oberleutnant Harden und seine Besatzung annahmen, hatte aber erhebliche Schäden durch den Angriff davongetragen. Dennoch ließ Hartenstein nicht sofort tauchen, sondern kehrte kurz nach 13.00 Uhr zu den Rettungsbooten zurück, um die Briten und Italiener, die er noch an Bord hatte, an diese abzugeben. Anschließend lief U 156 in Richtung Westen davon und tauchte nach einiger Zeit ab. Für Hartenstein war damit die Rettungsaktion beendet. Als Admiral Dönitz in dieser Nacht von dem Angriff auf U 156 erfuhr, befahl er U 506 und U 507 das angefangene Rettungswerk fortzusetzen und die Überlebenden der „Laconia" an die am folgenden Tag eintreffenden französischen Kriegsschiffe abzugeben. Desweiterem befahl er seinen U-Boot-Kommandanten Würdemann (U 506) und Schacht (U 507) die Italiener an Bord zu behalten, aber alle anderen Überlebenden an die Rettungsboote abzugeben. Zudem warnte er seine Kommandanten, sich vor Luftangriffen mit einem stets tauchklaren Boot zu schützen und sich nicht auf eine ausgebreitete Rotkreuz-Flagge zu verlassen.

Während sich die „Liberator" noch auf dem Rückweg nach Ascension befand, meldete eine zweimotorige „Mitchell" der „1st Composite-Squadron" um 12.25 Uhr

Rettungsboote und Flöße in 05° 10' Süd / 11° 10' West in Sicht und das nur wenige Meilen südöstlich von der Position, auf der die „Liberator“ U 156 angegriffen hatte. Am Nachmittag flog Richardson selbst in das Seegebiet und entdeckte ebenfalls einige Rettungsboote, aber auch den Frachter „Empire Haven“, den er umgehend auf die Boote ansetzte und ihn in Richtung der Rettungsboote lotste. Nur eine halbe Stunde später, meldete eine zweite „Mitchell“ ein Rettungsboot in Position 04°00' Süd / 12° 00' West gesichtet zu haben.

In der gleichen Nacht ging eine Nachricht von Freetown auf Ascension ein, mit dem Inhalt, dass französische Kriegsschiffe von Dakar mit südlichem Kurs ausgelaufen seien. Doch in diesem Funkspruch wurde nicht gesagt, dass dies mit den Deutschen abgesprochen war, um die Überlebenden der „Laconia“ aufzunehmen. Ab diesem Zeitpunkt waren die amerikanischen Streitkräfte auf Ascension sicher, dass der Feind ihre Anwesenheit auf der Insel erkannt hatte, was natürlich mit dem Bombenangriff auf das U-Boot zusammenhing. In der Annahme, dass sich die französischen Kriegsschiffe der Vichy-Regierung auf dem Weg nach Ascension befanden, wurde die sofortige Alarmbereitschaft der Insel in Kraft gesetzt. Die Amerikaner wollten den Franzosen einen heißen Empfang bereiten. In der Nacht erhöhte sich die Spannung weiter, als das Radar ein Überwasserziel, etwa 40 Seemeilen entfernt in nordöstlicher Richtung erfasste. Zirka eine halbe Stunde lang wurde der Kurs des Zieles beobachtet, das sich etwa 14 Seemeilen südöstlich der Insel bewegte, anschließend ging der Kontakt verloren. Major Buethe war der Meinung, dass es sich hier um ein U-Boot gehandelt haben müsste, dass vor Ascension aufklärte und dann wegtauchte, weshalb der Kontakt urplötzlich verlorenging.

Am Donnerstag, den 17. September um 9.20 Uhr, startete die „Liberator“ unter Führung von Oberleutnant Harden abermals zu einem Aufklärungsflug in das vorgeschriebene Seegebiet. Um 12.20 Uhr wurde nur zwei Meilen voraus an Backbord erneut ein U-Boot in Position 04° 51' Süd / 12° 22' West gesichtet. Harden erhöhte die Geschwindigkeit auf 325 km/h und ging zum Angriff über. Das U-Boot schien das Flugzeug ebenfalls erkannt zu haben, denn es tauchte schnell weg. Sein Turm und Deck waren bereits überflutet, als es von der „B-24“ überflogen wurde, jedoch lösten sich die Bomben nicht. Harden drehte ab und flog nur 45 Sekunden später einen zweiten Angriff. Dieses Mal fielen die zwei Spreng- und zwei Wasserbomben dem feindlichen U-Boot entgegen. Zwei detonierten achteraus des getauchten Bootes und zwei direkt im Tauchstrudel. Anschließend umkreiste die „Liberator“ die Wurfstelle und die Bomberbesatzung erkannte jetzt einen Ölfleck. Weitere 40 Minuten kreiste die „B-24“ über dem Ort des Geschehens, konnte jedoch nichts Besonderes mehr beobachten. Anschließend flog Harden zurück nach Ascension.

Während die Flugzeugbesatzung der Meinung war, ein U-Boot versenkt oder zumindest schwer beschädigt zu haben, blieb U 506 völlig unversehrt.
Kapitänleutnant Erich Würdemann, der Kommandant von U 506 befahl unter Wasser

zu bleiben, schließlich hatte er noch mehr als 100 Überlebende der „Laconia“ an Bord. An diesem 17. September flog die „1st Composite-Squadron“ neun Einsätze in dieses Seegebiet, ohne irgendwelche Sichtungen zu machen. Nur die „B-25 Mitchell“ des Oberleutnant Richard Akins beobachtete an diesem Tag um 15.00 Uhr ein Floß mit acht Menschen darauf in 03° 25' Süd / 13° 10' West.

Als Akins in das gleiche Seegebiet am nächsten Morgen zurückkam, sichtete er vier Rettungsboote, die, wie er meinte, alle in gutem Zustand schienen. Die Riemen waren noch an den Booten und einer der Besatzung glaubte sogar, Lebensmittel an Bord der Rettungsboote gesehen zu haben.

Natürlich hatte die Flugzeugbesatzung zu dieser Zeit keine Ahnung davon, dass die Schiffbrüchigen bereits durch die französischen Kriegsschiffe aus Dakar aufgenommen worden waren. Am späten Morgen sichtete Oberleutnant J. A. McClellan mit seinem „Mitchell“-Bomber ein kleines Schiff in Position 03° 45' Süd / 13° 15' West, das mit 22 Knoten Fahrt auf einem nördlichen Zickzackkurs lief. Bei diesem Boot konnte es sich nur um eine der französischen Avisos, die „Dumont d'Urville“ oder „Annamite“ handeln, die an der Rettungsaktion „Laconia“ beteiligt waren.

Am Nachmittag des 18. Septembers sichtete Oberleutnant Philip Main zwei französische Kriegsschiffe mit 17 Knoten Fahrt und Nordwestkurs, in Position 02° 56' Süd / 13° 35' West. Auf die Funkmeldung von Main hin, erhielt er die Order mit seiner „B-25“ die Schiffe zu beschatten und falls möglich zu identifizieren, jedoch sollte er nicht angreifen, außer wenn er beschossen würde. Um 15.00 Uhr fragten die Amerikaner auf Ascension in Freetown über den Status der französischen Schiffe nach. Die britische Antwort, die zwei Stunden später einging, lautete, diese französischen Schiffe seien zu beschatten, aber auf keinen Fall anzugreifen, da wie der Funkspruch weiterging: „…es so scheint, als ob sie nach den Italienern der 'Laconia' suchen“.

Dies war zu diesem späten Zeitpunkt das erste Mal, dass bei den Amerikanern auf Ascension eine Information über die Rettungsaktionen einging, die von den deutschen U-Booten und den französischen Kriegsschiffen, die der Vichy-Regierung unterstanden, unternommen worden waren. Die Amerikaner wussten also am Tag zuvor nicht, dass der französischen Kreuzer „Gloire“ und das Aviso „Annamite“ in ihrem Aufklärungsgebiet eingetroffen waren, um die Überlebenden der „Laconia“ zu übernehmen. An diesem 18. September war die „Gloire“ auf dem Weg zurück nach Dakar mit zirka 1000 Überlebenden an Bord, die von U 506 und U 507 sowie den Rettungsbooten und Flößen übernommen worden waren. Am nächsten Tag traf das französische Aviso „Dumont d'Urville“ auf das italienische U-Boot „Cappellini“ und übernahm von diesem 42 Überlebende, alles Italiener, an Bord. Später wurden sie an die „Annamite“ abgegeben und ebenfalls nach Dakar gebracht. Wahrscheinlich hatten die Engländer ihre Bemühungen zur Rettung der Schiffbrüchigen aufgegeben, nachdem sie bemerkt hatten, dass die französischen Kriegsschiffe zur Aufnahme der Überlebenden ausgelaufen waren. Dennoch bleibt die britische Haltung bei der

Rettung der Schiffbrüchigen der „Laconia“ merkwürdig und rätselhaft. Warum gaben sie ihre Informationen an die Amerikaner auf Ascension nicht weiter? Auch ihre eigenen Bemühungen zur Rettung der Überlebenden liefen nur sehr zaghaft an.

Admiral Dönitz und sein Befehl „Triton Null“

Als Karl Dönitz von dem Luftangriff auf U 156 erfuhr, ließ er am 17. September 1942 den Befehl „Triton Null“ ausgeben, der später als „Laconia“-Befehl bekannt werden sollte. Auf Grund der dramatischen Änderungen, die dieser Befehl für die Seekriegsführung bedeutete, sei er an dieser Stelle noch einmal wiedergegeben. An alle U-Boot-Kommandanten gerichtet hatte er folgenden Inhalt:

An alle Kommandanten:

1. Jeglicher Rettungsversuch von Angehörigen versenkter Schiffe, also auch Auffischen von Schwimmenden und Anbordgabe auf Rettungsboote, Aufrichten gekenterter Rettungsboote, Abgabe von Nahrungsmitteln und Wasser, haben zu unterbleiben. Rettung widerspricht den primitivsten Forderungen der Kriegsführung nach Vernichtung feindlicher Schiffe und Besatzungen.
2. Befehle über Mitbringung Kapitäne und Schiffsingenieure bleiben bestehen.
3. Schiffbrüchige nur retten, falls Aussagen für Boot von Wichtigkeit.
4. Hart sein. Daran denken, dass der Feind bei seinen Bombenangriffen auf deutsche Städte auf Frauen und Kinder keine Rücksichten nimmt.

Dieser „Laconia“-Befehl wurde zu einem der Hauptanklagepunke gegen Großadmiral Dönitz während der Kriegsverbrecherprozesse in Nürnberg. Großadmiral Dönitz musste sich wegen des sogenannten „Laconia“-Befehls verteidigen, schließlich hatte er in diesem, die Unterstützung oder Rettung von Überlebenden der von U-Booten versenkten Schiffe verboten. Damit warfen die Siegermächte dem deutschen Großadmiral vor, den Befehl zur Tötung von Schiffbrüchigen gegeben zu haben und dieser Befehl wurde natürlich von der Anklagevertretung benutzt, um die Anschuldigung, Dönitz habe das Völkerrecht verletzt, zu stützen.

Ausgerechnet diesem Seeoffizier, der mehrfach den Mut hatte, seinem Obersten Befehlshaber zu widersprechen, der in Beziehung „Laconia“ sogar Hitlers Weisungen missachtete und dem es durch diplomatische Kanäle, zusammen mit den Italienern gelungen war, die Franzosen an der Rettungsaktion zu beteiligen.

In seiner Verteidigung sagte Großadmiral Dönitz, dass dieser Befehl das unmittelbare Ergebnis dieses Vorfalls war, der sich im Südatlantik am 16. September 1942 ereignet hatte. Er führte dabei aus, dass eines seiner Unterseeboote (U 156) bei der Bergung von Überlebenden eines torpedierten und versenkten Schiffes, der britischen

„Laconia“ bombardiert worden sei, obwohl es eine große Rotkreuz-Flagge zeigte. Im Verlauf der Verhandlung verlor der „Laconia“-Befehl dann doch rasch an Wert für die Anklage. Als dann der amerikanische Flottenadmiral Chester W. Nimitz bezeugte, dass die US-Navy im Krieg mit Japan dieselbe Praktik verfolgte, wie sie auch der deutsche Großadmiral befohlen hatte, wurde Dönitz in diesem Punkt völlig freigesprochen. Aber nicht nur unter diesem Punkt, denn trotz aller Bemühungen der Ankläger, mussten sie auch die von Karl Dönitz geführte U-Boot-Waffe freisprechen. Zum Schluss noch einmal kurz zurück, zu Oberleutnant Hardens B-24 „Liberator“, die ja U 156 und U 506 angegriffen hatte. Die Maschine flog nie einen Kampfeinsatz gegen deutsche Truppen in Nordafrika. Während des Überführungsfluges zu seiner Einheit im Mittleren Osten stürzte die „Liberator“ am 18. Oktober 1942 mit Oberleutnant Harden und seiner Besatzung in Palästina ab. Dabei hatte die Besatzung Glück, denn keiner der Männer wurde dabei verletzt. Zu dieser Zeit verfasste Harden einen Bericht über seine Einsätze vor Ascension und zur U-Boot-Jagd im Südatlantik. Auf Grund dieses Berichtes wurde Oberleutnant Harden und den anderen Angehörigen seiner Flugzeugbesatzung für die Versenkung eines U-Bootes am 16. September und für die wahrscheinliche Versenkung eines U-Bootes am 17. September 1942 vom amerikanischen Befehlshaber im Mittleren Osten die „Air Medal“ verliehen.

Technische Daten der Laconia

Am 25. Mai 1922 war die „Laconia" auf der Werft C. Swan, Hunter & Wigham Richardson in Newcastle vom Stapel gelaufen. Das Schiff war 183 Meter lang, 22,50 Meter breit und hatte einen Tiefgang von 10 Metern. Die „Laconia" war mit Dampfturbinen mit doppeltem Triebwerk und zwei Schrauben ausgerüstet. Ihre Höchstgeschwindigkeit betrug 16,5 Knoten, zudem hatte das Schiff einen Schornstein und zwei Masten. Der Passagierdampfer hatte 19.695 Bruttoregistertonnen, eine Ladefähigkeit von 9870 tons und konnte 1580 Passagiere an Bord nehmen, später im Krieg als Truppentransporter bis zu 6000 Soldaten.
Die Schwesterschiffe der „Laconia" hießen:

„Scythia"	(1920 in Dienst)
„Samaria"	(1921 in Dienst)
„Franconia"	(1923 in Dienst)
„Carinthia"	(1923 in Dienst)

Das Schiff war das erste Schiff der britischen Handelsmarine, in das Schlingertanks eingebaut worden waren. Allerdings hatten diese Tanks noch lange nicht die Wirksamkeit der später eingeführten Flossenanlage Denny-Brown.

Die „Laconia" gehörte der Cunard White Star Line in Liverpool und begann ihren Dienst auf der Linie Southampton-New York, wenig später auf der Linie Liverpool-New York und im Lauf des Jahres 1923 fuhr es die Linie Hamburg-Southampton-New York.

Im Januar 1940 wurde die „Laconia" von der Royal Navy beschlagnahmt und zum Truppentransporter umgebaut. Das Schiff erhielt die Navy-Kennung „F.42" und fuhr ab 1941 im Dienst der Royal Navy als Truppentransporter.

Dabei könnte man die „Laconia" auch als Hilfskreuzer bezeichnen, denn ihre Bewaffnung bestand aus:

2 x 12 cm-Schiffsgeschütze (diese wurden im 1. Weltkrieg in Japan für die Royal Navy gebaut)

6 x 7,5 cm Flak	
6 x 3,5 cm Flak	2 Gruppen 5 cm-Geschütze
4 x Bofors-Schnellfeuer-Kanonen (Fla)	2 Wasserbombenwerfer

Dazu war die „Laconia" mit zwei Paar Minenabwehrgeräten ausgerüstet, die aus zwei Haltetauen bestanden, die am Vordersteven festgemacht waren. An deren Enden war je ein Schwimmer angebracht. Falls eine Mine an ein Tau stieß, so wurde sie von diesem abgelenkt. Durchgeschnitten wurde dass Haltetau der Mine durch die Reibung an dem Tau oder durch eine Blechschere in der Nähe des Schwimmers. Tauchte die Mine dann im Wasser auf, wurde sie zumeist durch Beschuss von Maschinenwaffen zur Explosion gebracht.

Die Rettung und Versorgung von Schiffbrüchigen durch deutsche U-Boote

Im „Handbuch zur Selbstverteidigung britischer Handelsschiffe" gab es bereits im Jahr 1938 die Anweisung, im Falle eines Angriffs auf ein britisches Schiff durch feindliche Kriegsschiffe, dass über Funk umgehend der Standort des Schiffes sowie die Art des Angriffes übermittelt werden sollte. Diese Anweisung diente dazu, notwendige Abwehrmaßnahmen zu koordinieren und Rettungsaktionen für das angegriffene Schiff einzuleiten. Mit der Kriegserklärung Großbritanniens an Deutschland, nach dem deutschen Angriff auf Polen, hatten britische Handelsschiffe im Falle eines Angriffs durch deutsche Kriegsschiffe nach dieser Methode zu verfahren.

Dabei sollten sie folgenderweise vorgehen: Der Notruf „SSS" bedeutete, ich werde von einem U-Boot (Submarine) angegriffen – „RRR" stand für den Angriff eines Überwasser-Kriegsschiffes (Raider) und „QQQ" für den Angriff eines Hilfskreuzers oder eine U-Boot-Falle (Q-boat). Nach dem jeweils abgegebenen Notsignal musste das Schiff seine Position, den Namen und weitere aufschlussreiche Kenntnisse zum Gegner übermitteln.

Diese Anweisungen entsprachen zwar der britischen Rechtsauffassung, wirkten jedoch dem internationalen Recht (der Haager Landkriegsordnung) und dem deutschen Verständnis der Seekriegsführung entgegen, denn die deutsche Kriegsmarine hatte sich im Kriegsfall nach der Haager Landkriegsordnung zu richten und den Krieg zur See nach Prisenrecht zu führen.

Das hatte in der Praxis zur Folge, dass ein funkendes Handelsschiff umgehend von deutschen U-Booten oder Überwasserschiffen mit allen Waffen zu bekämpfen war, da der Hilferuf und die Weitergabe der Position des Schiffes gegen das Prisenrecht verstieß und als feindselige Handlung angesehen wurde. Hinzu kam, das eine größere Anzahl von britischen Handelsschiffen bereits im Frieden, die anderen unmittelbar nach Ausbruch des Krieges, mit Kanonen zur Selbstverteidigung ausgerüstet worden waren.

Die Leidtragenden dieser beiden sich widersprechenden Handlungsanweisungen waren die Besatzungen der Handelsschiffe. Während es zu Beginn des Krieges eher selten vorkam, dass ein Kriegsschiff rechtzeitig zur Stelle war, musste sich das U-Boot, nachdem die Position des Zusammentreffens mit dem Handelsschiff bekannt war, beeilen, das Schiff zu versenken. So fehlte die Zeit, die Besatzung des Handelsschiffes in die Rettungsboote steigen zu lassen, bevor das U-Boot das Schiff versenkte.

Hierzu ein Beispiel, das diese Problematik verdeutlicht: Bereits am 6. September 1939 stoppte U 38 unter dem Kommando von Kapitänleutnant Heinrich Liebe, den britischen Dampfer „Manaar", der laufend Funksprüche abgab. Daraufhin feuerte das U-Boot mit seiner 10,5 cm-Kanone auf die Brücke des Frachters. Als die „Manaar" das Feuer mit einer Kanone erwiderte, befahl Liebe das Schiff mit Torpedos zu versenken. Dabei fanden sieben Besatzungsangehörige des Dampfers den Tod. Hätte die „Manaar" nicht gefunkt, wäre das Schiff von U 38 wohl auch nicht beschossen worden und so hätten höchstwahrscheinlich die Besatzungsangehörigen mit Rettungsbooten das Schiff vor der Versenkung verlassen können.

Mit der britischen Weisung an ihre Handelsschiffe war die Anwendung der Prisenordnung auf Dauer nicht möglich und auch das Londoner U-Boot-Protokoll wurde damit unwirksam. Damit steigerte sich auch schnell die Härte des Seekrieges, was sicherlich von beiden Kriegsführenden Seiten so nicht beabsichtigt worden war. Hatten doch die deutschen U-Boot-Kommandanten bei Kriegsausbruch die Weisungen erhalten, sich an eine Führung des Seekrieges nach Prisenordnung zu halten, an die sie gebunden waren. Diese Weisung des Oberkommandos der Wehrmacht (OKW), von Adolf Hitler persönlich unterzeichnet, wurde am 3. September 1939 an die Seekriegsleitung mit nachfolgendem Text übermittelt:

Gegenüber England:	Der Handelskrieg ist vorläufig auch von den U-Booten nach Prisenordnung zu führen. Die Verschärfungen bis zu Erklärungen von Gefahrenzonen sind vorzubereiten. Das Inkrafttreten von Verschärfungen behalte ich mir vor.
Gegenüber Frankreich:	Angriffshandlungen gegenüber Frankreich sind erst freizugeben, wenn dieses die Feindseligkeiten eröffnet. Ist dies der Fall, so gelten die gegen England gegebenen Anordnungen in gleicher Weise auch gegen Frankreich.

So begann auf deutscher Seite, wie beschrieben, der U-Boot-Krieg nach Prisenordnung. Am 5. September 1939 lief dem deutschen U 48 unter dem Kommando von Kapitänleutnant Herbert Schultze der britische Dampfer „Royal Sceptre" über den Weg. Schultze, den seine Männer nur „Vaddi" nannten, befahl einen Schuss aus der 8,8 cm-Kanone vor den Bug des Dampfers zu setzen, um ihn damit zum Stoppen zu bewegen. Der Frachter kam zwar dieser Aufforderung nach, meldete jedoch die Anwesenheit eines U-Bootes und den Standort über Funk. Schultze sah dies als eine kriegerische Handlung an, die er sofort mit Schüssen auf die Brücke des Dampfers zu unterbinden versuchte. Damit erreichte er, dass der Frachter zu funken aufhörte. Anschließend ging die Dampferbesatzung in die Rettungsboote. Als die gesamte Besatzung ihr Schiff verlassen hatte, versenkte U 48 die „Royal Sceptre" mit einem Torpedo.

Gerade als sich Schultze um die Rettungsboote kümmern wollte, kam ein zweiter britischer Dampfer, die „Browning" in Sicht. Als die Besatzung der „Browning" das U-Boot erkannte, ging sie freiwillig in die Boote, so auch die an Bord befindlichen Passagiere. Diesmal aber wurden keine Funksprüche aufgefangen. Als Schultze bemerkte, das unter den Passagieren auch Frauen und Kinder waren, wies er die Besatzung an, wieder auf ihr Schiff zurückzukehren. Schultze war nämlich der Meinung, dass die Rettungsboote, wegen der großen Entfernung zur nächsten Küste, nicht in der Lage waren, das rettende Land zu erreichen. Kapitänleutnant Schultze gab dem Kommandanten der „Browning" den Befehl, auch die Besatzung der „Royal Sceptre" an Bord zu nehmen und nach England zu bringen. Dabei war seine einzige Bedingung, dass die „Browning" nicht funken durfte. Bei der Versenkung der „Royal Sceptre" gab es außer dem Funker keine weiteren Menschenverluste. Das geschah genau am gleichen Tag als die Weltpresse in Unkenntnis der wahren Vorgänge auf See die Deutschen der unmenschlichen Kriegsführung bezichtigten und von einem Bruch internationaler Verträge sprach. Was war passiert?

Durch Irrungen und Fehlinterpretationen von Weisungen und Befehlen war zu Beginn des Krieges der deutsche Unterseeboot-Kommandant von U 30 in den Mittelpunkt des Weltgeschehens geraten.

Fritz-Julius Lemp, Kommandant von U 30, hatte am 3. September 1939, nur wenige Stunden nach der britischen Kriegserklärung an Deutschland, bei Dämmerung in der Nähe der Rockall-Bank ein großes Passagierschiff entdeckt. Wie sich später herausstellte handelte es sich um die 13.581 Bruttorregistertonnen große „Athenia", die im Zickzack-Kurs fuhr und zudem keine Laternen gesetzt hatte, also abgeblendet unterwegs war. Das alles konnte Lemp im Sehrohr deutlich erkennen. Außerdem fuhr das Schiff außerhalb der ausgewiesenen Dampferrouten, auf denen die deutschen U-Boote nicht angreifen durften. Fritz-Julius Lemp nahm also an, einen Truppentransporter vor sich zu haben. Er wusste nicht, dass an Bord der „Athenia" 1400 Menschen waren, darunter viele Frauen und Kinder, die sich auf dem Weg nach Kanada befanden. U 30 feuerte zwei Torpedos auf die „Athenia" ab, von denen einer in der Nähe der Kesselräume einschlug und detonierte. Sofort blieb der Passagierdampfer mit großer Schlagseite liegen.

Als am nächsten Tag zwei Zerstörer und drei Dampfer an der Unglücksstelle eintrafen, konnten die Retter etwa 1300 Menschen aufnehmen, da die „Athenia" noch schwamm und erst Stunden, nach dem die Passagiere und die Besatzung in Sicherheit gebracht worden waren, sank. Es waren insgesamt 116 Tote zu beklagen, darunter 93 Passagiere und 23 Besatzungsmitglieder der „Athenia". Mehr als die Hälfte der Opfer waren deshalb zu beklagen, weil ein Rettungskutter in der rauen See unter das Heck eines der Dampfer geraten war.

In diesem Fall hatte Oberleutnant zur See Fritz-Julius Lemp gegen die ihm gegebenen Weisungen verstoßen. Lemp selbst konnte sich davon überzeugen, als er nach dem Auftauchen beobachtete, wie die Menschen in die Rettungsboote stiegen und diese anschließend zu Wasser gelassen wurden.

Die deutsche Regierung wusste zu diesem Zeitpunkt nichts von der Versenkung der „Athenia", da Lemp dieses Missgeschick verheimlichte und nicht über Funk meldete. Deshalb wurde die Versenkung der „Athenia" von der deutschen Regierung dementiert und als britische Gräuelpropaganda abgetan. Obwohl Lemp der Überzeugung war, dass U 30 bei der Aktion nicht entdeckt worden war, war das U-Boot doch von vielen Schiffbrüchigen gesehen worden, die natürlich als Zeugen aussagten, von einem deutschen U-Boot versenkt worden zu sein.

Erst über drei Wochen, nachdem U 30 in Wilhelmshaven festgemacht hatte, erfuhr Dönitz die Wahrheit über die „Athenia". Für die deutsche Regierung war es zu diesem Zeitpunkt zu spät, die Dementis zurückzunehmen. Dönitz ordnete nach Rücksprache mit seinen Vorgesetzten eine nachträgliche Änderung des Kriegstagebuches von U 30 an, in dem man die Seite, die die Torpedierung der „Athenia" beschrieb, aus dem Kriegstagebuch von U 30 entfernte. Zudem wurde der Kommandant von U 30, Fritz-Julius Lemp, von Dönitz unter Arrest gestellt.

Doch wie im Krieg üblich wurde in der Weltpresse der Fall „Athenia" ausgeschlachtet, aber z. B. über die Rettung der Besatzung der „Royal Sceptre" durch die Tat von Kapitänleutnant Schultze von U 48 nicht berichtet.

Im Nachhinein ist zu vermuten, dass die britische Regierung aus der Torpedierung der „Athenia" den Schluss gezogen haben könnte, dass die deutsche Kriegsmarine bereits beabsichtigte, einen uneingeschränkten U-Boot-Krieg zu führen.

So führte der Fehler von Lemp gleich zu Beginn des Krieges zur Eskalation des Seekrieges und die Führung der deutschen Kriegsmarine und auch die deutsche Regierung mussten bald einsehen, dass es Großbritannien mit seiner Kriegserklärung an Deutschland ernst war.

Dass Fritz-Julius Lemp auch nach Weisungen und Befehlen handelte und er kein Unmensch war, zeigen die beiden folgenden Ereignisse.

Am 11. September 1939 traf U 30 auf den britischen Dampfer „Blairlogie" und stoppte diesen mit MG-Feuer in Höhe der Wasserlinie des Frachters. Lemp schickte ein Prisenkommando zur Untersuchung des Schiffes an Bord, das feststellte, dass der Dampfer aufgrund seiner Ladung zu versenken sei. Lemp wartete so lange, bis die Besatzung der „Blairlogie" in den Rettungsbooten war und ließ anschließend achtzehn Schuss aus der 8,8 cm-Kanone auf den Frachter schießen, wobei jedoch nur drei Treffer erzielt wurden. Schließlich wurde die „Blairlogie" mit einem Torpedo-Fangschuss versenkt. Danach befahl Lemp an die Rettungsboote heranzufahren und verteilte Schnaps und Zigaretten. Zudem gab er den Briten einige Kursanweisungen, damit sie schnellstmöglich die Küste erreichen konnten, was ihnen auch gelang, denn kein Mann der Besatzung der „Blairlogie" kam zu Schaden.

Am 14. September 1939 stoppte U 30 nahe der Hebriden den britischen Dampfer „Fanad Head" und Lemp schickte erneut ein Prisenkommando an Bord des Frachters, dessen Besatzung schon zuvor in die Rettungsboote geschickt worden war. Dabei wurde U 30 von zwei Flugzeugen des Trägers „Ark Royal" angegriffen und bombardiert, sodass Lemp abtauchen musste. Mittlerweile bekamen beide Flugzeuge Wasserberührung und stürzten ab. Als U 30 nach kurzer Zeit wieder auftauchte, wurde das über Bord der „Fanad Head“ gesprungene Prisenkommando wieder aufgenommen und auch die überlebenden britischen Flieger aufgefischt. Die Rettungsboote der „Fanad Head“ hatten in der Zwischenzeit Segel gesetzt und sich aus dem Staub gemacht. Auch sie erreichten ohne Verluste erlitten zu haben, das schottische Festland. Ebenfalls am 11. September 1939 traf U 38, unter Kapitänleutnant Heinrich Liebe, in der westlichen Biscaya auf den britischen Motortanker „Inverliffey“ und stoppte diesen mit einem Schuss vor den Bug. Während der Kapitän des großen Tankers mit den Schiffspapieren zu U 38 ruderte, gab der Funker der „Inverliffey“ Notrufe mit Positionsangaben ab, was man auch auf U 38 bemerkte. Daraufhin ließ Kapitänleutnant Liebe einen Torpedo auf den Tanker abfeuern, der sein Ziel fand und das Schiff sofort in Brand setzte. In größter Eile verließ die Tankerbesatzung ihr Schiff und ging in die Rettungsboote. Da sich der brennende Ölteppich jedoch schneller ausbreitete, als die Seeleute rudern konnten, steuerte Kapitänleutnant Liebe ungeachtet dessen, dass er sein eigenes U-Boot bei dieser Aktion in Gefahr brachte, auf die Rettungsboote zu, nahm sie in Schlepp und brachte sie, trotz des hohen Seegangs, unbehelligt aus der Gefahrenzone. Anschließend nahm er die englische Tankerbesatzung an Bord von U 38, gab ihnen trockene Kleidung, Essen und Trinken. Wenige Stunden später stoppte Kapitänleutnant Liebe ein amerikanisches Schiff, dem er die Engländer übergab.

Am 18. September 1939 versenkte U 32, unter Kapitänleutnant Paul Büchel, in der Nähe der Südwestspitze von England bei Landsend den britischen Dampfer „Kensington Court“. Zuvor hatte der Frachter zu fliehen versucht und dabei laufend Notsignale gesendet. Daraufhin wurde die „Kensington Court“ mit 13 Schuss aus der 8,8 cm-Kanone gestoppt. Trotz der Landnähe und der unmittelbaren Gefahr, von Flugzeugen entdeckt zu werden, wartete Kommandant Büchel, bis die Besatzung vollzählig in die Rettungsboote gegangen war und sich weit genug vom Frachter entfernt hatte. Erst dann wurde die „Kensington Court“ mit einem Torpedo-Fangschuss versenkt. Flugzeuge des Coastal-Command fanden schon bald darauf die Rettungsboote und nahmen die Besatzung des Frachters auf.

Am 30. September 1939 hielt U 3 unter der Führung von Kapitänleutnant Schepke im westlichen Skagerrak den dänischen Dampfer „Vendia“ an. Als das deutsche U-Boot stoppte, um ein Prisenkommando im Schlauchboot auf das dänische Schiff überzusetzen, versuchte die „Vendia“ das U-Boot zu rammen. Doch auf U 3 war man vorbereitet. Eine halbe Minute nachdem der Rammversuch vereitelt worden war, fiel der Torpedoschuss, der dem dänischen Frachter das Heck abriss, welches nur wenige Sekunden später versank. Eine Viertelstunde später ereignete sich im Vorschiff eine Explosion, die das Schiffswrack in eine Rauchwolke hüllte. Trotz des starken Seegangs gelang es der Besatzung von U 3 inmitten der treibenden Wrackteile, sechs Mann der Besatzung der „Vendia“ aus der tosenden See zu retten. Nach einiger Zeit kam der dänische Dampfer „Swawa“ in Sicht, den Schepke anhalten ließ, um ihm die Überlebenden der „Vendia" zu übergeben. Durch die unverantwortliche Haltung des dänischen Handelsschiffkapitäns fanden elf Seeleute der „Vendia" bei der Aktion den Tod.

Am 4. Oktober 1939 patrouillierte U 23 unter der Führung von Kapitänleutnant Kretschmer zwischen den Orkney- und Shetland-Inseln. Als U 23 nach Einbruch der Nacht auftauchte, befahl Kretschmer den Pentland-Firth anzusteuern. Nach einiger Zeit meldete einer der Ausguckposten einen Schatten. U 23 pirschte sich näher an den Schatten heran, während der Kommandant das Boot bereits vorfluten ließ. So war der Bootskörper des U-Bootes bereits überspült, die Silhouette von U 23 auf ein Minimum reduziert und somit die Gefahr erheblich geringer geworden, von einem Schiff entdeckt zu werden. Beim Näherkommen entdeckte die Brückenwache des U-Bootes eine Vielzahl von kleinen auf der Meeresoberfläche tanzenden Lichtern. Rasch erkannten sie, dass es sich hierbei um Fischerboote handeln musste. In der Mitte der Fischereifahrzeuge entdeckten sie wieder den größeren Schatten, den sie vorher bereits gesichtet hatten und der wesentlich größer war, als die kleinen Fischerboote. Auf der Brücke von U 23 rätselten Kretschmer und sein I. Wachoffizier Adalbert Schnee, ob es sich hier wirklich um Fischer handeln konnte oder doch um Patrouillenboote, die ihre Lichter gesetzt hatten, um nicht von dem Dampfer über den Haufen gefahren zu werden. Beide hielten es für ratsam, erst einmal abzuwarten. Als nach einiger Zeit das letzte Licht dieser kleinen Fahrzeuge hinter dem Horizont verschwunden war, ging Kretschmer zum Angriff über.

Rasch kamen sie ihrem Ziel näher, dass aber bei näherer Betrachtung gar nicht so groß war, wie zuerst vermutet. Es handelte sich um einen Küstendampfer, der wahrscheinlich den Verkehr zwischen den Inseln und dem Festland aufrecht erhielt. Kretschmer überlegte, ob er angreifen sollte, doch dann entschied er sich für den Angriff.

U 23 tauchte wieder ganz auf und näherte sich dem gegnerischen Dampfer. Schon war die Entfernung zum Dampfer auf nur noch 900 Meter zusammengeschmolzen. Kretschmer setzte nach Prisenrecht verfahrend, dem Schiff einen Warnschuss vor den Bug. Aber die Bewaffnung von U 23 bestand nur aus einer kleinen 2 cm-Kanone, sodass Kretschmer und Schnee bei dem Befehl „Schuss vor den Bug" selbst ins Schmunzeln gerieten, denn vor dem Dampfer sprühte nur eine kleine, kaum wahrnehmbare Fontäne hoch, die dem Gegner keine große Angst einzujagen schien. Auch auf den Stoppbefehl aus der Morselampe reagierte das Schiff nicht. Im Gegenteil erhöhte der Frachter seine Geschwindigkeit und funkte auf dem internationalen 600-Meter-Band, also auf offener Welle, mit Positionsangabe um Hilfe. Kretschmer erhielt von seinem Funker die Bestätigung, dass der Inhalt des Funkspruches lautete: „Werde von deutschem U-Boot angegriffen und mit Maschinenwaffen beschossen. Name des Schiffe: 'Glen Farg'!" Somit wusste Kretschmer zumindest, dass es sich bei dem Dampfer um ein britisches Schiff handelte. Kretschmer hätte nach internationalem Recht den Briten jetzt ohne weitere Warnung versenken können. Dennoch ließ Kretschmer erst noch einige Warnschüsse mit der 2 cm-Kanone feuern, aber der Dampfer stoppte nicht und setzte die Flucht mit Höchstfahrt fort. Die nächsten Schüsse aus der kleinen Fla-Kanone wurden daraufhin auf die Aufbauten und die Brücke des Schiffes gerichtet, wo die Funkbude vermutet wurde. Diesmal reagierten die Briten, stoppten das Schiff und gingen unverzüglich in die Rettungsboote.

Kretschmer wartete bis die Rettungsboote zu Wasser gelassen waren und sich weit genug vom Schiff entfernt hatte, bevor er den Befehl gab, den Dampfer mit einem Torpedo zu beschießen.

Zwanzig Sekunden vergingen, als plötzlich in der Mitte des Dampfers ein hellgreller Detonationsblitz in die Höhe stieg und ein ohrenbetäubender Knall zum U-Boot herüberdrang. Als sich der Qualm und die Gischt verzogen hatte, hing der Küstendampfer bereits tief im Wasser, brach dann in zwei Teile und sank in die Tiefe. In der Zwischenzeit hatte ein Ausguck des U-Bootes die Rettungsboote nicht aus den Augen gelassen. Als Kretschmer nach den Rettungskuttern fragte, wies man ihm die Richtung, wo sich die Schiffbrüchigen befänden. Als Kretschmer die Boote erkannte, ließ er sie sofort ansteuern. Beim ersten Boot angelangt erkundigte sich Kretschmer, was das Schiff geladen habe. Unverzüglich kam die Antwort: „Papier und anderen Gebrauchsgüter". Anschließend gab Kretschmer den Bootsinsassen Kursanweisungen, damit sie bei den hier herrschenden starken Strömungen so rasch als möglich die Küste erreichen konnten. Nachdem festgestellt worden war, dass keiner der Schiffbrüchigen einen Arzt benötigte, entfernte sich das U-Boot von den Rettungsbooten. Erst später stellte sich heraus, dass bei der Versenkung der „Glen Farg" doch ein Seemann ums Leben gekommen war.

Am 13. Oktober 1939 traf „Vaddi" Schultze auf seiner zweiten Unternehmung mit U 48 in der äußersten westlichen Biscaya auf den französischen Dampfer „Louisiane". Kapitänleutnant Schultze befahl, dem Frachter einen Warnschuss vor den Bug zu setzen. Trotz dieser Warnung fing der Dampfer – nach den britischen Weisungen handelnd – „SSS" (für einen Angriff durch ein U-Boot) zu funken und den Standort zu übermitteln.

Nachdem der Funker von U 48 seinen Kommandanten über die Funksignale des Feinddampfers unterrichtet hatte, ließ Schultze die Kanone auf die Brücke des Frachters richten. Einige der abgeschossenen Granaten schlugen auf der Brücke des Dampfers ein. Dabei wurde der Erste Offizier des Schiffes getötet und zwei weitere Handelsschiffsoffiziere verwundet. Daraufhin ging die Besatzung der „Louisiane" überstürzt in die Rettungsboote und ruderte vom Dampfer weg. Nachdem die Besatzung das Schiff verlassen hatte, wurde der Dampfer zwischen 8.35 Uhr und 8.45 Uhr mit Artilleriegranaten von U 48 beschossen. Schließlich um 8.55 Uhr sank die „Louisiane". Gleich nachdem das Schiff gesunken war, steuerte U 48 die Rettungsboote an. „Vaddi" Schultze erkundigte sich bei den Schiffbrüchigen, ob sie genügend

Proviant und Wasser an Bord hätten und ob es Verwundete gäbe, die medizinisch versorgt werden müssten. Als U 48 von den Rettungsbooten ablegte, bedankten sich die Franzosen bei den deutschen U-Boot-Soldaten. Die Besatzung der „Louisiane" brauchte auch nicht lange auf ihre Rettung zu warten. Bereits um die Mittagszeit nahmen die beiden britischen Zerstörer H.M.S. „Ilex" und H.M.S. „Imogen" die Schiffbrüchigen an Bord.

Bereits Anfang 1940 hatte sich das Bild gewandelt. Es gab keinen U-Boot-Krieg nach Prisenordnung mehr und auch sonst waren so gut wie alle Beschränkungen des Waffeneinsatzes gegenüber Handelsschiffen gefallen. Um die Frachter vor U-Boot-Angriffen besser schützen zu können, wurden sie mehr und mehr in Geleitzügen zusammengefasst und durch Kriegsschiffe, die diese Geleitzüge begleiteten, gesichert.

Das hatte zur Folge, dass der U-Boot-Angriff ohne vorherige Warnung erfolgen musste, da ein gesichtetes U-Boot nicht mehr die Möglichkeit hatte, zum Erfolg zu kommen. Die Rettung von Schiffbrüchigen entfiel somit auf die eigenen Geleitfahrzeuge, falls diese nicht mit der Bekämpfung der U-Boote beschäftigt waren. Einzeln fahrende Handelsschiffe waren im Regelfall schwer bewaffnet, sodass sich ein U-Boot nicht auf ein Artillerieduell hätte einlassen können. Schließlich erklärte die deutsche Regierung am 17. August 1940 das Seegebiet rund um England und bis zum 20. westlichen Längengrad zum Sperrgebiet, in dem der U-Boot-Krieg uneingeschränkt geführt werden durfte. Außerhalb dieser Sperrzonen sollte weiterhin nach der Prisenordnung verfahren werden.

Die Verschärfung des Seekrieges führte dazu, dass Rettungsaktionen nur noch eingeschränkt stattfinden konnten. Aus Gründen der Enge in einem U-Boot war es auch nur eingeschränkt möglich, Überlebende von Handelsschiffen länger an Bord zu nehmen. Gesten der Menschlichkeit reduzierten sich mehr und mehr darauf, Rettungsboote mit Proviant und Wasser zu versorgen und den Schiffbrüchigen den richtigen Kurs zu weisen.

Mit der zunehmenden Luftüberwachung stieg auch die Gefährdung der U-Boote durch Angriff aus der Luft. So riskierte ein U-Boot-Kommandant, der sich Schiffbrüchigen oder Rettungsbooten näherte, entdeckt und von Flugzeugen mit Bordwaffen und Wasserbomben bekämpft zu werden. So wurde jede Rettungsaktion zum Gewissenskonflikt zwischen der Gefährdung des eigenen Bootes und der Besatzung sowie der humanitären Hilfe gegenüber Schiffbrüchigen.

Trotz der Verschärfung des Seekrieges, versuchten viele deutsche U-Boot-Kommandanten auch in den folgenden Jahren, soweit es die Feindlage erlaubte, Hilfe zu leisten, was nachfolgende Beispiele verdeutlichen sollen.

Am 14. Februar 1940 versenkte U 26 unter dem Kommando von Kapitänleutnant Scheringer den britischen Dampfer „Langleeford" mit einem Torpedo. Der Frachter sank sehr langsam und ging nach 13 Minuten unter. Dadurch hatte die Besatzung genügend Zeit, die Rettungsboote zu Wasser zu lassen und das sinkende Schiff zu verlassen. Nach der Versenkung versorgte das U-Boot die Rettungsboote mit Hartbrot, Rum und Zigaretten. Zudem erhielten sie von Scheringer die Kursanweisung zum etwa 70 Seemeilen entfernten Südwest-Zipfel Irlands zu steuern, den sie auch nach kurzer Zeit mit ihren Rettungsbooten erreichten. Leider fanden bei der Versenkung des Frachters, von der 34-köpfigen Besatzung der „Langleeford" vier Seeleute den Tod.

U 99, unter dem Kommando von Kapitänleutnant Otto Kretschmer, versenkte am 5. Juli 1940 den kleinen kanadischen Dampfer „Magog". Anschließend erkundigte sich Kretschmer, ob in dem Rettungsboot genügend Proviant vorhanden sei und ob sich Verwundete im Boot befänden. Mit einer Flasche Cognac von Otto Kretschmer persönlich und dem richtigen Kurs versorgt, erreichte die 23-köpfige Besatzung der „Magog" unbeschadet den Südwest-Zipfel Irlands, der nur etwa 100 Seemeilen entfernt lag.

Am 21. September 1940 versenkte U 99 unter Otto Kretschmer aus dem Geleitzug HX.72 innerhalb einer Stunde den britischen Motortanker „Invershannon" und den britischen Dampfer „Baron Blythswood". Wenig später fischte das U-Boot einen halb bewusstlosen Seemann der „Baron Blythswood" aus dem Wasser, versorgte ihn an Bord, sodass er das Bewusstsein wiedererlangte und zuerst glaubte an Bord eines britischen U-Bootes zu sein.

Nur kurze Zeit später traf U 99 auf ein Rettungsboot der „Invershannon", dem der Seemann der „Baron Blythswood", übrigens der einzige Überlebende des Dampfers, übergeben wurde. Die Briten staunten nicht schlecht, als sich zu den Insassen ihres Rettungsbootes noch ein Landsmann gesellte, der zudem eine deutsche U-Boot-Uniform trug und der seine eigenen nassen Klamotten in einer Rolle unter dem Arm trug. Außer dem Engländer wurde dem Rettungsboot auch Proviant und Wasser übergeben. Nachdem Kretschmer festgestellt hatte, dass das Rettungsboot mit allen nötigen Hilfsmitteln ausgestattet war, wünschte er den Männern eine gute Heimkehr und ließ von dem Rettungsboot ablegen. Zum Dank warf einer der schiffbrüchigen Engländer eine Schachtel englischer Zigaretten auf das Achterdeck des deutschen U-Bootes und winkte zum Abschied herüber. Das Rettungsboot auf dem der einzige Überlebende der „Baron Blythswood" abgegeben wurde, stand unter der Führung des Chief Officer der „Invershannon". Das Rettungsboot mit seinen 16 Insassen der „Invershannon" und dem einzigen Überlebenden Schiffbrüchigen der „Baron Blythswood", kehrte jedoch leider nicht zurück und gilt seit diesem Zeitpunkt als vermisst.

Kretschmer nahm in seine „Ständigen Befehlen für U 99" den kleinen Absatz mit auf, dass Überlebenden von versenkten Schiffen geholfen werden sollte, soweit sich U 99 nicht selber damit in Gefahr begab. Schließlich erhofften sich auch die deutschen U-Boot-Soldaten, falls ihr Boot versenkt werden sollte und sie sich von Bord retten könnten, dass sie vom Gegner aus dem Wasser gezogen würden. Kretschmer meinte dazu: „Wir führten ja Krieg gegen Schiffe und nicht gegen Menschen!"

Unter dem Kommando von Kapitänleutnant Hans-Gerrit von Stockhausen versenkte U 65 am 15. November 1940 an der Westküste Afrikas den britischen Dampfer „Kohinur“ der mit Kriegsmaterial beladen auf dem Weg nach Alexandria war. Beim Absuchen der Versenkungsstelle konnte ein einziger Mann, der 2. Offizier der „Kohinur“ Mr. Condon aus dem Wasser gefischt werden. Stockhausen nahm Mr. Condon an Bord und übergab ihn später an einen deutschen Tanker, der sich auf dem Rückmarsch in die französischen Atlantikstützpunkte befand. Lange dachte Mr. Condon, er sei der einzige Überlebende der „Kohinur“, bis er nach dem Krieg feststellte, dass außer ihm noch weitere 36 Seeleute des Dampfers überlebt hatten, 48 Mann fanden beim Untergang des Schiffes den Tod.

Am folgenden Tag versenkte U 65 im gleichen Seegebiet den britischen Dampfer „Fabian“. Anschließend befahl Kapitänleutnant von Stockhausen an das Rettungsboot heranzufahren. Der U-Boot-Kommandant erkundigte sich nach dem Namen des Schiffes und ließ zwei Verletzte durch den Bordarzt Dr. med. Klaus Täger verbinden. Außerdem versorgte von Stockhausen die Schiffbrüchigen mit Proviant und Wasser. Mit dem von Kapitänleutnant von Stockhausen vorgegebenen Kurs und der ihnen übergebenen Karte, konnten sie die afrikanische Küste von Liberia erreichen.

Von den im „Londoner U-Boot-Protokolls“ festgelegten internationalen Grundsätzen und Regeln, um die Sicherheit der Handelsschiffsbesatzungen vor oder nach der Versenkung ihrer Schiffe zu gewährleisten, war 1941 in der Schlacht im Atlantik vor allem im Nordatlantik nichts mehr zu spüren. Es gab keine Frachter mehr, die sich als Einzelfahrer über den Atlantik wagten. Nur die schnellen, meistens großen Passagierschiffe, die für die U-Boote unerreichbar waren, überquerten noch einzeln oder in kleinen Konvois zu zwei bis fünf Schiffen den Atlantik. Ansonsten befanden sich nur noch schwer bewachte Geleitzüge im Nord- und Mittelatlantik. Dönitz setzte nun alles auf seine Rudeltaktik, während die Engländer nicht nur durch noch mehr Kriegsschiffe ihre Geleitsicherungen verstärkten, sondern spezielle nur für den U-Boot-Kampf eingesetzte Suchgruppen aufstellten, die unabhängig von dem Geleitzug operierten und zumeist aus mehreren Sloops oder Korvetten bestanden. Zur weiteren Unterstützung setzten die Briten ab 1941 die ersten C.A.M.-Schiffe (Handelsschiffe mit Katapult zum Starten eines Flugzeuges) und Hilfsflugzeugträger (zum Flugzeugträger umgebaute Handelsschiffe) zum Schutz der Geleitzüge ein. In den Operationsgebieten rings um die Britischen Inseln, im Nordatlantik und westlich von Gibraltar herrschte der uneingeschränkte U-Boot-Krieg. Für humanitäres Verhalten im Seekrieg gab es immer weniger Möglichkeiten.

An dieser Stelle soll erwähnt werden, dass die englische Propaganda nicht müde wurde, Hass gegen die deutschen U-Boote zu schüren und so war in Zeitungen und im Radio verbreitet worden, dass deutsche U-Boote alle Überlebenden der versenkten Handelsschiffe mit Maschinengewehrfeuer erschießen würden. Der Unterschied zwischen Propaganda und Wirklichkeit sah dann doch anders aus, was mancher britische

Seemann schon während des Krieges erkannte. Dennoch fanden sich im weiteren Verlauf des Kriegsjahres 1941 noch Beispiele für humanitäres Verhalten deutscher U-Boot-Kommandanten, wenn auch zumeist in entlegenen Seegebieten, wie zum Beispiel im Operationsgebiet vor Freetown.

So trat der ehemalige U-Boot-Kommandant von U 107, Günther Hessler, während der Nürnberger Kriegsverbrecherprozesse 1946 als Entlastungszeuge im Prozess gegen Großadmiral Dönitz auf. Er schilderte die Praxis der damaligen U-Boot-Kriegsführung und berichtete gleichzeitig von vier Schiffsversenkungen, die er als Kommandant von U 107, zwischen April und Juni 1941 westlich von Afrika selbst miterlebte. Diese Unternehmung von U 107 war mit vierzehn versenkten feindlichen Handelsschiffen die erfolgreichste Unternehmung eines U-Bootes während des II. Weltkrieges gewesen. Aber sie zeigte auch auf, welches Risiko ein U-Boot-Kommandant auf sich nahm, wenn er humanitäre Hilfe gegenüber Schiffbrüchigen leistete.

Nördlich der Kapverdischen Inseln torpedierte U 107 am 21. April 1941 den 10.305 Bruttoregistertonnen großen britischen Dampfer „Calchas" der mit einer Ladung von 9000 Tonnen Weizen, Butter, Mehl und Stahl über Sydney und Freetown mit dem Ziel Liverpool unterwegs war. Nach dem ersten Torpedotreffer stoppte der Dampfer und setzte Rettungsboote aus. Hessler war der Meinung, die Besatzung würde das Schiff verlassen, weshalb er auftauchen wollte. Vorsichtshalber blickte er noch einmal durch das Sehrohr, das bei der ruhigen See, sehr weit über die Wasseroberfläche hinausragte. Doch jetzt beobachtete Hessler wie einige Seeleute, die sich zuvor versteckt gehalten hatten, an die Geschütze sprangen und das Feuer aus kürzester Entfernung auf das U-Boot eröffneten. Unverzüglich befahl Hessler, tiefer zu tauchen. Wenig später brachte ein Torpedo-Fangschuss die „Calchas" zum Sinken was jedoch von U 107 selbst nicht beobachtet werden konnte. Beim Untergang der „Calchas" verloren von der 99-köpfigen Crew, 30 Besatzungsmitglieder ihr Leben. Von den neun Kanonieren fand einer den Tod und von den neun an Bord befindlichen Passagieren kam ebenfalls ein Passagier ums Leben.

Am 28. Mai 1941 versenkte U 107 durch Unterwasser-Torpedoschuss den griechischen Dampfer „Papalemos", der mit einer Ladung Getreide auf dem Weg nach England war und nach der Torpedierung „SSS"-Notrufe sandte. Nach der Detonation des Torpedos wurden am Oberdeck des Dampfers schwere Beschädigungen beobachtet. Unter anderem wurde das Backbord-Rettungsboot zerstört. Dennoch konnte die Dampfer-Besatzung zwei Rettungsboote zu Wasser bringen. Da der Frachter nicht sinken wollte, tauchte U 107 auf und Hessler befahl, den Untergang mit Maschinengewehrbeschuss zu beschleunigen. Anschließend steuerte das U-Boot die Rettungsboote an. Auf die Frage Hesslers an den Kapitän der „Papalemos", weshalb er Notrufe abgesetzt habe, behauptete dieser, keine „SSS"- Meldungen abgegeben zu haben. Als man in den Rettungsbooten drei Verletzte bemerkte, schickte Hessler den Bordarzt zur Behandlung hinüber. Einem Schiffbrüchigen wurde der ausgekugelte Arm wieder eingekugelt. Die Besatzung bestand aus Griechen, Portugiesen und Mulatten. Als ihnen der U-Boot-Kommandant Zigaretten, Schokolade und Proviant zukommen ließ, zeigten die Schiffbrüchigen große Dankbarkeit und ehrliche Freude. Zum Schluss übergab Hessler ihnen noch Kursanweisungen, wie sie auf dem schnellsten Weg die afrikanische Küste erreichen konnten und versorgte beide Rettungsboote zusätzlich noch mit Trinkwasser. Von der Besatzung kamen zwei Mann ums Leben, 27 Seeleute konnten sich retten.

Am 1. Juni 1941 feuerte U 107 einen Torpedofächer mit zwei Torpedos auf das britische Motorschiff „Alfred Jones“. Beide Torpedos detonierten im Achterschiff, das daraufhin in eine ungeheure Qualmwolke gehüllt war. Langsam bekam der Dampfer Schlagseite nach Steuerbord, während U 107 hinter dem Heck des Schiffes vorbeilief. Als Schiffstrümmer gegen das Sehrohr stießen, fuhr Hessler das Sehrohr für einige Zeit ein. Nach dem erneuten Herausfahren des Sehrohrs beobachtete der Kommandant, wie auf der schrägen Backbordseite des Dampfers Rettungsboote zu Wasser gebracht wurden und die Besatzung über Strickleitern in die Boote kletterte. Hessler aber blieb misstrauisch, denn die vielen Leute an Bord dazu noch in tadellos weißen Uniformen kamen ihm merkwürdig vor. So betrachtete Hessler das Schiff etwas genauer durch sein Luftzielsehrohr. Er konnte auf dem Signaldeck des Frachters den Kopf eines Mannes ausmachen, der ab und zu hinter einem Aufbau hervorblickte. Ferner sah er jetzt fast überall auf dem Schiff Leute, die sich hinter allen möglichen Verschlägen und Kisten versteckt hielten. Hessler entschloss sich zu einem Torpedo-Fangschuss auf das gestoppt liegende Schiff. Nach der Torpedodetonation sprangen die noch an Bord befindlichen Seeleute von Bord. Hessler vermutete, dass die Dampferbesatzung zum Zeitpunkt seines Angriffs gerade bei der Pfingstsonntags-Kirchenmusterung gewesen waren, denn die tadellosen Uniformen und das äußerst schnelle Erscheinen an Oberdeck sprachen für diese Vermutung. Ansonsten wäre wohl ein „Panik-Kommando“ in die Rettungsboote gegangen. Merkwürdig für den U-Boot-Kommandanten blieb aber die hohe Zahl der Besatzungsangehörigen, die er auf 150 Mann schätzte. Da er hinter den hohen Kisten am Oberdeck des Dampfers getarnte Geschütze und Wasserbombenwerfer vermutete, schloss er bei diesem Dampfer auf eine U-Boot-Falle. Hier jedoch irrte Hessler, denn die „Alfred Jones“ war keine U-Boot-Falle, sondern sie war das Schiff des Konvoikommodores des Geleitzuges OB.320, der sich mit seinem gesamten Stab auf dem Motorschiff befand. Mit einer Ladung von 2000 Tonnen Militärgut, vor allem Flugzeugteile, was auch die hohen Kisten an Deck der „Alfred Jones“ erklärte, war das Schiff auf dem Weg nach Freetown. Bei der Besatzungszahl irrte sich Hessler ebenfalls, keine 150, sondern nur 63 Mann waren auf dem Schiff, von denen zwei beim Angriff von U 107 ums Leben kamen. Am 13. Juni 1941 versenkte U 107 zirka 500 Seemeilen nordöstlich von Freetown den griechischen Dampfer „Pandias“ der mit 4894 Tonnen

Kohle und 1050 Tonnen Militärgütern darunter elf Spitfire-Jagdflugzeugen unterwegs nach Table Bay war. Nach der Versenkung des „Griechen“ tauchte U 107 auf und näherte sich den Rettungsbooten. Hessler half dem griechischen Kapitän mit Kursangaben und ließ den Schiffbrüchigen ferner Zigaretten, Wasser und Rum ins Boot reichen. Von der 34-köpfigen Besatzung in den Rettungsbooten fanden auf dem langen und beschwerlichen Weg von über 500 Seemeilen zur afrikanischen Küste elf Besatzungsmitglieder den Tod.

In diesen, von Günther Hessler geschilderten Fällen, hatte sich zumindest im Fall der Versenkung der „Calchas“ die Geschützbedienungen versteckt, um das U-Boot nach dem Auftauchen und beim Heranfahren an die Rettungsboote bekämpfen zu können. Damit war das Verlassen des torpedierten Schiffes durch einen Teil der Besatzung nur vorgetäuscht. In diesem Fall sollte die Hilfsbereitschaft des deutschen U-Boot-Kommandanten ausgenutzt werden, zu dem Zweck, das U-Boot zu versenken. Trotz dieser Vorfälle halfen U-Boot-Kommandanten, wenn sie Schiffbrüchige in Not sahen und die Umstände dies zuließen.

Am 8. April 1941 versenkte U 124 unter dem Kommando von Kapitänleutnant Wilhelm Schulz nicht weit vom afrikanischen Festland entfernt, den britischen Dampfer „Tweed“, der bevor er sank noch „SSS“-Notrufe abgeben konnte. Die Besatzung der „Tweed“ hatte zuvor noch zwei Rettungsboote zu Wasser gebracht, wobei das größere der beiden dabei gekentert war. Das gekenterte Boot trieb mit zwei Farbigen und acht Weißen Besatzungsangehörigen behängt, davon einer schwer verwundet, auf U 124 zu, während das zweite Rettungsboot in den Trümmern der „Tweed“ noch herumtreibende Schiffbrüchige aufsammelte. Die Schiffbrüchigen des gekenterten Bootes wurden auf dem Oberdeck des U-Bootes versorgt. Der Verwundete, der einen Oberschenkelbruch erlitten hatte und dessen linker Arm aus dem Gelenk gesprungen war, wurde vom Marinestabsarzt Dr. Hubertus Goder behandelt und der Bruch geschient. Nachdem das Rettungsboot wieder umgedreht und das Segel klargemacht worden war, legte es mit zehn Schiffbrüchigen besetzt, vom U-Boot ab. Vorher hatte man das Rettungsboot noch mit Proviant und Wasser versorgt. Damit konnten beide Rettungsboote die gut 150 Seemeilen bis Freetown zurücklegen. Von der 31 Mann starken Besatzung verloren drei ihr Leben. Ein Offizier der „Tweed“ versprach, das herausragende Verhalten von Kapitänleutnant Schulz und das der U-Boot-Besatzung seiner Reederei zu melden. Lieutenant Howard Baker hielt dieses Versprechen. Nach dem Krieg suchte er einige Zeit nach dem damaligen U-Boot-Kommandanten von U 124, bis er ihn im Jahre 1958 fand und nach England einlud, wo er und Wilhelm Schulz ein frohes Wiedersehen feierten.

Am 26. August 1941 sichtete U 206 unter dem Kommando von Kapitänleutnant Herbert Opitz im Atlantik zwei grellgelbe Schlauchboote, in denen sich sechs Flieger einer englischen zweimotorigen Flugzeugbesatzung befanden, die in Richtung des U-Bootes winkten. Sie gaben an, nach Ausfall ihres linken Motors notgewassert zu sein.

Die sechs, bereits sehr erschöpft wirkenden Männer wären niemals in der Lage gewesen, die nächste Küste, die dazu noch etwa 240 Seemeilen entfernt lag, zu erreichen. Opitz entschied sich, die Engländer an Bord zu nehmen und brachte sie mit nach St. Nazaire, wo das U-Boot am 10. September 1942 einlief.

In der Stellungnahme des Kriegstagebuches von U 206 zu dieser Feindfahrt, vermerkte Dönitz am Schluss seiner Ausführungen:
„Die Anbordnahme der englischen Flieger wird gebilligt".
Wie bereits dargelegt, konnten die deutschen U-Boote bei der Versenkung von alliierten Handelsschiffen kaum noch zur Rettung der Besatzungen beitragen. Bei Versenkungen aus einem Konvoi war dies sowieso unmöglich, außerdem hatten die Briten bei ihren Geleitzügen genügend Vorsorge getroffen, um Schiffbrüchige durch Geleitfahrzeuge oder durch sogenannte Rettungsschiffe aufnehmen zu lassen.

Mit dem Eintritt Amerikas in den II. Weltkrieg wurden die Gewässer vor der Ostküste der USA und in der Karibik für den U-Boot-Krieg freigegeben. In diesen neuen Seegebieten war die Schifffahrt noch nicht in Geleitzügen organisiert. So konnten die deutschen U-Boote wie Wölfe über ihr Wild herfallen und der alliierten Schifffahrt große Verluste zufügen, bis auch hier im Sommer 1942 der Geleitverkehr üblich wurde. Dennoch zeigen die nachfolgenden Beispiele, dass den deutschen U-Boot-Kommandanten das Schicksal der Schiffbrüchigen keineswegs gleichgültig war. Am 24. Januar 1942 versenkte U 333 unter der Führung von Kapitänleutnant Cremer südöstlich von Neufundland das norwegische Motorschiff „Ringstad". Als das Schiff gesunken war, steuerte U 333 die Rettungsboote an, die groß und zudem gut ausgerüstet schienen. Die Schiffbrüchigen wirkten gefasst und winkten dem U-Boot zu. Was genau nach dem Untergang der „Ringstad" geschah, schilderte einer der Geretteten, ein Heizer namens Börrensen, dessen Bericht Brustat-Naval in seinem Buch „Ali Cremer, U 333", nachfolgend beschreibt:
„Wir saßen in einem Rettungsboot, und ich sehe noch heute, wie dass U-Boot auf uns zukam. In diesem Augenblick sagte unser Kapitän: „Benehmt euch wie Norweger, sie wollen uns erschießen." Tatsächlich sah ich den Lauf eines Maschinengewehres auf uns gerichtet. Es fiel aber kein Schuss. Stattdessen rief ein Mann, ich bin sicher es war der Kommandant zu uns herüber. Er fragte nach unserer Nationalität, woher wir kämen, was unser Ziel und unsere Ladung gewesen sei. Er sprach Englisch, er bot uns Proviant und Trinkwasser an. Unser Kapitän lehnte ab, wir hätten alles was wir bräuchten. Der U-Boot-Kommandant wies uns die Richtung nach Ost-Neufundland und gab uns die Information, dass wir rund 85 Seemeilen von Land entfernt wären. Dann wünschte er uns Glück und sagte, er hoffe, wir würden aufgefischt und bald Land erreichen. Anschließend machte das U-Boot kehrt und war schnell außer Sicht."
Die Besatzung der „Ringstad" bestand aus 37 Seeleuten und hatte zusätzlich sechs Passagiere an Bord. Leider überlebten von der Besatzung nur zehn und von den Passagieren drei Mann den Untergang des Dampfers. Am 25. Januar 1942 versenkte

U 123 unter dem Kommando von Kapitänleutnant Hardegen den britischen Dampfer „Culebra“ mit seiner 10,5 cm-Kanone. Nachdem U 123 das Feuer eröffnet hatte, besetzten die Kanoniere des Dampfers ihr Geschütz und schossen zurück. Das U-Boot selbst erhielt fünf Treffer, die den Druckkörper aber nicht durchschlugen. Als bei dem Dampfer die Brücke in Brand geriet, verließ die Besatzung der „Culebra“ das Schiff. Als der Dampfer schließlich gesunken war, steuerte Hardegen das Rettungsboot an und übergab den Männern Proviant, Konserven und den genauen Standort mit Kursangabe zu den Bermudas. Zudem wurden noch einige Pützen (Eimer) überreicht, da das einzelne Boot überladen schien. Dankbar winkten die Männer der „Culebra“ zu dem U-Boot herüber, es sollte ihr letztes Lebenszeichen sein. Seitdem gilt die gesamte Crew der „Culebra“, 45 Seeleute insgesamt, als vermisst.

Zwei Tage später traf U 123 auf den norwegischen Motortanker „Pan Norway“, der auf dem Wege nach Aruba in der Karibik war. U 123 eröffnete das Artillerieduell. Nach der dritten Salve aus dem 10,5 cm-Geschütz wurden die ersten Treffer im Maschinenraum und am Schornstein erzielt. Der Gegner feuerte zurück und traf einmal die Brücke des U-Bootes. Anschließend ließ Hardegen Zielwechsel auf die Brücke des Tankers ausführen, die nach den folgenden Treffern sofort zu brennen begann. Als Hardegen merkte, das der Tanker stoppte und zusätzlich Lichtsignale abgab, die Hardegen als Waffenstreckung auffasste, befahl er das Feuer einzustellen. Tatsächlich ging die Tankerbesatzung in die Rettungsboote und ruderte aus der Schusslinie des U-Bootes. Anschließend befahl Hardegen, erneut das Feuer auf den brennenden Tanker zu eröffnen. Doch bald war die 10,5 cm-Munition verschossen und der Kommandant ging näher an den Motortanker heran. Da U 123 keine Torpedos und Artilleriemunition mehr hatte, befahl Hardegen mit der 3,7 cm-Fla-Kanone in die Bordwand des Tankers auf Höhe der Wasserlinie zu feuern. Schon nach kurzer Zeit war die Bordwand durchsiebt, der Tanker kenterte und sank.

Gleichzeitig mit dem Untergang der „Pan Norway“ beobachtete man auf U 123 ein Licht, dass sich als der griechische Dampfer „Mount Aetna“ herausstellte. Rasch wurde der Dampfer gestoppt und Hardegen bat den griechischen Kapitän, die Besatzung der „Pan Norway“ aufzunehmen. Schnell wurden zwei Rettungsboote gefunden und die Insassen von den Griechen übernommen. Kurz darauf sichtete Hardegen einen einzelnen Norweger der zwischen den Trümmern der Untergangsstelle schwamm und nahm ihn an Bord. Als der leicht verletzte Norweger Hardegen darauf hinwies, dass noch weitere Schiffbrüchige in der Nähe seien, holte er die „Mount Aetna“, die schon wieder Fahrt aufgenommen hatte, zurück bis alle 41 Besatzungsmitglieder der „Pan Norway“ gerettet waren.

Nach dem Kriege trat die norwegische Tankerbesatzung mit Hardegen in Verbindung und sie machten auch diese Geschichte in Norwegen publik, sodass 1980 das norwegische Fernsehen eine Reportage über diese Rettungsaktion drehte. Am 7. März 1942 versenkte Kapitänleutnant Piening als Kommandant von U 155 vor

Kap Hatteras den brasilianischen Dampfer „Arabutan", der mit fast 10.000 Tonnen Kohle und Koks auf dem Wege nach Trinidad war. Kapitänleutnant Piening versenkte dieses Schiff, da es keine Flagge gesetzt hatte und kein Neutralitätsabzeichen führte.

Als U 155 nochmals an der Untergangstelle kreuzte, beobachtete der Kommandant, dass wohl die ganze Dampferbesatzung in sechs Rettungsbooten Platz gefunden hatte. Plötzlich sichtete ein Ausguck zwischen den Wrackteilen einen Farbigen, der sich an einem der vielen Trümmerteile festgeklammert hatte. Rasch wurde er an Deck von U 155 gezogen und sogleich versorgt. Als bemerkt wurde, dass er am Arm verletzt war, verband ihn der Bordarzt Dr. med. Gerhard Pollakowski umgehend. Anschließend wurde er zu einem der Rettungsboote des versenkten Schiffes gebracht. Mit herzzerreißenden Gesten, brachte der Farbige seine Dankbarkeit für seine Rettung zum Ausdruck. Von der Besatzung der „Arabutan" kam ein Mann, vermutlich durch die Torpedodetonation ums Leben während 54 Seeleute gerettet werden konnten.

Wie die humanitäre Einstellung eines U-Boot-Kommandanten, beinahe zum Verlust seines Bootes geführt hätte, zeigt die nachfolgende Schilderung von Reinhard Hardegen im Kriegstagebuch von U 123:

„Am 26. März 1942 um 23.03 Uhr Rauchwolken gesichtet – in die Richtung gelaufen. Einzeldampfer mit künstlichem Rauch. Wir waren erst sehr misstrauisch, als wir jedoch zum Überwasserangriff ansetzten, erkannten wir, dass es ein gewöhnlicher Frachter war. Es hätte uns höchstens auffallen müssen, dass die Aufbauten hinter dem Schornstein sehr hoch waren. Der Mond war hinter den Wolken gut versteckt.

Um 00.37 Uhr am 27. März fällt der Torpedoschuss, der den Dampfer auf Höhe der Vorkante der Brücke trifft. Sofort geht er vorne tiefer, bekommt Schlagseite, funkt zudem Standort und seinen Namen. Ein Boot ist zu Wasser, ein zweites hängt noch in den Davits. Ich habe das Gefühl, als ob er noch etwas Fahrt macht, denn die Entfernung wird plötzlich geringer. Drehe nach Steuerbord ab. Da dreht er auch nach Steuerbord und zeigt Lage 90 Grad. Ich drehe hart weiter, da fallen bei ihm plötzlich mittschiffs Klappen und Persenninge und er schießt mit mindestens einer Kanone und zwei Maschinenkanonen. Die 2 cm-Granaten prasselten in unsere Brücke und pfiffen uns um die Köpfe. Laufe sofort mit „AK" (Äußerste Kraft) ab, was ungewollt den Vorteil brachte, dass die Diesel stark qualmten und uns verdeckten. Plötzlich sehe ich große Brocken durch die Luft fliegen. Kurz darauf heftige Detonationen. Alle Schotten dicht. Da sehe ich hohe Wassersäulen und jetzt wird mir klar, dass er Wasserbomben mit Werfern nach uns geworfen hat. Ich war wie ein blutiger Anfänger auf eine stark bewaffnete U-Boot-Falle hereingefallen. Fähnrich zur See Rudi Holzer ist schwer verwundet."

Soweit der Bericht des Kommandanten im Kriegstagebuch von U 123. Am Morgen des 27. März pirschte sich U 123, diesmal im Unterwasserangriff an die U-Boot-Falle heran. Um 04.29 Uhr ging der Torpedo im Maschinenraum des Schiffes hoch. Sogleich sackte das Vorschiff weg, nur das Heck ragte noch aus dem Wasser. Schließlich um 05.50 Uhr sank die U-Boot-Falle in einer heftigen Detonation, die vermutlich von einer Wasserbombe herrührte. Zu diesem Zeitpunkt war Fähnrich Holzer bereits seinen Verletzungen erlegen. Nachzutragen wäre noch, dass es sich bei dem Dampfer um das ehemalige amerikanische Handelsschiff „Carolyn“ handelte, dass von der US-Marine angekauft und zur U-Boot-Falle (APC) umgebaut worden war und die Bezeichnung „USS Atik“ trug. Dieses Beispiel zeigt wie Rücksichtnahme im Krieg auch schnell zur Gefahr für das eigene Leben werden konnte.

Am Morgen des 2. Mai 1942 sichtete U 402 unter der Führung von Kapitänleutnant Siegfried Freiherr von Forstner in amerikanischen Gewässern, die im Dienst der US-Marine befindliche Patrouillen-Yacht „Cythera“, die von Forstner sogleich als Kriegsschiff erkannt wurde. U 402 feuerte drei Torpedos, von denen zwei die Yacht förmlich in Stücke rissen. Nach dem Zusammenfallen der hohen schwarzen Sprengwolke ragte kurzzeitig nur noch der Bug aus dem Wasser, bevor auch dieser in der Tiefe des Meeres verschwand. U 402 tauchte auf und lief zur Versenkungsstelle aber außer einem Floß auf dem zwei Männer saßen, konnte nichts gefunden werden. Forstner holte beide als Kriegsgefangene an Bord von U 402 und brachte sie mit zurück nach St. Nazaire. Hier wurden beide Männer, namens Carter und Brown, von einer Eskorte abgeholt und in ein Kriegsgefangenenlager gebracht.

Kapitänleutnant Heyse, der Kommandant von U 128, versenkte am 8. Juni 1942 vor der Nordküste Brasiliens den norwegischen Motortanker „South Africa“, der mit 13500 Tonnen Dieselöl auf dem Weg nach England war. Heyse steuerte nach dem Auftauchen beide Rettungsboote an und erfragte den Namen des Schiffes. Das Rettungsboot mit dem Kapitän des Tankers an Bord schwamm inmitten der Ölbrühe und Trümmer und fischte immer noch Überlebende auf. Sobald alle Schiffbrüchigen in den Rettungsbooten waren, ließ Heyse Trockenbrot und Rum an die Rettungsboote abgeben. Von der Anbordnahme des norwegischen Kapitäns sah Heyse wegen der Länge der Unternehmung ab. Von der 42-köpfigen Besatzung überlebten 36 Seeleute die Versenkung ihres Motortankers.

Am 24. Juni 1942 sichtete U 106 unter dem Kommando von Kapitänleutnant Hermann Rasch in der Biscaya ein Rettungsboot mit einem Überlebenden darin. Dieser trug den Namen George William Biscol. Er wurde umgehend an Bord von U 106 geholt und nach Lorient gebracht. Biscol gehörte zur Besatzung des Dampfers „Etrib“, der am 15. Juni 1942 von U 552 (Topp) versenkt worden war. Die anderen Überlebenden des Dampfers „Etrib“ wurden von dem Dampfer „Copeland“ gerettet, außer Biscol, dessen Rettungsboot dann erst von U 106 gefunden wurde.

U 109, unter dem Kommando von Kapitänleutnant Bleichrodt, torpedierte am 6. September 1942 nahe der Elfenbeinküste das britische Motorschiff „Tuscan Star“, das innerhalb von 14 Minuten sank. Dazu die Ausführungen des U-Boot-Kommandanten im Kriegstagebuch von U 109:

„Nach Aussagen Schiffbrüchiger ist der Kapitän mit seinem Schiff untergegangen. In einem der Rettungsboote werden Frauen und Kinder festgestellt. Die drei Rettungsboote sind zwar

stabil und groß, sind aber überladen. Plötzlich werden Hilferufe an der Backbordseite wahrgenommen. Beim Absuchen mit der Varta-Lampe wird zwischen Wrackteilen ein Mensch festgestellt, der sich an einer Kiste festklammert.
Der Kerl ist kurz vor dem Absaufen, sein Kopf schneidet hin und wieder unter. Schnell darauf zugedreht und den Burschen gerade noch vor dem „Auftiefegehen" aus dem Ölwasser herausgeholt. Es ist der 2. Funkoffizier der „Tuscan Star", Gordon Herberth Gill, 21 Jahre alt aus Manchester stammend.
Wieder auf die Rettungsboote zugelaufen und dem Boot in welchem sich die Frauen und Kinder befinden, Milch und Brot gegeben. Dem 1. Offizier der „Tuscan Star", der das Rettungsboot steuerte, mitgeteilt, dass der Funker gerettet worden sei und sich an Bord des U-Bootes befindet. Freude und Dankbarkeit herrschte im Rettungsboot. Mit lauten Rufen, wie „Thank you" und „Good luck" bedankten sich die Leute und winkten uns zu. Hoffentlich sind diese Menschen nun für immer von dem Wahn, wir Deutsche seien Barbaren, geheilt."
Gordon Herberth Gill's Retter war der Bootsmaat Eduard Maureschat aus Ostpreußen, der ohne Zögern ins Wasser sprang zu dem Ertrinkenden hinüberschwamm und mit ihm zum U-Boot zurückkehrte. Der ölverschmierte englische Funker wurde auf U 109 versorgt und verblieb an Bord, bis dieses Wochen später, am 6. Oktober 1942, in Lorient festmachte.

Die „Tuscan Star" hatte 7840 Tonnen Gefrierfleisch und 5000 Tonnen Stückgut geladen. Die Besatzung war 77 Mann stark, von denen 41 Seeleute ums Leben kamen, zusätzlich waren noch zwölf Kanoniere für die Geschütze und 25 Passagiere an Bord, wobei acht Kanoniere und drei Passagiere bei der Versenkung den Tod fanden.

Kapitänleutnant Helmut Witte befand sich als Kommandant von U 159 bereits auf dem Rückmarsch von seiner 3. Unternehmung, die ihn und sein Boot bis ins Seegebiet südlich von Kapstadt geführt hatte. Am Morgen des 13. Novembers 1942 kam ein Sechsmastschoner in Sicht, der angelaufen und mit einem Schuss vor den Bug gestoppt wurde. Sofort, nachdem die Rettungsboote ausgesetzt waren, gab der U-Boot-Kommandant seinem 10,5 cm-Geschütz Feuererlaubnis. Nach fünfzig Minuten befahl er: „Feuer einstellen!"

Der Schoner brannte vorn, machte aber keine Anstalten zu sinken. Mittlerweile steuerte U 159 die Rettungsboote zur Feststellung der Schiffsdaten an. Jetzt wurde bekannt, dass es sich um den amerikanischen Schoner „Star of Scotland" handelte. Anschließend stellte Witte ein Kommando zusammen, dass an Bord des brennenden Schoners ging. Dort wurden die Schiffspapiere sowie wertvolle Ausrüstung wie Zigaretten, Obst, Orangensaft, Seife und Unterwäsche übernommen und an Bord von U 159 gebracht.

Als Witte den Kapitän des Schoners an Bord nehmen wollte, wehrte dieser ab und überzeugte den deutschen U-Boot-Kommandanten, dass seine Besatzung unerfahren sei und diese, ohne seine Hilfe, niemals mit den Rettungsbooten die Küste erreichen würden. Der U-Boot-Kommandant erlaubte dem amerikanischen Kapitän, bei seinen Männern zu bleiben, übergab den Rettungsbooten zusätzlich noch Proviant, Wasser, einen Sextanten und eine Seekarte, danach verabschiedeten sich beide Kapitäne mit Händedruck. Am Nachmittag wurde dann der Schoner mit der 10,5 cm-Kanone versenkt. Von der 18-köpfigen Besatzung der „Star of Scotland“ fand ein Mann den Tod. Die restlichen 17 Seeleute ereichten nach achtzehn Tagen in ihrem Rettungsboot die Küste von Portugiesisch Angola.

Das Kriegsjahr 1943 brachte dann die endgültige Wende im U-Boot-Krieg. Den Alliierten war es mit Hilfe des Radars gelungen, aus den „Jägern“ „Gejagte“ zu machen. Den U-Booten war auch mit Hilfe der bewährten britischen „Asdic“-Geräte die Unsichtbarkeit genommen worden. Bei Tag und Nacht wurden sie von Flugzeugen und U-Boot-Jagdgruppen gejagt. Falls sie in die Fänge dieses Gegners gerieten, führte es fast immer zur Versenkung des U-Bootes. Auch neu zur Anwendung gelangte Techniken und Waffen machten den deutschen U-Boot-Fahrern das Leben schwer. Damit hatten die Alliierten die Schlacht im Atlantik gewonnen und durch die Sicherung ihres Nachschubs waren die alliierten Invasionen in Nordafrika, Sizilien, Italien und auch die Landung in der Normandie erst möglich geworden. Nur noch in abgelegenen Seegebieten, wo die Luft- und Seeüberwachung nicht so stark war, wagten es noch einige U-Boot-Kommandanten, Rettungsmaßnahmen für Schiffbrüchige zu ergreifen. Nachfolgend vier Begebenheiten aus dem Kriegsjahr 1943:

U 632 unter dem Kommando von Hans Karpf hatte am 3. Februar 1943 im schweren Sturm den britischen Motortanker „Cordelia“ einem Nachzügler des Konvois HX.224 versenkt. Am Tag darauf sichtete das U-Boot ein Rettungsfloß auf dem sich ein Überlebender der „Cordelia“ befand. Kapitänleutnant Karpf nahm ihn an Bord. Trotz des stundenlangen Überlebenskampfes im eiskalten Wasser erholte sich der britische Seemann schnell und wurde durch die gute Behandlung der deutschen Matrosen immer gesprächiger. So verriet er in einer unbedachten Äußerung, dass dem schnellen HX-Geleitzug ein etwas langsamerer folgen würde. Der U-Boot-Kommandant informierte umgehend die U-Boot-Führung, die sofort alle verfügbaren U-Boote auf diesen Geleitzug ansetzte. Der Konvoi hatte die Bezeichnung SC.118. Für diesen Konvoi sollte die leichtfertige Auskunft des britischen Seemanns schwerwiegende Folgen haben. In den nächsten Tagen wurde aus dem, aus 61 Schiffen bestehenden Geleitzug, insgesamt 13 Handelsschiffe versenkt. Die „Cordelia“ hatte in Curacao 12.000 tons Benzin übernommen und war über New York im Geleitzug HX.224 auf den Weg in den Clyde, als sie auf 56° 37’ Nord / 22° 58’ West versenkt wurde. Die Besatzung der „Cordelia“ bestand aus 47 Mann einschließlich der acht Kanoniere. Den Untergang des Motortankers überlebte nur der an Bord von U 632 geholte britische Seemann, der am 14. Februar 1943 nach dem Einlaufen von U 632 in Brest, von einer Polizeieskorte in die Kriegsgefangenschaft überführt wurde. Am 22. März 1943 befand sich U 338 auf dem Rückmarsch von seiner 1. Unternehmung in der Biskaya. Um 09.58 Uhr wurde das U-Boot plötzlich von einem viermotorigen Bomber vom Typ „Halifax" angegriffen. Der Kommandant, Kapitänleutnant Manfred Kinzel, beschloss nicht zu tauchen, sondern versuchte über Wasser das Flugzeug mit seinen Fla-Waffen abzuwehren. U 338 eröffnete sofort das Abwehrfeuer und erzielte Treffer im Steuerbord-Außenmotor und in der Pilotenkanzel der Maschine. Beim Abflug nach dem Angriff zeigte die „Halifax" eine dünne Rauchfahne und stürzte dann überraschend schnell ins Meer. Der Kommandant ließ U 338 in das Trümmerfeld der Absturzstelle steuern, wodurch ein Flieger entdeckt und gerettet werden konnte. Es handelte sich um den australischen Flieger-Sergeant J. Taylor, der am 24. März 1943 in St. Nazaire nach dem Anlegen von U 338 als Kriegsgefangener den Sicherheitsbehörden übergeben wurde.

Die „Halifax" gehörte zur Royal-Air-Force-Squadron 502. Beim Abschuss der Maschine fanden bis auf Sergeant Taylor sämtliche Besatzungsmitglieder den Tod.

Es war der 18. Mai 1943, als die Ausguck-Posten von U 103 mitten im Nordatlantik ein Rettungsfloß sichteten. Kapitänleutnant Gustav-Adolf Janssen, der Kommandant des U-Bootes, befahl erst einmal abzutauchen. Mit dem Periskop beobachtete er einige Zeit das Floß, auf dem sich fünf notdürftig bekleidete Schiffbrüchige befanden, die mit Trinkbechern in Richtung des Sehrohrs winkten.

Um 14.45 Uhr befahl Janssen aufzutauchen und an das Rettungsfloß heranzugehen. Auf seine Frage, von welchem Schiff sie kämen, antworteten die Schiffbrüchigen mit „Fort Concord". Dieses Schiff war am 11. Mai 1943 von U 456 (Teichert) torpediert und höchstwahrscheinlich am Abend dieses Tages von U 403 (Clausen) versenkt worden.

Der Kommandant entschloss sich den 15-jährigen Schiffsjungen J. Oxton und den 2. Ingenieur Huxley an Bord zu nehmen.

Die drei anderen Insassen des Bootes, zwei Inder und ein Japaner (naturalisierter Engländer) beließ Janssen auf dem Floß, nachdem er dieses zuvor mit Proviant und Wasser versorgt hatte. Zusätzlich übergab er den Schiffbrüchigen neue Kleidung. Die beiden Engländer wurden am Ende der Feindfahrt in Lorient an ein Kriegsgefangenenlager übergeben.

Einer der beiden Geretteten, der damalige Schiffsjunge J. Oxton suchte lange nach dem Krieg seinen Lebensretter. Im Jahre 1964 hatte die Suche Erfolg. Er traf Gustav-Adolf Janssen, dem er nochmals persönlich seinen ausdrücklichen Dank aussprechen konnte.

Auch im Schwarzen Meer kam es zu Rettungsaktionen für Schiffbrüchige durch deutsche U-Boote. Am 22. August 1943 kurz nach Mitternacht suchte U 24 unter dem Kommando von Kapitänleutnant Klaus Petersen die Kaukasusküste ab. In der Gagry-Bucht entdeckte die Brückenwache einen sowjetischen Schleppzug, der aus einem Schlepper mit zwei Leichtern/Landungsbooten bestand. Langsam pirschte sich das U-Boot heran. Zwanzig Minuten später eröffnete U 24 das Feuer aus seiner 2 cm-Fla-Kanone und dem kleinkalibrigen Zwillings-Maschinengewehr 81. Der sowjetische Schlepper erwiderte das Feuer mit einem Maschinengewehr. Nur zehn Minuten später versank er über die Backbord-Seite, worauf die beiden Leichter mit eigener Kraft versuchten, in der Dunkelheit zu entkommen. Klaus Petersen ließ jetzt das Feuer auf den vorderen ersten Leichter einschwenken, der nach einigen Treffern auch gleich zu brennen anfing. Kurz darauf blieb das Fahrzeug gestoppt liegen. Trotz ihrer Nachtgläser auf der Brücke von U 24, konnten sie keine Menschenseele an Bord des gestoppt liegenden Leichters erkennen.

Das Maschinengewehr hatte inzwischen den zweiten Leichter unter Beschuss genommen und während man sich auf der Brücke des U-Bootes auf das zweite Fahrzeug konzentrierte, war es den unbemerkt gebliebenen Russen auf dem ersten Leichter gelungen, den Brand zu löschen und nach Nordosten davonzulaufen.

U 24 verfolgte den zweiten Leichter und nur wenige Minuten später war das Boot fast längsseits des Leichters angelangt. Petersen wollte die 2 cm-Fla-Kanone einsetzen, die aber ihren Dienst versagte. Daraufhin befahl der Kommandant, Handgranaten auf das Fahrzeug zu werfen. Nach der Detonation der ersten zehn Handgranaten hoben die Besatzungsmitglieder des russischen Leichters die Hände und ergaben sich. Rasch wurden vier Russen an Bord von U 24 geholt und unter Deck gebracht. Nun setzte Petersen zur Verfolgung des ersten Leichters an. Kurze Zeit später war U 24 längsseits des feindlichen Fahrzeuges gegangen. Zwei verwundete und völlig verängstigte Russen wurden an Bord des U-Bootes genommen. An dem Fahrzeug wurden Sprengpatronen angebracht und gezündet. Der erste Leichter versank daraufhin sofort im Meer.

Als U 24 zum zweiten Leichter zurückgekehrt war, versuchte Petersen das Boot in Schlepp zu nehmen. Da jedoch zwei Einzeltaue der Trosse brachen, misslang dieser Versuch und so wurde auch dieser Leichter durch das Zünden von Sprengpatronen versenkt.

Die sechs an Bord genommenen Russen waren alle verletzt, zum Teil schwer. Der zum Sanitäter ausgebildete Funkmaat leistete Erste Hilfe, so gut er konnte. Der Kommandant beschloss die Krim anzusteuern, wo er am folgenden Tag in Feodosia festmachte und die Verletzten übergeben konnte.

Bei den in diesem Anhang aufgeführten Rettungstaten deutscher U-Boot-Kommandanten darf man nicht vergessen, dass es sich nur um eine kleine Auswahl der Rettungsaktionen aus den Kriegstagebüchern der verschiedenen deutschen Unterseeboote handelt. Sie stehen als Beispiel für die Tatsache, dass die deutschen U-Boot-Fahrer keine Unmenschen waren und auch bereit waren Risiken in Kauf zu nehmen, um Schiffbrüchigen zu helfen. Nicht vergessen werden soll hier auch die Hilfsbereitschaft der britischen und amerikanischen Kommandanten, die auf ihren Geleitfahrzeugen die Konvois eskortierten und deren Hilfe viele deutsche schiffbrüchige U-Boot-Soldaten ihre Rettung verdankten.

Briefe von Efraim Tsouk an Familie Schuppan

E. TSOUK
P.O.B. 33253
31332 HAIFA
ISRAEL
20.7.93

Sehr geehrte Frau Schuppan,
Das Landratsamt Greiz hat mir heute Ihre Adresse übermittelt.

Am 12.5.1942 wurde ein Schiff auf dem ich damals diente im Atlantischen Ozean von Ihrem Bruder, Kapitän Hartenstein, versenkt.

Die ganze Mannschaft überlebte den Angriff und nachdem wir in den Rettungsbooten Zuflucht gefunden haben, war das Benehmen des Kapitän's Hartenstein's so aussergewöhnlich ritterlich und menschlich, da ich jahrzentelang nach seiner Identität nachforschte.

2

So bin ich halt zu Ihrer Adresse gekommen und möchte gern meinen Dank und Verehrung für das Verhalten Ihres Bruders ausdrücken.

Ich würde mich sehr freuen wenn Sie oder irgendwelche Verwandte von Ihnen meine Gäste hier in Haifa sein würdet.

Verzeihen Sie bitte mir etwas wortarmes Deutsch.

Mit freundlichen Grüßen,
Efraim Tsouk

Brief von Efraim Tsouk an Familie Schuppan vom 20. Juli 1993.

E. Tsouk
P.O.B.33253
31332 Haifa
Israel

12.8.93

Sehr geehrter Herr Schuppan,

Ihr Brief hat mich sehr erfreut. Wie Sie ja wissen, gehe ich dieser Sache schon Jahrzente nach und nun ist es mir doch gelungen Kontakt mit Verwandten des Kapitän Hartensteins aufzunehmen.

Ja, wo fängt man da an ? Ich wurde im Nov. 22 in Frankfurt am Main geboren (als Philipp Zucker) und bin dann, noch zeitig, mit meinen Eltern und meinem Bruder im Herbst 1935 nach Palästina ausgewandert. 1938 ging ich in Haifa zur Seeschule. Da ich aber am Weltkrieg teilnehmen wollte, beendigte ich die Schule nicht und ging 1940 zur Britischen Handelsmarine. Anfang 1942 kam ich dann, in England, auf die 'Koenjit' (holländische Flagge - eigentlich ein Dänisches Schiff - die 'Sterngeborg -aber da Dänmark kapitulierte, durften Dänische Schiffe, die für die Allierten dienten, nur unter anderen Flaggen fahren). Ich ging mein ganzes Arbeitsleben lang zur See (Leitender Ing.) und wurde Ende 1985 pensioniert. Wenn es Sie interessiert, werde ich Ihnen mehr über mein Leben auf See erzählen.

Wir sind damals aus Liverpool ausgefahren, haben dann in Halifax, Kanada, neu geladen und waren zirka 500 seemeilen westlich von St.Lucia als wir nachts von Ihrem Onkel torpediert wurden. Die 'Koenjit' ging in wenigen Minuten unter, aber die ganze Besatzung befand sich in den beiden Rettungsbooten als plötzlich U156 hochkam und uns ansteuerte. Die 'Koenjit' fuhr ohne Begleitung, als einziges Schiff, war aber bewaffnet. Ich gebe zu, das ich sehr erschreckt war (Palästinensicher Pass, in Deutschland geboren) und bereit war, meine Papiere ins Meer zu werfen. Nun kam U 156 ganz an uns ran und Ihr Onkel sagte (auf English): Tut mir leid, aber es ist Krieg. Er fragte nach dem Namen des Schiffes, Ladung, Wohin, u.s.w., und als man ihm was aufbinden wollte, hat er uns alle Einzelheiten (richtig) gegeben! Er bot uns Erste Hilfe (keiner von uns war verletzt) und Proviant an (wir hatten genug) und bedauerte es uns kein Wasser geben zu können, da es auch bei ihm knapp war. Dann gab er uns Rat welcher Kurs am besten geeignet wäre

Brief von Efraim Tsouk an Familie Schuppan vom 12. August 1993 – Seite 1.

2

uns zu der nähesten Karribischen Insel zu führen, wünschte uns 'Viel Glück' und entfernte sich.

Die 'Laconia' Geschichte ist mir in allen Einzelheiten bekannt (damals wussten wir nichts von solchen Ereignissen), aber während des Krieges befürchteten wir eventuelles Maschinengewehr Feuer seitens des U Boots.

Wie ich endlich 'zu Ihnen kam' ist eine andere Sache. Ich weiss schon seit zirka 20 Jahren über Ihren Onkel und U 156 Bescheid, nahm dann an, das Verwandte wahrscheinlich noch in der DDR leben würden. Da ich nichts mit den DDR Behörden zu tun haben wollte (Unterstützung Arabischer Terroristen, u.s.w.), ging ich erst vor etwa 15 Monaten zum Verteidigungs-Attaché in der Deutschen Botschaft in Tel Aviv und bat sie der Sache nach zugehen. Mit Üblicher Gründlichkeit war das ja auch erfolgreich.

Ich kann leider im Augenblick nicht zu Ihnen fahren, möchte Sie und Ihre Frau doch einladen mich zu besuchen. Ausser der Flugkarte würden Sie keinerlei Spesen haben.

Auf jeden Fall bin ich bereit weitere erwünschte Auskunft zu geben. Wie Sie ja inzwischen bemerkt haben, ist mein Deutsch inzwischen schon etwas 'verrostet' - ich habe ja kaum Gelegenheit es wieder zu erfrischen.

Ich wess nicht ob Sie sich vorstellen können, wieviel Freude es mir macht Ihnen meine Achtung für Ihren Onkel auszudrücken. Es hätte Ihre Mutter sicher erfreut.

Viele herzliche Grüsse.

Efraim Tsouk

Brief von Efraim Tsouk an Familie Schuppan vom 12. August 1993 – Seite 2.

Korvettenkapitän Werner Hartenstein

Geboren/Gefallen:

Geboren am 27. Februar 1908 in Plauen im Vogtland
Gefallen am 8. März 1943 im westlichen Mittelatlantik ostwärts von Barbados

Dienstgrad/Dienststellung:

Letzter Dienstgrad: Korvettenkapitän
Letzte Dienststellung: Kommandant von U 156

Militärischer Werdegang:

01.04.1928	Eintritt in die Reichsmarine als Offiziersanwärter (Crew 28)
01.04.1928 – 30.06.1928	infanteristische Ausbildung bei der II./Abteilung / Schiffsstammdivision der Ostsee in Stralsund
01.07.1928 – 15.10.1928	praktische Bordausbildung auf Segelschulschiff „Niobe“
16.10.1928 – 03.01.1930	praktische Bordausbildung auf Leichten Kreuzer „Emden“
04.01.1930 – 03.04.1930	zur Verfügung der II./Abteilung der Schiffsstammdivision der Ostsee
04.04.1930 – 30.03.1931	Hauptlehrgang für Fähnriche an der Marineschule Flensburg-Mürwik
24.06.1930 – 27.06.1930	zugleich Navigationsbelehrungsfahrten
29.09.1930 – 04.10.1930	auf dem Vermessungsschiff „Meteor“
31.03.1931 – 30.05.1931	Torpedolehrgang für Fähnriche an der Torpedo- und Nachrichtenschule Flensburg-Mürwik
01.06.1931 – 06.08.1931	Artillerielehrgang für Fähnriche an der Schiffsartillerieschule Kiel-Wik
07.08.1931 – 03.09.1931	Sperrlehrgang für Fähnriche beim Sperrversuchskommando
04.09.1931 – 30.09.1931	Nachrichtenlehrgang für Fähnriche an der Torpedo- und Nachrichtenschule Flensburg-Mürwik
01.10.1931 – 24.10.1932	praktische Bordausbildung auf Leichten Kreuzer „Köln“
25.10.1932 – 15.11.1932	Fla-Waffenlehrgang an der Küstenartillerieschule Wilhelmshaven

16.11.1932 – 13.02.1934	als Leutnant zur See auf dem Leichten Kreuzer „Köln“
14.02.1934 – 12.05.1934	A/B-Lehrgang an Schiffsartillerieschule Kiel-Wik
13.05.1934 – 23.09.1934	Divisionsleutnant auf Leichten Kreuzer „Köln“
24.09.1934 – 29.09.1935	Kompanieoffizier bei II. Marine-Artillerieabteilung
02.10.1934 – 30.11.1934	zugleich Fla-Leiter-Lehrgang an der Küstenartillerieschule Wilhelmshaven
30.09.1935 – 02.06.1936	Lehrer an Küstenartillerieschule Wilhelmshaven
03.06.1936 – 29.09.1936	Lehrer an Schiffsartillerieschule Kiel-Wik
30.09.1936 – 13.11.1938	I. Wachoffizier auf Torpedoboot „Greif“ / 4. Torpedobootsflottille
14.11.1938 – 19.11.1938	Sportlehrgang an der Marineschule Flensburg-Mürwik
20.11.1938 – Oktober 1939	Kommandant Torpedoboot „Seeadler“ / 6. Torpedobootsflottille
Oktober 1939 – 16.02.1941	Kommandant Torpedoboot „Jaguar“ / 6. Torpedobootsflottille
Mai 1940 – 16.02.1941	Kommandant Torpedoboot „Jaguar“ / zugleich Chef in Vertretung (m.d.W.d.G.b.) 6. Torpedobootsflottille
17.02.1941 – 30.03.1941	Kommandant Torpedoboot „Jaguar“ / 5. Torpedobootsflottille
31.03.1941 – 02.06.1941	U-Lehrgang bei der 1. Unterseeboots-Lehrdivision in Pillau
03.06.1941 – 29.06.1941	UTO-Lehrgang an der Torpedoschule Flensburg-Mürwik
30.06.1941 – 11.08.1941	Kommandanten-Schießlehrgang bei 24. U-Flottille in Trondheim
12.08.1941 – 03.09.1941	Baubelehrung bei Kriegsschiff-Baulehrabteilung Nord in Bremen für U 156
04.09.1941 – 31.12.1941	Kommandant U 156 / 4. U-Flottille / Stettin
01.01.1942 – 08.03.1943	Kommandant U 156 / 2. U-Flottille / Lorient

Feindfahrten:

65 Feindfahrten als Kommandant der Torpedoboote „Seeadler“ und „Jaguar“
5 Feindfahrten mit U 156

Beförderungen:

11.10.1928	Seekadett (Ernennung)
01.04.1929	Gefreiter
01.01.1930	Fähnrich zur See
01.04.1932	Oberfähnrich zur See
01.10.1932	Leutnant zur See
01.09.1934	Oberleutnant zur See
01.06.1937	Kapitänleutnant
01.06.1942	Korvettenkapitän

Orden und Ehrenzeichen:

06.06.1939	Spanienkreuz in Bronze ohne Schwerter
26.10.1939	Medaille zur Erinnerung an die Heimkehr des Memellandes
16.11.1939	Eisernes Kreuz II. Klasse
27.04.1940	Eisernes Kreuz I. Klasse
06.11.1940	Medaille zur Erinnerung an den 1. Oktober 1938 (Sudetenmedaille)
24.12.1940	Zerstörerkriegsabzeichen
02.02.1942	Deutsches Kreuz in Gold
17.03.1942	U-Boot-Kriegsabzeichen 1939
17.09.1942	Ritterkreuz des Eisernen Kreuzes

Nennungen im Wehrmachtsbericht:

06. Juni 1942

Versenkungserfolge Korvettenkapitän Werner Hartenstein

U 156

Nationalität, Schiffstyp, Name	Datum	Uhrzeit	BRT	Planquadrat
	Position der Versenkung			
Brit. Tanker Pedernales	16.02.1942	08.01	4317 BRT=	EC 9287
	Sint Nicolaas/Aruba			
Brit. Tanker Oranjestad	16.02.1942	08.03	2396 BRT+	EC 9287
	Sint Nicolaas/Aruba			
US-amerik. Tanker Arkansas	16.02.1942	09.43	6452 BRT=	EC 9287
	Sint Nicolaas/Aruba			
US-amerik. Dampfer Delplata	20.02.1942	11.31	5127 BRT+	ED 6452
	14° 39' N / 62° 39' W			
Belgischer Tanker La Carrière	25.02.1942	02.19	5685 BRT+	ED 1585
	16° 57' N / 67° 09' W			
Britischer Dampfer Macgregor	27.02.1942	10.35	2498 BRT+	DN 9568
	19° 51' N / 69° 33' W			
US-amerik. Tanker Oregon	28.02.1942	11.17	7017 BRT+	DO 7167
	20° 45' N / 67° 51' W			
Niederl. Motorschiff Koenjt	13.05.1942	03.58	4551 BRT+	EE 6353
	15° 33' N / 52° 40' W			
Niederl. Motorboot Letitia Porter	13.05.1942	03.58	15 BRT+	EE 6353
	15° 33' N / 52° 40' W			
Brit. Dampfer City of Melbourne	13.05.1942	22.05	6630 BRT+	EE 6187
	15° 03' N / 54° 39' W			
Norwegisches Motorschiff Siljestad	15.05.1942	02.54	4301 BRT+	EE 6157
	15° 21' N / 52° 39' W			
Jugoslawischer Dampfer Kupa	15.05.1942	20.59	4382 BRT+	EE 6636
	14° 51' N / 52° 21' W			
Brit. Dampfer Barrdale	17.05.1942	21.04	5072 BRT+	EE 6363
	15° 33' N / 52° 21' W			
US-amerik. Dampfer Quaker City	18.05.1942	10.18	4961 BRT+	EF 4431
	14° 57' N / 51° 39' W			
Brit. Motorschiff San Eliseo	18.05.1942	18.52	8042 BRT=	ED 6165
	15° 27' N / 62° 21' W			
Dom. Dampfer Presidente Trujillo	21.05.1942	18.29	1668 BRT+	ED 6611
	14° 57' N / 61° 15' W			
US-amerik. Zerstörer Blakely	25.05.1942	15.52	1190 Tons=	ED 6641
	14° 39' N / 61° 15' W			

Brit. Dampfer Norman Prince	29.05.1942 01.03 14° 27' N / 62° 15' W	1913 BRT+	ED 6469
Brasilianischer Dampfer Alegrete	01.06.1942 23.51 13° 39' N / 61° 27' W	5970 BRT+	ED 6865
Brit. Segler Lillian	03.06.1942 09.26 12° 45' N / 60° 09' W	80 BRT+	EE 7146
Brit. Dampfer Willimantic	24.06.1942 08.10 25° 57' N / 52° 15' W	4558 BRT+	DQ 1174
Brit. Dampfer Clan Macwhirter	27.08.1942 01.00 35° 39' N / 19° 34' W	5941 BRT+	CF 8913
Brit. Truppentransporter Laconia	12.09.1942 22.07 04° 51' S / 11° 27' W	19.695 BRT+	FF 7721
Britischer Dampfer Quebec City	19.09.1942 15.46 02° 15' S / 17° 39' W	4745 BRT+	FE 4925

= beschädigt
+ versenkt

Erfolge von Werner Hartenstein als Kommandant von U 156

19 Schiffe mit 97.205 BRT versenkt (einschließlich Motorboot Letitia Porter – an Bord der „Koenjit").

Drei Schiffe mit 18.811 BRT torpediert und beschädigt.

Zudem torpedierte U 156 den US-amerikanischen Zerstörer „Blakely" mit 1190 Tons und beschädigte ihn schwer.

Quellenhinweise und Literaturauswahl

Ungedruckte Quellen:
Kriegstagebuch U 156 auf Mikrofilmrolle T-1022 (Rolle 2936).
Kriegstagebuch U 506 auf Mikrofilmrolle T-1022 (Rolle 3066).
Kriegstagebuch U 507 auf Mikrofilmrolle T-1022 (Rolle 3066).
Auszüge aus verschiedenen U-Boot-Kriegstagebüchern (U-Boot-Museum).

Gedruckte Quellen:
Adrian, Kurt: Kapitänleutnant Max-Martin Teichert, Würzburg 2008.
Alman, Karl: Großadmiral Dönitz, Würzburg 2006.
Brennecke, Jochen: Der Fall „Laconia", Biberach an der Riß 1959.
Brennecke, Jochen: Jäger – Gejagte, Herford 1989.
Busch, Rainer/Röll, Hans-Joachim: Der U-Boot-Krieg 1939-1945.

- Band 1: Die deutschen U-Boot-Kommandanten, Hamburg/Berlin/Bonn 1996.
- Band 2: Der U-Boot-Bau auf deutschen Werften, Hamburg/Berlin/Bonn 1997.
- Band 3: Deutsche U-Boot-Erfolge 1939-1945, Hamburg/Berlin/Bonn 2001.
- Band 4: Deutsche U-Boot-Verluste von 1939-1945, Hamburg/Berlin/Bonn 1999.
- Band 5: Die Ritterkreuzträger der deutschen U-Boot-Waffe von 1939-1945, Hamburg/Berlin/Bonn 2003.

Dönitz, Karl: 10 Jahre und 20 Tage – Erinnerungen 1935-1945, Koblenz 1985.
Frank, Wolfgang: Die Wölfe und der Admiral, Oldenburg 1953.
Hadley, Michael: Der Mythos der deutschen U-Boot-Waffe, Hamburg/Berlin/Bonn 2001.
Herbschleb, Axel: Vom Schiffsjungen zum U-Boot-Kommandanten, Würzburg 2009.
Högel, Georg: Embleme, Wappen, Malings deutscher U-Boote 1939-1945, Herford 1987.
Jones, David C.: Der Feind den wir töteten, mein Freund, Plauen 2001.
Kelshall, Gaylord T. M.: U-Boot-Krieg in der Karibik, Hamburg/Berlin/Bonn 1999.
Kurowski, Franz: Krieg unter Wasser, Düsseldorf 1979.
Kurowski, Franz: U 48 – Das erfolgreichste U-Boot des II. Weltkrieges, Würzburg 2007
Kurowski, Franz: Korvettenkapitän Günther Prien – Der Stier von Scapa Flow, Würzburg 2008
Lloyd's War losses: The Second World War, Volume 1, London 1989.

Lloyd's War losses: The Second World War, Volume 2, London 1991.
Mallmann-Showell, Jak P.: Die U-Boot-Waffe, Stuttgart 2001.
Merten, Karl-Friedrich: Nach Kompass, Berlin/Bonn/Herford 1994.
Mulligan, Timothy P.: Die Männer der deutschen U-Boot-Waffe 1939-1945, Stuttgart 2001.
Peilard, Leonce: Geschichte des U-Boot-Krieges, Klagenfurt 1970.
Peilard, Leonce: Affäre „Laconia" 12. September 1942, Wien, Berlin, Stuttgart 1963.
Rohwer, Jürgen/Hümmelchen, Gerhard: Chronik des Seekrieges, Herrsching o. J.
Rohwer, Jürgen: Der Krieg zur See 1939-1945, Würzburg 2006.
Röll, Hans-Joachim, Korvettenkapitän Werner Hartenstein, Würzburg 2009.
Röll, Hans-Joachim, Kapitänleutnant Joachim Schepke, Würzburg 2009.
Röll, Hans-Joachim, Kapitän zur See Werner Hartmann, Würzburg 2010.
Röll, Hans-Joachim/Besler, Michael: U 1223 „Das Rosenboot", Würzburg 2009.
Röll, Hans-Joachim/Besler, Michael: U 79 – Das Kriegstagebuch, Himmelstadt 2006.
Ruge, Friedrich: Der Seekrieg 1939-1945, Stuttgart 1962.
Scherzer, Veit: Die Ritterkreuzträger 1939-1945, Jena 2005.
Schmoeckel, Helmut: Menschlichkeit im Seekrieg?, Herford 1987.
Wiggins, Melanie: U-Boot-Krieg im Golf von Mexiko 1942-1943, Hamburg/Berlin/Bonn 2007.
Zeissler, Herbert: U-Boots-Liste, Hamburg 1956.